Glücksspiele

Chancen und Risiken

Von
Karl Bosch

R. Oldenbourg Verlag München Wien

Die Deutsche Bibliothek - CIP-Einheitsaufnahme

Bosch, Karl:
Glücksspiele : Chancen und Risiken / von Karl Bosch. – München ;
Wien : Oldenbourg, 2000
  ISBN 3-486-25350-6

© 2000 Oldenbourg Wissenschaftsverlag GmbH
Rosenheimer Straße 145, D-81671 München
Telefon: (089) 45051-0, Internet: http://www.oldenbourg.de

Gedruckt auf säure- und chlorfreiem Papier
Druck: MB Verlagsdruck, Schrobenhausen
Bindung: R. Oldenbourg Graphische Betriebe Binderei GmbH
ISBN 3-486-25350-6

Inhaltsverzeichnis

Kapitel 5: Lotterien Spiel 77 und Super 6

Kapitel 6: GlücksSpirale

Kapitel 7: Aktion Mensch-Lotterie
(bis März 2000: Aktion Sorgenkind-Lotterie)

Kapitel 8: ARD-Fernsehlotterie „Die Goldene 1"

Kapitel 9: Klassenlotterien

Kapitel 10: Roulette

Kapitel 11: Steuerliche Behandlung von Spielgewinnen

Vorwort

In dem vorliegenden Buch sollen folgende Glücksspiele näher untersucht werden: Zahlenlotto „6 aus 49", Auswahlwette „6 aus 45", Fußballtoto 11er - Wette, ODDSET - Kombiwette (Sportwette), Lotterien Spiel 77 und Super 6, GlücksSpirale, Aktion Mensch - Lotterie (bis März 2000: Aktion Sorgenkind - Lotterie), ARD - Fernsehlotterie „Die Goldene 1", Klassenlotterien und Roulette. Bei den einzelnen Glücksspielen werden die Chancen für die jeweiligen Quoten, soweit möglich, angegeben. Falls die Quoten von der jeweiligen Anzahl der Gewinne in den enstprechenden Klassen abhängen und nicht fest vorgegeben sind, werden die theoretischen (erwarteten) Quoten untersucht. Beim Zahlenlotto wird ferner das Tippverhalten der Spieler untersucht. Falls man sehr beliebte Tippreihen meidet, können dadurch im Gewinnfall die Quoten erhöht werden.

Weil die einzelnen Einsätze und vor allem die Quoten bzw. Quotenerwartungen der einzelnen Glücksspiele sehr verschieden sind, wird von einem Vergleich der einzelnen Spiele Abstand genommen.

Abschließend sind noch Bemerkungen zur steuerlichen Behandlung von Glücksspielen zu finden.

Bei den einzelnen Spielbedingungen gilt der Stand vom 15.10.1999. Falls sich bei manchen Spielen inzwischen etwas geändert haben sollte, können die im Buch gemachten Aussagen nicht ohne weiteres übernommen werden. Der Autor ist bemüht, die neuen Auflagen jeweils zu aktualisieren.

Stuttgart - Hohenheim   Karl Bosch

Lebenslauf des Autors

Prof. Dr. *Karl Bosch* wurde 1937 in Ennetach (Württ.) geboren. Er studierte Mathematik in Stuttgart und Heidelberg. Nach dem Diplom im Jahre 1964 wurde er 1967 in Braunschweig promoviert und dort 1973 für das Fach Mathematik habilitiert. Seit 1977 ist er o. Professor am Institut für Angewandte Mathematik und Statistik der Universität Hohenheim (Stuttgart). Seine wissenschaftlichen Arbeiten befassen sich mit Wahrscheinlichkeitsrechnung und angewandter mathematischer Statistik. Ferner beschäftigt er sich mit Problemen der Didaktik. Von ihm stammen zahlreiche Lehrbücher in den Fächern Mathematik und Statistik, sowohl für die Schule als auch für die Universität. Als Beispiele seien nur folgende Werke erwähnt: Mathematik - Taschenbuch, Statistik - Taschenbuch, Lexikon der Mathematik, Lexikon der Statistik, die alle im Oldenbourg Verlag erschienen sind. Das Buch Lotto und andere Zufälle, wie man die Gewinnquoten erhöht, ist in der 2. Auflage ebenfalls im Oldenbourg Verlag erschienen.

Kapitel 1
Zahlenlotto 6 aus 49

1. Geschichte des Zahlenlottos

Das Zahlenlotto in seiner heutigen Form - auch „italienische Lotterie"
genannt - lässt sich auf das „Lotto di Genova" zurückführen. Der Über-
lieferung nach wurden in Genua um 1620 jährlich die Ratsherren durch
Losentscheid gewählt. Dabei wurden die Namen von 90 Männern auf Lose
geschrieben, von denen fünf gezogen wurden. Die Bevölkerung hatte dabei
auf den Losentscheid Wetten abgeschlossen. Dadurch wurde die Senatoren-
wahl zu einem Wettgeschäft gemacht. Im 17. Jahrhundert verbreitete sich
das Spiel über ganz Italien. Dabei wurden die Namen von zu Ratsherren
wählbaren Bürgern zunächst durch Mädchennamen, später durch die
Zahlen 1 bis 90 ersetzt. Dadurch war das Zahlenlotto „5 aus 90" geboren.

Von Italien aus verbreitete sich das Zahlenlotto schnell über ganz Europa.
1707 wurde es zum ersten Mal in Deutschland ausgespielt und zwar in dem
niedersächsischen Städtchen Schöppenstedt. Danach wurde es in verschiedenen Versionen an Fürstenhöfen angeboten. Neben den Steuern war das
Lotto für die Fürsten eine bedeutende Einnahmequelle.

Bayern gründete 1735 eine „Lotto-Cammer". Österreich führte 1751 ein
Zahlenlotto ein, Preußen im Jahre 1763, Hamburg im Jahre 1770 und
Württemberg im Jahre 1772. Weil damals feste Gewinnquoten garantiert
waren, kam es für die Betreiber manchmal zu hohen Verlustgeschäften.
Aus diesem Grund wurden die Quoten im Laufe der Zeit so festgesetzt,
dass Verluste für die Veranstalter unwahrscheinlich bzw. später unmöglich
wurden. Im 19. Jahrhundert ging das Interesse am Lotto stark zurück.

Am 11. Januar 1953 startete die Stadt Berlin ein modifiziertes Genueser
Lotto „5 aus 90". Gegen das Berliner Lotto gingen mehrere Bundesländer
behördlich vor, worauf der Senat von Berlin beschloss, es auf das Stadtgebiet von Berlin zu beschränken. In der Deutschen Demokratischen Re-
publik wurde ab November 1953 von der Berliner Zahlenlotterie ein „5 aus
90"-Lotto veranstaltet.

Im Jahr 1955 gründeten die Länder Nordrhein-Westfalen, Hamburg und
Schleswig-Holstein das Nordwest-Lotto. Anstelle „5 aus 90" wurde aller-

dings das bis heute benutzte System „aus 49" gewählt. Noch vor Beginn des Spielbetriebs trat Bayern durch einen Blockvertrag dem Nordwest-Lotto bei. Dadurch entstand das Nord-Süd-Lotto. Bis 1959 kamen auch die übrigen Bundesländer sowie Berlin hinzu. So entstand der Deutsche Lottoblock. Nach der Wiedervereinigung schlossen sich auch die neuen Bundesländer an.

Der Einsatz für eine Reihe betrug zunächst 50 Pfennig. Im Jahre 1981 wurde der Einsatz auf 1 DM verdoppelt. 1991 wurde er auf 1,25 DM und 1999 auf 1,50 DM erhöht. Zu Beginn gab es vier Gewinnklassen. Gewonnen hatte, wer von den gezogenen sechs Zahlen drei, vier, fünf oder alle sechs richtig hatte. Am 2. September 1956 gab es den ersten Millionengewinn mit 1 043 364,50 DM für einen Sechser. Daraufhin wurde eine Gewinnbegrenzung auf 500 000 DM beschlossen. 1974 wurde die Begrenzung für den Höchstgewinn auf 1,5 Millionen DM, 1981 auf 3 Millionen DM erhöht, 1985 wurde die Gewinnobergrenze aufgehoben.

Im Jahre 1956 wurde die **Zusatzzahl** eingeführt, weil die erste Gewinnklasse damals oft nicht besetzt war. Falls es keinen Sechser gab, wurden nach Einführung der Zusatzzahl zunächst die Quoten, die für die Sechser als Ausschüttung zur Verfügung standen, unter den Gewinnern aufgeteilt, die fünf Gewinnzahlen sowie die Zusatzzahl richtig getippt hatten. Falls es jedoch einen Sechser gab, war die Zusatzzahl bedeutungslos. Bald wurden jedoch die Überschüsse, die wegen der Gewinnbeschränkung in der Gewinnklasse I entstanden, unter denjenigen Spielern verteilt, die fünf Gewinnzahlen und die Zusatzzahl richtig getippt hatten. Ohne Überschuss in Gewinnklasse I brachte die Zusatzzahl zunächst keinen Vorteil. Im Jahre 1962 wurde die Gewinnklasse „5 Richtige mit Zusatzzahl" eingeführt.

1985 wurde im Zusammenhang mit der Abschaffung der Gewinnbeschränkung das **Jackpot**-System eingeführt. „Jack" ist der amerikanische Name für den Buben im Kartenspiel. Ein Jackpot entsteht dann, wenn eine Gewinnklasse nicht besetzt ist und die dafür vorgesehene Ausschüttungssumme der Ausschüttung der gleichen Klasse in der nächstfolgenden Veranstaltung zugeschlagen wird.

Nach der Wiedervereinigung Deutschlands kam wegen der höheren Spieleinsätze ein Jackpot selten zustande. Aus diesem Grund wurde 1991 die **Superzahl** eingeführt. Als Superzahl wird aus den Zahlen $0, 1, 2, \ldots, 9$ eine ausgespielt. Als getippte Superzahl gilt die letzte Ziffer der Losnummer auf dem Tippzettel. Gleichzeitig wurde 1991 die Gewinnklasse „3 Richtige mit Zusatzzahl" und 1999 die Gewinnklasse „4 Richtige mit Zusatzzahl" eingeführt. Nach verschiedenen Änderungen der Quoten wurde im Mai 1999 die Quotenverteilung so festgelegt, dass die Quoten für die erste Gewinnklasse

(6 Richtige mit Superzahl) und für die letzte Gewinnklasse (3 Richtige ohne Zusatzzahl) wesentlich erhöht wurden. Gleichzeitig wurde der Jackpot auf 11 Wochen begrenzt. Werden in einer Gewinnklasse nach 10 aufeinanderfolgenden Veranstaltungen auch in der nächstfolgenden Veranstaltung keine Gewinne ermittelt, so wird in dieser Veranstaltung die Gewinnsumme dieser Klasse der nächstniedrigeren Gewinnklasse zugeschlagen.

Seit 1982 gibt es das **Mittwochslotto**. Zunächst wurden aus 38 Zahlen sieben Gewinnzahlen gezogen. Es handelte sich also um das Spiel „7 aus 38". Der Einsatz pro Spiel betrug zunächst 50 Pfennig. 1986 wurde es auf die heutige Form „6 aus 49" umgestellt. Mit einem Einsatz von 1 DM nahm dabei jede abgegebene Reihe gleichzeitig an den beiden unabhängigen Ziehungen A und B teil. Die Quoten wurden zunächst für beide Ziehungen getrennt berechnet. 1995 wurden für das Mittwochslotto zwei verschiedene Superzahlen eingeführt, die gleichzeitig für beide Ziehungen gewertet werden. Der Spieleinsatz für eine Reihe, die weiterhin an beiden Ziehungen teilnahm, wurde auf 1,25 DM erhöht. Gleichzeitig wurden auch die Gewinnquoten für beide Ziehungen zusammengelegt.

In den vergangenen Jahren führten die einzelnen Länder zu verschiedenen Zeitpunkten das **Online-Verfahren** ein. Dadurch wurde jeweils die direkte Verbindung zwischen den einzelnen Annahmestellen und dem Zentralcomputer des Bundeslandes hergestellt. Die Spielscheine werden von einem Terminal eingelesen und sofort an den Zentralcomputer weitergeleitet. Dabei werden die vom Spieler ausgefüllten Tippzettel gleichzeitig auf Korrektheit überprüft. Fehlermeldungen mit möglichen Korrekturen garantieren den Ausdruck eindeutig festgelegter Tippreihen mit jeweils genau sechs abgegebenen Zahlen. Mit Hilfe eines Zufallszahlengenerators können auch **Quicktipps** abgegeben werden, die zufällig ausgewählt werden. Durch die Einführung des Online-Systems konnte der Annahmeschluss auf einen späteren Zeitpunkt festgesetzt werden.

2. Ausspielungsmodus

2.1. Lotto am Samstag
Bei der Ausspielung „Lotto am Samstag" werden mit Hilfe des Ziehungsgerätes von den Zahlen (Kugeln) 1 bis 49 sechs zufällig ausgewählt. Dabei spielt die Reihenfolge, in der die einzelnen Zahlen gezogen werden, keine Rolle. Das Ergebnis der Ziehung besteht also aus 6 verschiedenen Zahlen, die der Größe nach geordnet werden. Zusätzlich wird eine Zusatzzahl gezogen. Anschließend wird noch eine Superzahl aus den Zahlen $0, 1, \ldots, 9$ ausgespielt.

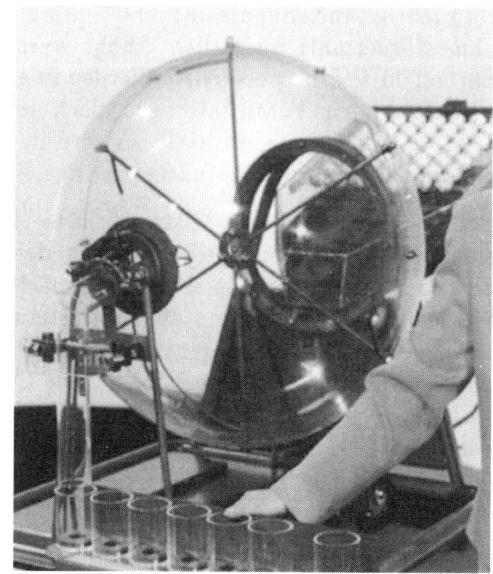

Beispiel:
Gewinnzahlen: 4 8 11 17 19 37; Zusatzzahl: 48; Superzahl: 3.

2.2. Lotto am Mittwoch

Beim Lotto am Mittwoch werden in den Ziehungen A und B jeweils unabhängig voneinander 6 Gewinnzahlen sowie jeweils eine Zusatzzahl gezogen.
Dazu kommen noch zwei verschiedene Superzahlen, die sowohl für die
Ziehung A als auch für die Ziehung B, also für beide Ziehungen gleichzeitig, gewertet werden. Falls zusätzlich zu den 6 Richtigen die Endziffer
der Losnummer mit einer der beiden gezogenen Superzahlen übereinstimmt, wird aus dem Sechser ein Sechser mit Superzahl.

Beispiel:

Ziehung A: Gewinnzahlen: 12 16 24 25 39 44;   Zusatzzahl: 9;
Ziehung B: Gewinnzahlen: 8 12 19 29 37 41;   Zusatzzahl: 43.

Superzahlen: 2 und 7 (gleichzeitig für beide Ziehungen).

3. Spielregeln beim Zahlenlotto

Zum Mitspielen benutzt man in der Regel einen Lotto-Schein. In den
meisten Bundesländern sind die 49 Zahlen eines jeden Tippfeldes quadra-
tisch angeordnet. Jedes einzelne Feld besteht dann aus 7 Zeilen und 7 Spalten mit jeweils 7 Zahlen. Auf jedem Schein befinden sich 12 Tippfelder
(Spiel 1 bis Spiel 12). In jedem Einzelfeld können sechs beliebige Zahlen angekreuzt werden. Für das Lotto am Samstag beträgt der Einsatz für jede
Reihe zur Zeit (Stand September 1999) für die Teilnahme an einer Ziehung
1,50 DM, für das Lotto am Mittwoch nimmt jede Reihe bei einem Einsatz
von 1,25 DM gleichzeitig an beiden Ziehungen A und B teil. Hinzu kommen noch Bearbeitungsgebühren.

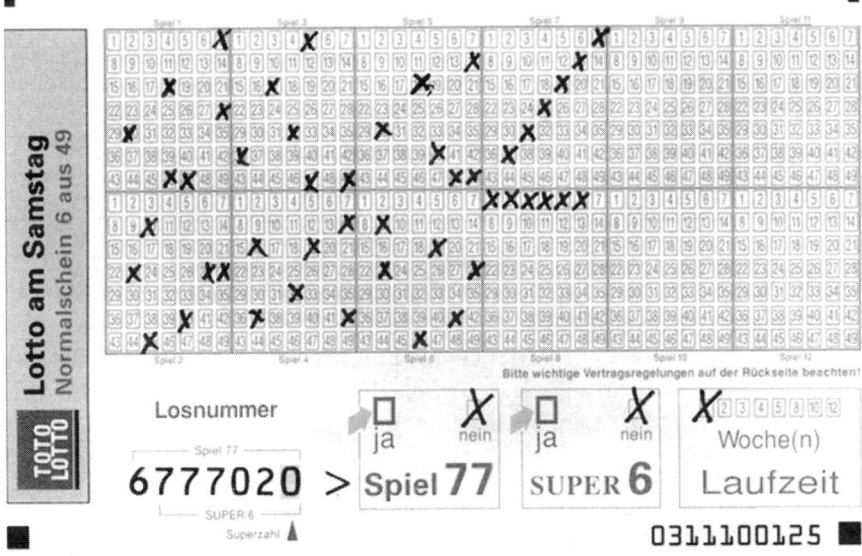

Nach dem Ausfüllen wird der Tippzettel in einer der Annahmestellen mit
Hilfe des Online-Verfahrens eingelesen und direkt an den Zentralcomputer
weitergeleitet. Die übertragenen Zahlen werden zusammen mit einem Beleg
ausgedruckt. Die Mühe des Ausfüllens eines Lotto-Zettels kann man sich
dadurch ersparen, dass auf Wunsch des Teilnehmers die Lotto-Gesellschaft

über den **Quicktipp** mit Hilfe eines Zufallszahlengenerators Tippreihen vergibt. Der gleiche Tippzettel kann auch für mehrere Wochen abgegeben oder wiederholt eingelesen werden. Als getippte Superzahl gilt die letzte Ziffer der auf dem Tippzettel bzw. Spielabschnitt aufgedruckten Losnummer. Falls beim Einlesen des Tippzettels ein Kreuzchen nicht eindeutig einer Zahl zugeordnet werden kann, erscheint eine Fehlermeldung mit Korrekturmöglichkeit. Eine Fehlermeldung gibt es auch, wenn in einer Reihe weniger oder mehr als sechs Zahlen angekreuzt sind. Hier gibt es zwei Möglichkeiten für die Fehlerbeseitigung:

1. Fehlende Zahlen können selbst eingegeben werden oder von den zuviel getippten Zahlen können beliebige weggenommen werden, bis die Reihe aus genau 6 Zahlen besteht.

2. Falls die teilnehmende Person es wünscht, können die Korrekturen auf Anweisung direkt durch das Lesegerät vorgenommen werden. Dies geschieht durch folgende Vorschrift:
Wenn in einem Feld mehr als 6 Zahlen getippt sind, werden nur die ersten 6 Zahlen der getippten Reihe übernommen.

1	2	3	4	5	6	7
8	9	10	11	12	13	14
15	16	17	18	19	20	21
22	23	24	25	26	27	28
29	30	31	32	33	34	35
36	37	38	39	40	41	42
43	44	45	46	47	48	49

Hier sind 7 Zahlen angekreuzt.
Die letzte Zahl 48 gilt als nicht gespielt.

Die angekreuzte Reihe wird automatisch gewertet als 2   10   19   31   37   40 .

Sind in einem Zahlenfeld weniger als sechs Zahlen angekreuzt, so werden ohne eigenen Korrekturwunsch die fehlenden Zahlen von der höchsten gespielten Zahl an in aufsteigender Reihenfolge fortlaufend ergänzt. Falls dies nicht möglich sein sollte (z. B. wenn die 49 getippt wurde), so werden die fehlenden Zahlen durch die höchsten nicht gespielten Zahlen ergänzt.

1	2	3	4	5	6	7
8	9	10	11	12	13	14
15	16	17	18	19	20	21
22	23	24	25	26	27	28
29	30	31	32	33	34	35
36	37	38	39	40	41	42
43	44	45	46	47	48	49

1	2	3	4	5	6	7
8	9	10	11	12	13	14
15	16	17	18	19	20	21
22	23	24	25	26	27	28
29	30	31	32	32	34	35
36	37	38	39	40	41	42
43	44	45	46	47	48	49

1	2	3	4	5	6	7
8	9	10	11	12	13	14
15	16	17	18	19	20	21
22	23	24	25	26	27	28
29	30	31	32	33	34	35
36	37	38	39	40	41	42
43	44	45	46	47	48	49

In der linken Reihe ist eine Zahl zu wenig getippt. Sie wird automatisch ergänzt durch die 41 (Nachfolger von 40). In der mittleren Reihe fehlen zwei Zahlen. Diese Reihe wird ergänzt durch die beiden Zahlen 49 und 47. Die rechte Reihe wird durch die drei Zahlen 48 47 46 ergänzt.

Da spätere Reklamationen nicht mehr berücksichtigt werden können, sollten Sie die ausgedruckten Zahlen mit denen auf dem Lotto-Zettel unbedingt vergleichen und Unstimmigkeiten sofort klären.

Die genauen Spielbedingungen können Sie in den Teilnahmebedingungen nachlesen, die in jeder Annahmestelle kostenlos erhältlich sind.

4. Gesamtanzahl aller möglichen Reihen

Jeder Person, die Lotto spielt, ist bekannt, dass es sehr viele verschiedene Tippmöglichkeiten gibt. Die genaue Anzahl aller möglichen Tippreihen soll mit Hilfe einer mathematischen Formel hergeleitet werden. Wer sich für die Herleitung der Formel nicht interessiert, kann sie überlesen.

Beim Ausfüllen einer Tippreihe kann für das erste Kreuzchen eine von den 49 Zahlen $1, 2, \ldots, 48, 49$ ausgewählt werden. Als Beispiel wählen wir die Zahl 21.

1	2	3	4	5	6	7
8	9	10	11	12	13	14
15	16	17	18	19	20	
22	23	24	25	26	27	28
29	30	31	32	33	34	35
36	37	38	39	40	41	42
43	44	45	46	47	48	49

Für die Auswahl der ersten Zahl gibt es insgesamt 49 Möglichkeiten.

Für die Auswahl der zweiten Zahl bleiben nach der Auswahl der ersten Zahl noch 48 Möglichkeiten übrig, nämlich alle Zahlen mit Ausnahme der bereits getippten Zahl. Zu jeder der 49 Auswahlmöglichkeiten für die erste Zahl gibt es also 48 Auswahlmöglichkeiten für die zweite Zahl. Daher kann man die ersten beiden Zahlen auf $49 \cdot 48 = 2\,352$ verschiedene Möglichkeiten auswählen. Wir wählen die Zahl 13. Hätten wir aber zuerst die 13 und danach die 21 gewählt, so hätte das auf dem Tippschein zur gleichen Zahlenkombination geführt. Verschiedene Auswahlmöglichkeiten, die zum gleichen Ergebnis führen, werden bei dem von uns benutzten Zählmodell zunächst als verschieden mitgezählt. In Wirklichkeit erhalten wir jedoch bei dieser Rechnung eine zu große Anzahl. Nach der Auswahl aller sechs Zahlen werden wir dies in der Formel korrigieren.

1	2	3	4	5	6	7
8	9	10	11	12	▓	14
15	16	17	18	19	20	▓
22	23	24	25	26	27	28
29	30	31	32	33	34	35
36	37	38	39	40	41	42
43	44	45	46	47	48	49

Insgesamt gibt es unter Berücksichtigung der Auswahlreihenfolge $49 \cdot 48 = 2\,352$ verschiedene Zahlenpaare.

Für die Auswahl der dritten Zahl gibt es noch 47 Möglichkeiten. Wir wählen die Zahl 36.

1	2	3	4	5	6	7
8	9	10	11	12	▓	14
15	16	17	18	19	20	▓
22	23	24	25	26	27	28
29	30	31	32	33	34	35
▓	37	38	39	40	41	42
43	44	45	46	47	48	49

Unter Berücksichtigung der Reihenfolge gibt es $49 \cdot 48 \cdot 47 = 110\,544$ Auswahlmöglichkeiten für 3 Zahlen.

Für die vierte Zahl verbleiben noch 46 Auswahlmöglichkeiten. Wir wählen die Zahl 1.

▓	2	3	4	5	6	7
8	9	10	11	12	▓	14
15	16	17	18	19	20	▓
22	23	24	25	26	27	28
29	30	31	32	33	34	35
▓	37	38	39	40	41	42
43	44	45	46	47	48	49

Unter Berücksichtigung der Reihenfolge gibt es für 4 Zahlen $49 \cdot 48 \cdot 47 \cdot 46 = 5\,085\,024$ Auswahlmöglichkeiten.

Für die Auswahl der fünften Zahl bleiben noch 45 Möglichkeiten übrig. Wir wählen die Zahl 2.

▓	▓	3	4	5	6	7
8	9	10	11	12	▓	14
15	16	17	18	19	20	▓
22	23	24	25	26	27	28
29	30	31	32	33	34	35
▓	37	38	39	40	41	42
43	44	45	46	47	48	49

Für 5 Zahlen gibt es unter Berücksichtigung der Reihenfolge $49 \cdot 48 \cdot 47 \cdot 46 \cdot 45 = 228\,826\,080$ Auswahlmöglichkeiten.

Für die Auswahl der letzten Zahl gibt es schließlich noch 44 Auswahlmöglichkeiten. Wir wählen die Zahl 41.

1	2	3	4	5	6	7
8	9	10	11	12	13	14
15	16	17	18	19	20	21
22	23	24	25	26	27	28
29	30	31	32	33	34	35
36	37	38	39	40	41	42
43	44	45	46	47	48	49

Unter Berücksichtigung der Auswahlreihenfolge gibt es für 6 Zahlen insgesamt

$$49 \cdot 48 \cdot 47 \cdot 46 \cdot 45 \cdot 44 = 10\,068\,347\,520$$

verschiedene Auswahlmöglichkeiten.

Unser Beispiel ergibt die Tippreihe

$$1 \quad 2 \quad 13 \quad 21 \quad 36 \quad 41.$$

Falls man jedoch der Reihe nach die Zahlen 36, 1, 21, 41, 13, 2 ankreuzt, erhält man die gleiche Tippreihe. Aus diesem Grund muss es wesentlich weniger Tippreihen geben als die oben angegebene Anzahl 10 068 347 520.

Gesucht ist zunächst die Anzahl der oben durchgeführten Auswahlmöglichkeiten, die zu der gleichen Tippreihe 1 2 13 21 36 41 führen. Um diese Tippreihe zu erhalten, muss zuerst eine dieser 6 Zahlen ausgewählt werden, danach eine der restlichen 5 Zahlen, dann eine der übriggebliebenen 4 Zahlen usw. Unter Berücksichtigung der Reihenfolge der ausgewählten Zahlen gibt es somit

$$6 \cdot 5 \cdot 4 \cdot 3 \cdot 2 \cdot 1 = 720$$

verschiedene Auswahlmöglichkeiten, welche die gleiche Tippreihe 1 2 13 21 36 41 ergeben. Für jede andere Reihe erhält man gleich viele Auswahlmöglichkeiten. Division der oben berechneten Anzahl durch 720 liefert die gesuchte Anzahl aller möglichen Tippreihen. Insgesamt gibt es somit

$$\frac{49 \cdot 48 \cdot 47 \cdot 46 \cdot 45 \cdot 44}{6 \cdot 5 \cdot 4 \cdot 3 \cdot 2 \cdot 1} = \frac{10\,068\,347\,520}{720} = 13\,983\,816,$$

also fast 14 Millionen verschiedene Tippreihen. So viele Reihen müsste man abgeben, um garantiert 6 Richtige zu haben.

Für diesen Zahlenwert wird in der Mathematik das Symbol $\binom{49}{6}$ eingeführt. Verbal nennt man dieses Symbol „49 über 6". Es heißt Binomialkoeffizient. Die Berechnung eines Binomialkoeffizienten ist sehr einfach. Im Nenner steht das Produkt der Zahlen 1 bis 6, im Zähler steht ein Produkt aus sechs Zahlen. Dabei beginnt man mit 49 und erniedrigt jeden nachfolgenden Faktor um eine Einheit.

Insgesamt gibt es

$$\binom{49}{6} = \frac{49 \cdot 48 \cdot 47 \cdot 46 \cdot 45 \cdot 44}{1 \cdot 2 \cdot 3 \cdot 4 \cdot 5 \cdot 6} = 13\,983\,816,$$

also fast 14 Millionen verschiedene Tippreihen (Tippmöglichkeiten).

In Zukunft werden wir immer wieder von 14 Millionen Tippmöglichkeiten sprechen, also den auf ganze Millionen gerundeten Wert angeben. Sie wissen dann, dass damit der genaue Wert 13 983 816 gemeint ist. Um garantiert einen Sechser zu haben, müsste man sämtliche 13 983 816 möglichen Tippreihen gleichzeitig abgeben.

Aufgrund der Art des Ziehungsgerätes und des Ausspielungsmoduses kann man davon ausgehen, dass jede der 13 983 816 möglichen Tippreihen bei jeder einzelnen Ausspielung die gleiche Chance hat, als Gewinnreihe gezogen zu werden. Dann lautet die Chance, dass eine bestimmte Reihe ausgespielt wird, 1 : 13 983 816, also fast 1 zu 14 Millionen. Diese Aussage gilt allerdings nur, wenn die Chancengleichheit aller Reihen gewährleistet ist. Die Zahl $\frac{1}{13\,983\,816} = 0{,}000000071511238$ ist die sogenannte Wahrscheinlichkeit dafür, dass eine fest vorgegebene Reihe bei einer einzelnen Ausspielung als Gewinnreihe gezogen wird. Diese Aussage ist allerdings nur dann richtig, wenn gewährleistet ist, dass alle fast 14 Millionen möglichen Reihen tatsächlich die gleiche Chance besitzen. Man sagt auch: „Alle Reihen sind gleichwahrscheinlich". Aus der Wahrscheinlichkeit kann die Chance sehr einfach bestimmt werden. Aus dem reziproken Wert der Wahrscheinlichkeit $\frac{1}{0{,}000000071511238} = 13\,983\,816$ erhält man die Chance, dass eine bestimmte Reihe die Gewinnreihe wird, in der Form 1 : 13 983 816.

Im Ziehungsgerät befinden sich 49 gleichartige Kugeln, die mit den Zahlen 1 bis 49 beschriftet sind. Falls alle Kugeln gleich schwer sind, kann wohl davon ausgegangen werden, dass bei einer Ziehung jede Kugel im Ziehungsgerät die gleiche Chance besitzt, gezogen zu werden. Dann hat aber jede der fast 14 Millionen Tippreihen die gleiche Chance. Dass manche Zahlen bisher öfter, andere dagegen seltener ausgespielt wurden, ist einzig und allein auf den Zufall zurückzuführen. Auf den Kugeln sind die Zahlen aufgedruckt. Wegen der unterschiedlichen Größen der Zahlen könnten die Gewichte der Kugeln verschieden groß sein. So wird für die Zahl 49 mehr Farbe benötigt als für die Zahl Eins. Der darauf zurückzuführende Chancenunterschied wäre jedoch so gering, dass er statistisch gar nicht bemerkbar sein dürfte. Der exakte Nachweis der Chancengleichheit aller Reihen kann letztendlich nur mit Hilfe statistischer Tests durchgeführt werden.

Bisher ist es noch niemandem gelungen, eine Verletzung der Chancengleich-heit statistisch einwandfrei nachzuweisen. Vor der Lotto-Ausspielung hört man im Fernsehen den Satz: „Der Ziehungsbeamte hat sich vor der Zie-hung vom ordentlichen Zustand des Geräts überzeugt". Der Beamte hat vermutlich keinen statistischen Test auf Chancengleichheit aller 49 Kugeln durchgeführt. Vermutlich hat er nur festgestellt, dass tatsächlich alle 49 Kugeln mit den Zahlen 1 bis 49 vorhanden sind und eventuell nachgeprüft, ob alle Kugeln gleich schwer sind.

Vergleich mit einer Münzreihe
Wie winzig klein die Chance ist, mit einer einzigen Reihe 6 Richtige zu er-zielen, soll durch das folgende Zufallsexperiment verdeutlicht werden. An den Rand einer Autobahn werden nebeneinander in einer Reihe 13 983 816 Fünf-DM-Münzen gelegt. Die Anzahl der Münzen stimmt also mit der Anzahl aller möglichen Tippreihen überein. Bei einem Münzdurchmesser von 3 cm ergibt dies eine Münzreihe in der Länge von

$$13\,983\,816 \cdot 3 = 41\,951\,448 \text{ cm} \approx 419{,}5 \text{ km},$$

also ungefähr die Strecke Stuttgart – München und zurück. Von diesen Münzen sei nur eine einzige markiert, wobei die Markierung rein äußerlich nicht zu erkennen ist. Ein Autofahrer fährt diese Strecke, hält zu einem zufällig gewählten Zeitpunkt an und nimmt eine Münze. Die Chance, dass er so die markierte Münze auffindet, ist genauso groß wie die Chance mit einer einzigen Tippreihe einen Sechser zu erzielen.

Berücksichtigung der Superzahl
Durch die Abgabe aller möglichen fast 14 Millionen Reihen kann man zwar sicher sein, dass 6 Richtige dabei sind - doch die Chance, damit auch einen Sechser mit Superzahl zu erzielen, beträgt dann nur 1:10. Für die Superzahl gibt es 10 Möglichkeiten, nämlich die Zahlen $0, 1, \ldots, 9$. Als ge-tippte Superzahl gilt die letzte Ziffer der Losnummer auf dem Lotto-Schein. Damit man garantiert 6 Richtige mit Superzahl hätte, müsste jede der möglichen Tippreihen jeweils zehnmal mit den Superzahl-Tipps $0, 1, \ldots, 9$ abgegeben werden. Insgesamt sind das 139 838 160, also fast 140 Millionen verschiedene Möglichkeiten. Mit der Abgabe all dieser Reihen hätte man einmal 6 Richtige mit Superzahl und neunmal 6 Richtige ohne Superzahl. Mit einer einzigen Reihe beträgt daher die Chance auf 6 Rich-tige mit Superzahl

$$1:139\,838\,160, \text{ also ungefähr } 1:140 \text{ Millionen}.$$

Unter Berücksichtigung der Superzahl müsste die im obigen Beispiel ge-nannte Münzreihe zehnmal länger, also ungefähr 4 195 km lang sein.

Durch die gleichzeitige Abgabe mehrerer verschiedener Tippreihen kann die Chance auf einen Sechser selbstverständlich erhöht werden. Jemand gibt z. B. gleichzeitig 100 verschiedene Tippreihen ab. Dann beträgt die Chance, dass eine dieser Reihen bei einer bestimmten Einzelziehung die Gewinnreihe wird, $100 : 13\,983\,816$, also ungefähr $1 : 139\,838$. Wesentlich dabei ist die Forderung, dass alle 100 Tippreihen voneinander verschieden sind. Durch die doppelte Abgabe der gleichen Tippreihe wird die Gewinnchance nicht erhöht. Da man im Gewinnfall den gleichen Gewinn mit jeder der beiden identischen Tippreihen erhält, wird nur die Auszahlungsquote verdoppelt.

5. Gewinnchancen beim Lotto am Samstag

Beim Samstags-Lotto gibt es folgende Gewinnklassen (Stand: Juli 1999):

Klasse I:	6 Gewinnzahlen mit Superzahl
Klasse II:	6 Gewinnzahlen ohne Superzahl
Klasse III:	5 Gewinnzahlen mit Zusatzzahl
Klasse IV:	5 Gewinnzahlen ohne Zusatzzahl
Klasse V:	4 Gewinnzahlen mit Zusatzzahl
Klasse VI:	4 Gewinnzahlen ohne Zusatzzahl
Klasse VII:	3 Gewinnzahlen mit Zusatzzahl
Klasse VIII:	3 Gewinnzahlen ohne Zusatzzahl.

5.1. Gewinnchancen ohne Berücksichtigung der Superzahl

Nach der Ausspielung können die 49 Zahlen in drei Gruppen eingeteilt werden: In 6 Gewinnzahlen, wir bezeichnen sie mit G, die Zusatzzahl Z und weitere 42 Zahlen, die von den Gewinnzahlen und der Zusatzzahl verschieden sind. Diese bezeichnen wir mit N. Damit erhält man die Darstellung

$$\underbrace{G\,G\,G\,G\,G\,G}_{6\ \text{Stück}}\ Z\ \underbrace{N\,N\,N\ldots N\,N\,N}_{42\ \text{Stück}}.$$

Die Tatsache, dass beim Ausfüllen der Tippzettel die Gewinnzahlen noch nicht feststehen, spielt bei der nachfolgenden Rechnung keine Rolle. Die Gewinnzahlen könnten auch schon ausgespielt, aber noch geheim sein.

Um garantiert 6 Richtige mit oder ohne Superzahl zu erzielen, muss jede der 13 983 816 verschiedenen Tippreihen abgegeben werden. Genau eine davon ist dann bei einer Einzelziehung (ohne Berücksichtigung der Superzahl) die Gewinnreihe. Für 6 Richtige gibt es also nur eine einzige Tippmöglichkeit, nämlich die Gewinnreihe mit einem Gewinn in Klasse I oder Klasse II.

Um in einer Tippreihe 5 Richtige mit Zusatzzahl zu haben, müssen von den 6 Gewinnzahlen 5 ausgewählt werden. Dafür gibt es $\binom{6}{5} = \binom{6}{1} = 6$ verschiedene Auswahlmöglichkeiten. Zusätzlich muss noch die Zusatzzahl ausgewählt werden, wofür es nur eine einzige Möglichkeit gibt. Damit gibt es von den 13 983 816 möglichen Reihen 6 Tippreihen mit 5 Richtigen und Zusatzzahl.

Für 5 Richtige ohne Zusatzzahl müssen aus den 6 Gewinnzahlen 5 ausgewählt werden. Dafür gibt es 6 verschiedene Auswahlmöglichkeiten. Zusätzlich muss noch eine von den 6 Gewinnzahlen und der Zusatzzahl verschiedene, mit N bezeichnete Zahl, ausgewählt werden. Dafür gibt es 42 Möglichkeiten. Somit gibt es $6 \cdot 42 = 525$ Tippreihen mit 5 Richtigen ohne Zusatzzahl.

Für 4 Richtige mit Zusatzzahl müssen aus den 6 Gewinnzahlen 4 ausgewählt werden. Dafür gibt es $\binom{6}{4} = \binom{6}{2} = \frac{6 \cdot 5}{1 \cdot 2} = 15$ Möglichkeiten. Ferner muss noch die Zusatzzahl mit einer Möglichkeit und von den restlichen 42 mit N bezeichneten Zahlen noch eine ausgewählt werden mit 42 Möglichkeiten. Damit gibt es $15 \cdot 42 = 630$ Reihen mit 4 Richtigen mit Zusatzzahl.

Für 4 Richtige ohne Zusatzzahl müssen aus den 6 Gewinnzahlen 4 ausgewählt werden mit 15 Möglichkeiten. Die restlichen beiden Zahlen müssen aus den 42 mit N bezeichneten Zahlen ausgewählt werden. Dafür gibt es $\binom{42}{2} = \frac{42 \cdot 41}{1 \cdot 2} = 861$ Möglichkeiten. Somit gibt es $15 \cdot 861 = 12\,915$ Reihen mit 4 Richtigen ohne Zusatzzahl.

Bei 3 Richtigen mit Zusatzzahl müssen aus den 6 Gewinnzahlen 3 ausgewählt werden. Dafür gibt es $\binom{6}{3} = \frac{6 \cdot 5 \cdot 4}{1 \cdot 2 \cdot 3} = 20$ Möglichkeiten. Ferner müssen noch die Zusatzzahl mit einer Möglichkeit und von den restlichen 42 mit N bezeichneten Zahlen noch zwei weitere ausgewählt werden. Dafür gibt es $\binom{42}{2} = \frac{42 \cdot 41}{1 \cdot 2} = 861$ Möglichkeiten. Daher gibt es $20 \cdot 861 = 17\,220$ Reihen mit 3 Richtigen mit Zusatzzahl.

Bei 3 Richtigen ohne Zusatzzahl müssen aus den 6 Gewinnzahlen 3 ausgewählt werden mit 20 Möglichkeiten. Die restlichen 3 Zahlen müssen aus den 42 mit N bezeichneten Zahlen ausgewählt werden. Dafür gibt es $\binom{42}{3} = \frac{42 \cdot 41 \cdot 40}{1 \cdot 2 \cdot 3} = 11\,480$ Möglichkeiten. Damit gibt es $20 \cdot 11\,480 = 229\,600$ Tippreihen mit 3 Richtigen ohne Zusatzzahl.

Zusammenfassung:

Beim Lotto am Samstag gibt es ohne Berücksichtigung der Superzahl insgesamt 13 983 816 verschiedene Tippmöglichkeiten. Wenn jemand alle diese 13 983 816 Reihen abgibt, so hat er insgesamt

1 mal	6 Richtige	(Klasse I oder II)
6 mal	5 Richtige mit Zusatzzahl	(Klasse III)
252 mal	5 Richtige ohne Zusatzzahl	(Klasse IV)
630 mal	4 Richtige mit Zusatzzahl	(Klasse V)
12 915 mal	4 Richtige ohne Zusatzzahl	(Klasse VI)
17 220 mal	3 Richtige mit Zusatzzahl	(Klasse VII)
229 600 mal	3 Richtige ohne Zusatzzahl	(Klasse VIII).

Von den fast 14 Millionen möglichen Tippreihen erzielen insgesamt nur 260 624 überhaupt einen Gewinn. Das sind ungefähr 1,864 % aller Reihen. Die Chance, mit einer einzigen Tippreihe bei einer einzelnen Ziehung einen Gewinn zu erzielen, beträgt daher

$$260\,624 : 13\,983\,816 \approx 1:54 \quad \text{(genauer } 1:53{,}655135\text{)}.$$

5.2. Gewinnchancen mit Berücksichtigung der Superzahl

Unter Berücksichtigung der Superzahl muss jede der 13 983 816 möglichen Reihen jeweils 10 mal mit den jeweiligen Endziffern $0, 1, 2, \ldots, 9$ der Losnummer abgegeben werden. Nur dann ist garantiert ein Sechser mit Superzahl dabei. Somit gibt es insgesamt 139 838 160 verschiedene Tippmöglichkeiten, wenn die Superzahl berücksichtigt werden soll. Bei der Abgabe dieser fast 140 Millionen Reihen hat jemand einmal 6 Richtige mit Superzahl und gleichzeitig 9 mal 6 Richtige ohne Superzahl. Um die Anzahl der Gewinne in den übrigen Klassen zu erhalten, müssen die in Abschnitt 5.1 angegebenen Häufigkeiten mit 10 multipliziert werden.

Beim Lotto am Samstag gibt es unter Berücksichtigung der Superzahl insgesamt 139 838 160 verschiedene Tippmöglichkeiten. Wenn jemand alle diese 139 838 160 Reihen abgibt, so hat er insgesamt

1 mal	6 Richtige mit Superzahl	(Klasse I)
9 mal	6 Richtige ohne Superzahl	(Klasse II)
60 mal	5 Richtige mit Zusatzzahl	(Klasse III)
2 520 mal	5 Richtige ohne Zusatzzahl	(Klasse IV)
6 300 mal	4 Richtige mit Zusatzzahl	(Klasse V)
129 150 mal	4 Richtige ohne Zusatzzahl	(Klasse VI)
172 200 mal	3 Richtige mit Zusatzzahl	(Klasse VII)
2 296 000 mal	3 Richtige ohne Zusatzzahl	(Klasse VIII).

Die Chance dafür, dass eine einzelne Tippreihe in der jeweiligen Klasse einen Gewinn erzielt, ist in der nachfolgenden Tabelle angegeben. In der zweiten Spalte stehen die exakten, in der dritten Spalte die gerundeten Werte. In der vierten Spalte sind schließlich die entsprechenden Gewinnwahrscheinlichkeiten angegeben. Diese erhält man durch Angabe des Bruches als Dezimalzahl. Die Wahrscheinlichkeit, dass eine einzelne Tippreihe einen Gewinn in der Klasse VI erzielt, erhält man z. B. durch

$$\frac{12\,915}{13\,983\,816} = 0{,}00092356764.$$

Klasse	Gewinnchance exakt	Chance gerundet	Wahrscheinlichkeit
I	1 : 139 838 160	1 : 139 838 160	0,00000000715
II	9 : 139 838 160	1 : 15 537 573	0,00000006436
III	6 : 13 983 816	1 : 2 330 636	0,00000042907
IV	252 : 13 983 816	1 : 55 491	0,00001802083
V	630 : 13 983 816	1 : 22 197	0,00004505208
VI	12 915 : 13 983 816	1 : 1 083	0,00092356764
VII	17 220 : 13 983 816	1 : 812	0,00123142353
VIII	229 600 : 13 983 816	1 : 61	0,01641898034
Gesamt	260 624 : 13 983 816	1 : 54	0,01863754500

Die Chance, mit einer einzigen Tippreihe überhaupt einen Gewinn erzielen, lautet 260 624 : 13 983 816 oder 1 : 54 (genauer 1 : 53,655).

Nur mit Wahrscheinlichkeit $\frac{260\,624}{13\,983\,8161} = 0{,}018637545$ erzielt eine Tippreihe einen Gewinn.

6. Theoretische Quoten beim Lotto am Samstag

Damit jemand beim Lotto am Samstag garantiert sechs Gewinnzahlen mit Superzahl hat, müssen die 13 983 816 möglichen Tippreihen jeweils zehnmal mit der Endziffer 0, 1, ... , 9 als Tipp für die Superzahl abgegeben werden, also insgesamt 139 838 160 verschiedene Tippreihen. In unserem Berechnungsmodell gehen wir davon aus, dass alle 139 838 160 möglichen Reihen genau einmal abgegeben werden. Da jede Reihe 1,50 DM kostet, bringt dies der Lotto-Gesellschaft Einnahmen von 209 757 240 DM. Die Hälfte davon, also 104 878 620 DM, würden wieder ausgeschüttet. Die prozentualen Ausschüttungsanteile und die Ausschüttungssummen für die einzelnen Klassen sind in der nachfolgenden Tabelle zusammengestellt. Division der Ausschüttungssumme durch die Anzahl der Gewinne in den einzelnen Klassen (s. Abschnitt 5.2) ergibt die in der letzten Spalte angege-

benen theoretischen Quoten oder die sogenannten Quotenerwartungen.
Falls aus der Vorwoche ein Jackpot aufgebaut ist, wird die theoretische
Quote für die entsprechende Gewinnklasse wesentlich größer.

Klasse	Anteil Prozent	Ausschütt. summe	Anzahl der Gewinne	theoretische Quote in DM
I 6 mit Superzahl	6 %	6 292 717,20	1	6 292 717,20
II 6 ohne Superzahl	8 %	8 390 289,60	9	932 254,40
III 5 mit Zusatzzahl	5 %	5 243 931,00	60	87 398,85
IV 5 ohne Zusatzzahl	13 %	13 634 220,60	2 520	5 410,41
V 4 mit Zusatzzahl	2 %	2 097 572,40	6 300	332,95
VI 4 ohne Zusatzzahl	11 %	11 536 648,20	129 150	89,33
VII 3 mit Zusatzzahl	11 %	11 536 648,20	172 200	67,00
VIII 3 ohne Zusatzzahl	44 %	46 146 592,80	2 296 000	20,10
Summen	100 %	104 878 620,00	2 606 240	

Die tatsächlichen Quoten werden auf ganze 10 Pfennig abgerundet.

Falls jede der fast 140 Millionen Tippreihen in der gleichen Anzahl abgegeben würde, müssten die tatsächlichen Quoten mit den theoretischen Quoten übereinstimmen. In der Praxis weichen die Quoten von den theoretischen Quoten mehr oder weniger stark ab, besonders in den oberen
Rängen. Falls alle Spieler ihre Reihen zufällig auswählen würden - am
besten mit Hilfe von Quicktipps - könnte man erwarten, dass die tatsächlichen Quoten nach dem Gesetz der großen Zahlen der Statistik um die angegebenen theoretischen Quoten (Quotenerwartungen) schwanken würden.
Dabei wären wegen der niedrigen Besetzungen in den höheren Gewinnklassen auch größere Abweichungen möglich. Da viele Spieler ihre Reihen aber
nicht zufällig auswählen (dazu s. Abschnitt 16), sind auch in den unteren
Rängen oft starke Abweichungen festzustellen.

Am Samstag, den 22. Mai 1999, lautete die Gewinnreihe:

   14 18 33 35 39 41   Zusatzzahl: 24   Superzahl: 1.

Der Spieleinsatz betrug 164 739 832,50 DM. Da der Einsatz für eine Tippreihe 1,50 DM beträgt, wurden insgesamt 109 862 555 Tippreihen abgegeben. Die Hälfte des Einsatzes wurde ausgeschüttet bzw. kam in den Jackpot. In der nachfolgenden Tabelle sind die Anzahl der Gewinne sowie die
Quoten in den einzelnen Klassen zusammengestellt.

Klasse	Anzahl der Gewinne	Quote in DM
I 6 mit Superzahl	0	Jackpot 4 942 194,90
II 6 ohne Superzahl	7	941 370,40
III 5 mit Zusatzzahl	47	87 627,50
IV 5 ohne Zusatzzahl	1 860	5 757,00
V 4 mit Zusatzzahl	5 387	305,80
VI 4 ohne Zusatzzahl	94 821	95,50
VII 3 mit Zusatzzahl	152 125	59,50
VIII 3 ohne Zusatzzahl	1 726 270	20,90

Die Quoten in den Klassen II bis VIII liegen tatsächlich in der Nähe der theoretischen Quoten (Quotenerwartungen).

Falls die Lotto-Gesellschaft wie bei den Klassenlotterien feste Quoten garantieren würde, müsste sie diese theoretischen Quoten als feste Gewinnquoten festlegen. Manchmal müsste dann wesentlich mehr, manchmal auch weniger als die Hälfte der Einnahmen ausgezahlt werden. Falls die Teilnehmer alle Tippreihen zufällig auswählen würden, würden sich im Laufe der Zeit aufgrund des Gesetzes der großen Zahlen die dadurch für die Gesellschaft entstehenden Verluste mit den Überschüssen ausgleichen. Dies ist bei den Klassenlotterien der Fall, wo die Teilnehmer ein vorgedrucktes Los erhalten und somit keinen Einfluss auf die Losnummer haben. Viele Spieler bevorzugen jedoch bestimmte Reihen, z. B. Mustertipps (s. Abschnitt 16.1). Falls dann aber einmal eine sehr beliebte Reihe die Gewinnreihe wäre, müsste die Lotto-Gesellschaft sehr oft die garantierten Quoten für die ersten beiden Gewinnklassen auszahlen. Die beliebteste Reihe ist die Diagonalreihe 7 13 19 25 31 37. Sie wird ungefähr 8 000 mal über dem Durchschnitt getippt. Stellen Sie sich vor, bei einem Umsatz von 140 Millionen Reihen werde diese oder eine fast so beliebte Reihe tatsächlich einmal ausgespielt. Dann gibt es ungefähr 80 000 Sechser, etwa 8 000 davon mit Superzahl. Allein für die beiden ersten Gewinnklassen müssten dann 8 000 · 6 292 717,20 + 72 000 · 932 254,40 = 117 464 054 400 DM, also mehr als 117 Milliarden DM ausgezahlt werden. Dazu kommen noch die Auszahlungen für die niedrigeren Klassen. Die Einnahmen für diesen Spieltag betragen dagegen nur 210 Millionen DM. Auf einen Schlag müssten dann ungefähr die in einem Zeitraum vom 10 Jahren beim Samtagslotto anfallenden Gesamteinnahmen ausgezahlt werden.

Quotenzusammenlegung

Nach den allgemeinen Spielbestimmungen darf der Einzelgewinn einer Gewinnklasse den Einzelgewinn einer höheren Gewinnklasse nicht übersteigen.

Falls ein solcher Fall eintreten sollte, werden die Gewinnsummen beider Gewinnklassen zusammengelegt und auf die Gewinne in den beiden Klassen gleichmäßig verteilt. Falls einmal eine der beliebtesten Reihen ausgespielt würde, wäre zu erwarten, dass es für einen Fünfer mit oder ohne Zusatzzahl wesentlich höhere Quoten geben würde als für einen Sechser ohne Superzahl. Dann müssten die Gewinnsummen dieser drei Klassen zusammengelegt und gleichmäßig auf die Gewinne dieser Klassen aufgeteilt werden. Vielleicht gäbe es dann in jeder der Klassen nur noch 200 DM. Die Personen mit 6 Richtigen hätten dadurch einen kleinen Vorteil, die Personen mit 5 Richtigen hätten aber ohne die Quotenzusammenlegung wesentlich höhere Gewinne erzielt.

Jackpot
Falls bei einer Ausspielung in einer Gewinnklasse keine Gewinne ermittelt werden, so wird der gesamte für die Ausschüttung in dieser Klasse bereitgestellte Betrag der gleichen Gewinnklasse in der nächstfolgenden Ausspielung zugeschlagen. Dadurch wird ein Jackpot aufgebaut. Dieser Jackpot ist ein Anreiz für neue Mitspieler oder ein Grund dafür, dass viele Spieler ihre Einsätze erhöhen. Den bisher größten Jackpot gab es am 3.9. 1994. Zusammen mit dem neuen Einsatz wurden in der Klasse I über 42 Millionen DM auf vier Gewinner aufgeteilt. Vielleicht können Sie sich noch an das damalige Lotto-Fieber erinnern. Inzwischen wurde die Höhe des Jackpots begrenzt. Falls eine Klasse 10 mal hintereinander und auch in der nächstfolgenden Ziehung nicht besetzt ist, wird in dieser Veranstaltung die gesamte Gewinnsumme aus dieser nichtbesetzten Klasse der nächstniedrigeren Gewinnklasse zugeschlagen.

7. Gewinnchancen beim Lotto am Mittwoch

Beim Lotto am Mittwoch nimmt jede Tippreihe gleichzeitig an den beiden unabhängigen Ziehungen A und B teil. Für beide Ziehungen zusammen werden gleichzeitig zwei verschiedene Superzahlen ausgespielt. Inzwischen wurden die Quoten für beide Ausspielungen zusammengelegt. Wer in einer der beiden Ziehungen 6 Richtige hat, hat einen Sechser. Wenn die Endziffer der Losnummer mit einer der beiden gezogenen Superzahlen übereinstimmt, wird aus einem Sechser ein Sechser mit Superzahl. Weil jede Reihe an beiden Ziehungen teilnimmt, kann man mit einer einzigen Reihe bis zu zweimal (in Ziehung A und/oder Ziehung B) gewinnen. Damit ist die Chance auf einen Sechser mit oder ohne Superzahl doppelt so groß wie beim Samstags-Lotto. Weil es zwei Superzahlen gibt, ist die Chance auf einen Sechser mit Superzahl sogar viermal größer als beim Samstags-Lotto. Beim Mittwochs-Lotto spielt die Zusatzzahl im Zusammenhang mit 4 Richtigen keine Rolle. Dabei gibt es die für beide Ziehungen zusammengelegten Gewinnklassen:

Klasse I: 6 Gewinnzahlen mit Superzahl
Klasse II: 6 Gewinnzahlen ohne Superzahl
Klasse III: 5 Gewinnzahlen mit Zusatzzahl
Klasse IV: 5 Gewinnzahlen ohne Zusatzzahl
Klasse V: 4 Gewinnzahlen
Klasse VI: 3 Gewinnzahlen mit Zusatzzahl
Klasse VII: 3 Gewinnzahlen ohne Zusatzzahl.

Wir nehmen an, jemand gebe alle 13 983 816 möglichen Tippreihen jeweils mit den Losendziffern $0, 1, \ldots, 9$, also alle 139 838 160 möglichen Tippreihen mit Berücksichtigung der Superzahl ab. Dann hat er sowohl in der Ziehung A als auch in Ziehung B jeweils zwei Sechser mit den beiden verschiedenen Superzahlen. In beiden Ziehungen zusammen hat er dann insgesamt 4 Sechser mit Superzahl und 16 Sechser ohne Superzahl. Die jeweilige Anzahl der weiteren Gewinne für beide Ziehungen zusammen erhält man aus der in Abschnitt 5.2 angegebenen Tabelle durch Verdoppelung. Weil es hier keinen Vierer mit Zusatzzahl gibt, müssen die entsprechenden Anzahlen für 4 Richtige mit und ohne Zusatzzahl in der dortigen Tabelle zusammengezählt und die Summe mit 10 multipliziert werden. Dadurch erhält man die Anzahl der Gewinne in der Klasse V.

Falls jemand unter Berücksichtigung der Superzahl beim Lotto am Mittwoch alle möglichen 139 838 160 Reihen abgibt, so erzielt er in beiden Ziehungen zusammen folgende Gewinne:

4 mal	6 Richtige mit Superzahl	(Klasse I)
16 mal	6 Richtige ohne Superzahl	(Klasse II)
120 mal	5 Richtige mit Zusatzzahl	(Klasse III)
5 040 mal	5 Richtige ohne Zusatzzahl	(Klasse IV)
270 900 mal	4 Richtige	(Klasse V)
344 400 mal	3 Richtige mit Zusatzzahl	(Klasse VI)
4 592 000 mal	3 Richtige mit Zusatzzahl	(Klasse VII)

Wird jede Tippreihe nur einmal, also insgesamt 13 983 816 Reihen mit jeweils einem Superzahl-Tipp abgegeben, so hat man garantiert zwei Sechser, entweder mit oder ohne Superzahl. 12 mal gibt es dann 5 Richtige mit Zusatzzahl, 504 mal 5 Richtige ohne Zusatzzahl, 27 090 mal 4 Richtige, 34 400 mal 3 Richtige mit Zusatzzahl und 459 200 mal 3 Richtige ohne Zusatzzahl. Die in der obigen Tabelle angegebenen Zahlen müssen also nur durch 10 dividiert werden.

Die Chance, dass an einem bestimmten Spieltag (z. B. am kommenden Mittwoch) die Gewinnreihen der Ziehungen A und B übereinstimmen, ist gleich 1 : 13 983 816, also gleich der Chance, mit einer einzigen Tippreihe in einer bestimmten Ziehung 6 Richtige zu erzielen. Vielleicht überrascht Sie dieses Ergebnis. Ich werde versuchen, Sie hiervon zu überzeugen. In der Ziehung A darf eine beliebige Reihe ausgespielt werden. Damit dann die Gewinnreihen aus beiden Ziehungen übereinstimmen, muss in der Ziehung B die Gewinnreihe aus Ziehung A, also eine ganz bestimmte Reihe ausgespielt werden. Die Chance für diese Reihe ist aber 1 : 13 983 816. Falls Sie meine Argumentation noch nicht überzeugt hat, bringe ich eine andere Rechnung. Zu jeder der 13 983 816 mögliche Reihen aus der Ziehung A gibt es 13 983 816 Möglichkeiten für die Ziehung B. Daher gibt es für beide Ziehungen zusammen insgesamt 13 983 816 · 13 983 816 verschiedene Möglichkeiten, ein Paar von Tippreihen für die Ziehung A und Ziehung B auszuspielen. Es gibt aber genau 13 983 816 Paare von Tippreihen, die jeweils übereinstimmen, nämlich alle möglichen Tippreihen, die zweimal hingeschrieben werden. Damit beträgt die Chance dafür, dass beide Gewinnreihen übereinstimmen

$$13\,983\,816 : (13\,983\,816 \cdot 13\,983\,816) = 1 : 13\,983\,816.$$

Dies ist aber nicht die Chance dafür, dass jemand mit einer einzigen Tippreihe in beiden Ausspielungen jeweils einen Sechser hat. Damit dies der Fall ist, muss von den 13 983 816 · 13 983 816 möglichen Paaren von Tippreihen für die Ziehung A bzw. B nur das Paar von Tippreihen gezogen werden, die beide mit der festen Tippreihe übereinstimmen. Es gibt also nur einen einzigen Fall. Daher ist die Chance mit einer einzigen Tippreihe gleichzeitig zwei Sechser (in beiden Ziehungen A und B) zu erhalten, gleich

$$1 : (13\,983\,816 \cdot 13\,983\,816) = 1 : 195\,547\,109\,921\,856$$

also ungefähr 1 : 195,547 Billionen.

8. Theoretische Quoten beim Lotto am Mittwoch

Alle 139 838 160 möglichen Reihen sollen jeweils genau einmal abgegeben werden. Da jede Reihe 1,25 DM kostet, würde dies der Lotto - Gesellschaft Einnahmen von 174 797 700 DM bringen. Die Hälfte davon, also 87 398 850 DM, würden wieder ausgeschüttet. Da die Ausschüttungen für die beiden Ziehungen A und B zusammengelegt werden, sind die Quoten für beide Ausspielungen gleich. Die prozentualen Ausschüttungsanteile und die Ausschüttungssummen für die einzelnen Klassen sind in der nachfolgenden Tabelle zusammengestellt. Division der Ausschüttungssumme durch die Anzahl der Gewinne in den einzelnen Klassen (vgl. Abschnitt 7) ergibt die in der letzten Spalte angegebenen theoretischen Quoten oder die sogenannten Quotenerwartungen.

Klasse	Anteil Prozent	Ausschütt. summe	Anzahl der Gewinne	theoretische Quote (DM)
I 6 mit Superzahl	12 %	10 487 862,00	4	2 261 965,50
II 6 ohne Superzahl	10 %	8 739 885,00	16	546 242,81
III 5 mit Zusatzzahl	6 %	5 243 931,00	120	43 699,43
IV 5 ohne Zusatzzahl	19 %	16 605 781,50	5 040	3 294,80
V 4 Gewinnzahlen	17 %	14 857 804,50	270 900	54,85
VI 3 mit Zusatzzahl	9 %	7 865 896,50	344 400	22,84
VIII 3 ohne Zusatzzahl	27 %	23 597 689,50	4 592 000	5,14
Summen	100 %	87 398 850	5 212 480	

Die Quoten werden allgemein auf ganze 10 Pfennig abgerundet.

Am Mittwoch, den 28.04. 1999, lauteten die Gewinnreihen

Ziehung A: 11   19   28   34   37   41   Zusatzzahl: 48
Ziehung B: 10   17   42   43   46   49   Zusatzzahl: 18   Superzahlen: 4, 6

Der Spieleinsatz betrug 31 617 043,75 DM. Die Hälfte davon wurde ausgeschüttet. In der nachfolgenden Tabelle sind die Anzahl der Gewinne sowie die Quoten in den einzelnen Klassen zusammengestellt. Da der Einsatz für eine Reihe 1,25 DM beträgt, wurden für diesen Ziehungstag insgesamt 25 293 635 Tippreihen abgegeben. In der letzten Spalte sind zum Vergleich die theoretischen Quoten angegeben.

Klasse	Anzahl der Gewinne	tatsächliche Quote in DM	theoretische Quote in DM
I 6 mit Superzahl	1	1 897 022,60	2 261 965,50
II 6 ohne Superzahl	3	526 950,70	546 242,81
III 5 mit Zusatzzahl	20	47 425,50	43 699,43
IV 5 ohne Zusatzzahl	884	3 397,70	3 294,80
V 4 Richtige	49 703	54,00	54,85
VI 3 mit Zusatzzahl	53 479	26,60	22,84
VII 3 ohne Zusatzzahl	819 820	5,20	5,14

Mit Ausnahme der Klasse I weichen in dieser Ausspielung die Quoten nicht stark von den theoretischen Quoten ab. In der Klasse I allerdings betrug die Quote nur etwa 84 Prozent vom theoretischen Wert. Dies liegt daran, dass mit 25 293 635 Tippreihen relativ wenig abgegeben wurden. Es war nicht einmal der vierte Teil der Gesamtanzahl aller Tippreihen unter Berücksichtigung der Superzahl. Aufgrund der Quoten kann bei dieser Ausspielung davon ausgegangen werden, dass die Gewinnreihen in beiden Ziehungen nicht zu den beliebten Tippreihen gehören. Sie gehören aber auch nicht zu den unbeliebten. Daher könnte man von „Durchschnittsreihen" sprechen.

9. Vollsysteme beim Lotto am Samstag

Eine „Lotto-Gemeinschaft" schrieb im Jahre 1993 in ihrem Werbeprospekt wörtlich: „Nutzen Sie den mathematischen Vorteil. Wie Sie wissen, gibt es 13,9 Millionen Möglichkeiten, 6 Kreuzchen auf dem Lottoschein zu machen. Ein 49-Zahlen-System müsste also alle diese Kombinationen beinhalten. Decken wir jedoch nur 36 der 49 Zahlen ab, verringern sich die Möglichkeiten automatisch um 12 Millionen! Und das System muss nur noch aus 1,9 Millionen Kombinationen erstellt werden. Mit diesem mathematischen Vorteil profitieren Sie von enorm hohen Trefferquoten. Und wenn Sie Ihre Chance noch steigern wollen, dann decken Sie mit 3 Systemen, also 21 DM Wocheneinsatz, alle 49 Zahlen optimal ab".

Stimmt die in dem Prospekt aufgestellte Behauptung wirklich? Wird die Gewinnchance größer, wenn man sich auf weniger Zahlen beschränkt? Wir werden zeigen (s. Abschnitte 9.9 und 9.10), dass dies nicht der Fall sein kann. Wenn der Verfasser des Werbetextes tatsächlich von seiner Behauptung überzeugt wäre, so müsste er sich doch logischerweise auf noch weniger Zahlen beschränken, weil dadurch seiner Aussage nach die Chancen ja noch größer wären. Führt man diesen Gedankengang konsequent zu Ende, so dürfte man sich nur noch auf 6 Zahlen, also auf eine einzige Tippreihe beschränken. Bereits aus diesem Gedankenspiel wird deutlich, dass der Werbetext ein großer Bluff ist, auf den viele Personen hereinfallen.

Allgemein werden bei Vollsystemen die Tippreihen nicht mehr aus allen 49 Zahlen, sondern nur noch aus weniger Zahlen ausgewählt.

Beim Lotto am Samstag sind Vollsysteme mit 7, 8, 9, 10, 11, 12, 13 und 14 Systemzahlen zugelassen. Dafür gibt es extra Tippscheine. Der Spieler muss nur die Systemzahlen ankreuzen und den entsprechenden Betrag einzahlen.

Falls sich unter den angekreuzten Systemzahlen tatsächlich alle sechs Gewinnzahlen befinden, hat man nur dann garantiert einen Sechser, wenn alle möglichen Tippreihen aus diesen Systemzahlen auch tatsächlich getippt wurden. Daher besteht ein Vollsystem aus allen möglichen Tippreihen aus den vorgegebenen Systemzahlen. Auf die genaue Angabe aller möglichen Tippreihen kann der Spieler verzichten, da man die Anzahl der notwendigen Tippreihen mathematisch berechnen kann.

Die Anzahl der mit dem Vollsystem erzielten Gewinne hängt davon ab, wie viele Gewinnzahlen sich unter den ausgewählten Systemzahlen befinden. Mit weniger als drei Gewinnzahlen kann man auch mit dem Vollsystem nicht gewinnen. Falls man 3, 4, 5 oder 6 Gewinnzahlen unter den Systemzahlen hat, kann die Anzahl der Gewinne in den einzelnen Gewinnklassen mit Hilfe kombinatorischer Methoden berechnet werden, ohne dass man die einzelnen Tippreihen des Vollsystems aufschreiben muss. Dabei kann auch noch die Zusatzzahl berücksichtigt werden.

Zunächst beschäftigen wir uns mit den von der Lotto-Gesellschaft zugelassenen Vollsystemen mit 7 bis 14 Systemzahlen. Wer Vollsysteme mit mehr als 14 Systemzahlen tippen möchte, muss allerdings alle möglichen Tippreihen aus den Systemzahlen bestimmen und diese auch tippen, was mit einer sehr großen Mühe verbunden ist. Es ist jedoch möglich, mit Hilfe eines geeigneten Computerprogramms alle möglichen Tippreihen aus den Systemzahlen sowie die entsprechende Gewinntabellen berechnen zu lassen.

9.1. Vollsystem 6 aus 7
Aus den 49 möglichen Zahlen wählt der Spieler 7 Systemzahlen aus.

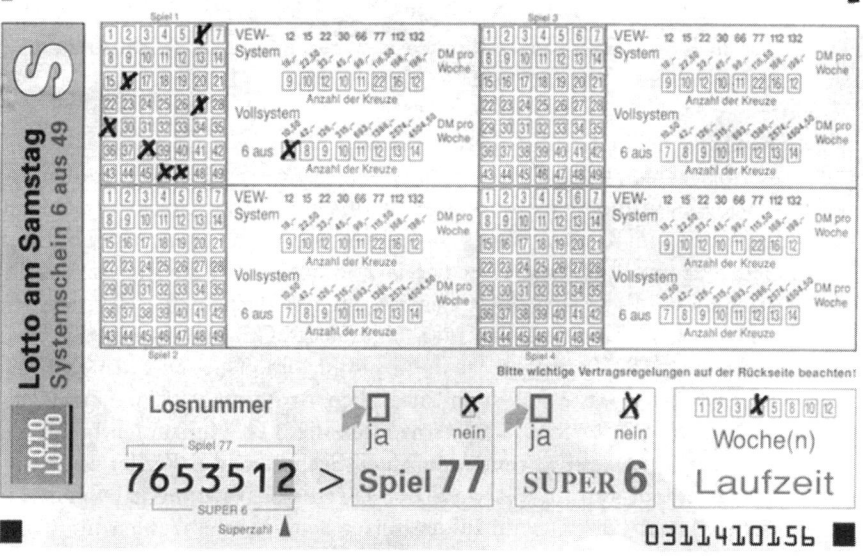

Die Anzahl der Tippreihen des Vollsystems

Die Anzahl aller möglichen Tippreihen aus den vorgegebenen 7 Systemzahlen beträgt

$$\binom{7}{6} = \frac{7 \cdot 6 \cdot 5 \cdot 4 \cdot 3 \cdot 2}{1 \cdot 2 \cdot 3 \cdot 4 \cdot 5 \cdot 6} = 7.$$

Das Vollsystem „6 aus 7" besteht aus 7 Tippreihen. Die Anzahl der Tippreihen des Systems kann einfacher berechnet werden. Bei jeder möglichen
Tippreihe aus den 7 Systemzahlen muss eine der 7 Systemzahlen weggelas-
sen werden. Dafür gibt es insgesamt 7 Möglichkeiten. Durch diese Überlegung haben wir die allgemein gültige Formel

$$\binom{7}{6} = \binom{7}{7-6} = \binom{7}{1}$$

nachgewiesen.

Zum Tippen muss man nur die Art des Vollsystems sowie die 7 Systemzahlen ankreuzen und den Betrag für 7 Tippreihen, z. Zt. also 10,5 DM
plus Bearbeitungsgebühr einzahlen. Damit gelten alle möglichen 7 Tippreihen aus den 7 Systemzahlen als getippt. Mit den 7 Systemzahlen 6 15 21
34 39 43 48 sind folgende Reihen getippt:

$$
\begin{array}{cccccc}
15 & 21 & 34 & 39 & 43 & 48 \\
6 & 21 & 34 & 39 & 43 & 48 \\
6 & 15 & 34 & 39 & 43 & 48 \\
6 & 15 & 21 & 39 & 43 & 48 \\
6 & 15 & 21 & 34 & 43 & 48 \\
6 & 15 & 21 & 34 & 39 & 48 \\
6 & 15 & 21 & 34 & 39 & 43\,.
\end{array}
$$

Die Gewinnmöglichkeiten mit dem System

Falls sich unter den sieben Systemzahlen weniger als drei Gewinnzahlen befinden, erzielt man mit dem System keinen Gewinn. Die Anzahl der Gewinne in den einzelnen Klassen hängt davon ab, wie viele Gewinnzahlen unter
den sieben Systemzahlen sind. Wichtig ist, ob auch noch die Zusatzzahl dabei ist oder nicht. Falls sich unter den 7 Systemzahlen alle 6 Gewinnzahlen
und die Zusatzzahl befinden, hat man einmal die Gewinnreihe im System.
Bei den restlichen 6 Tippreihen ist dann jeweils eine Gewinnzahl durch die
Zusatzzahl ersetzt. Daher hat man zusätzlich 6 mal einen Fünfer mit Zusatzzahl. Falls sich unter den 7 Systemzahlen die 6 Gewinnzahlen befinden,
aber nicht die Zusatzzahl, erzielt man einen Sechser und 6 Fünfer ohne Zusatzzahl. Allgemein kann die Anzahl der jeweiligen Gewinne in Abhängigkeit von der Anzahl der Gewinnzahlen unter den 7 Systemzahlen mit Hilfe
kombinatorischer Methoden bestimmt werden. Die möglichen Gewinne mit

dem System sind in der nachfolgenden Tabelle zusammengestellt. Dabei steht Zus. für Zusatzzahl. In der ersten Spalte ist jeweils die Anzahl der Gewinnzahlen mit bzw. ohne Zusatzzahl unter den sieben Systemzahlen angegeben. In der gleichen Zeile sind dann die Anzahl der Gewinne in den einzelnen Klassen angegeben, die man in diesem Fall erzielt. Die Superzahl soll hier unberücksichtigt bleiben. Falls man neben den 6 Gewinnzahlen unter den Systemzahlen auch noch die Superzahl auf dem Lotto-Schein richtig hat, wird aus dem Sechser ein Sechser mit Superzahl.

Anzahl der Gewinnzahlen unter den 7 Systemzahlen	Anzahl der Gewinne in den Klassen						
	6	5 mit Zus.	5 ohne Zus.	4 mit Zus.	4 ohne Zus.	3 mit Zus.	3 ohne Zus.
6 Richtige und Zusatzzahl	1	6	–	–	–	–	–
6 Richtige ohne Zusatzzahl	1	–	6	–	–	–	–
5 Richtige und Zusatzzahl	–	1	1	5	–	–	–
5 Richtige ohne Zusatzzahl	–	–	2	–	5	–	–
4 Richtige und Zusatzzahl	–	–	–	2	1	4	–
4 Richtige ohne Zusatzzahl	–	–	–	–	3	–	4
3 Richtige und Zusatzzahl	–	–	–	–	–	3	1
3 Richtige ohne Zusatzzahl	–	–	–	–	–	–	4

Ein Blick auf diese Tabelle sieht zunächst vielversprechend aus. Wenn sich unter den 7 System-Zahlen drei Gewinnzahlen befinden, so hat man gleich viermal 3 Richtige. Bei fünf Gewinnzahlen im System erzielt man sogar zwei Fünfer und fünf Vierer. Wenn auch noch die Zusatzzahl dabei ist, wird aus einem Fünfer sogar ein Fünfer mit Zusatzzahl.

Die Anzahl aller möglichen Vollsysteme 6 aus 7
Herr Gscheidle ist von dem Vollsystem 6 aus 7 voll begeistert. Er meint, mit einem solchen System sei die Gewinnchance wesentlich größer als bei einer zufälligen Auswahl von 7 Tippreihen. Als Begründung gibt er an, dass es ja nur noch 7 Auswahlmöglichkeiten gibt und die in den obigen Tabellen aufgeführten Gewinnhäufigkeiten doch für sich sprechen. Hat Herr Gscheidle wirklich recht? Besteht mit dem Vollsystem tatsächlich eine größere Gewinnchance als mit 7 beliebig ausgewählten verschiedenen Tippreihen? Zur Beantwortung dieser Frage bestimmen wir zunächst die Anzahl aller möglichen verschiedenen Vollsysteme mit 7 Systemzahlen. Bei der Auswahl eines Vollsystems müssen aus allen 49 Zahlen 7 Systemzahlen

ausgewählt werden. Dafür gibt es insgesamt

$$\binom{49}{7} = \frac{49 \cdot 48 \cdot 47 \cdot 46 \cdot 45 \cdot 44 \cdot 43}{1 \cdot 2 \cdot 3 \cdot 4 \cdot 5 \cdot 6 \cdot 7} = 85\,900\,584$$

verschiedene Möglichkeiten. Es gibt also fast 86 Millionen verschiedene Vollsysteme mit 7 Systemzahlen. Vielleicht werden durch diese Zahl die Gewinnerwartungen von Herrn Gscheidle etwas gedämpft.

Die Gewinnchance mit dem Vollsystem

Unter den fast 86 Millionen verschiedenen 6 aus 7 Vollsystemen gibt es es nur ein einziges System, das alle 6 Gewinnzahlen und auch noch die Zusatzzahl enthält. Bei sechs Gewinnzahlen ohne Zusatzzahl im System muss neben den 6 Gewinnzahlen noch eine von der Zusatzzahl verschiedene Zahl unter den Systemzahlen sein. Dafür gibt es 42 Auswahlmöglichkeiten. Nur 42 der fast 86 Millionen Vollsysteme enthalten die 6 Gewinnzahlen ohne Zusatzzahl. Dadurch wird deutlich, wie klein die Chance auf einen Sechser mit diesem System wird. Mit Hilfe kombinatorischer Methoden kann die jeweilige Anzahl aller Vollsysteme bestimmt werden, die eine bestimmte Anzahl von Gewinnzahlen mit oder ohne Zusatzzahl enthalten. Als Beispiel soll hier nur die Anzahl der Vollsysteme bestimmt werden, die vier Gewinnzahlen ohne die Zusatzzahl enthalten. Damit dieser Fall eintritt, müssen von den 6 Gewinnzahlen 4 zum Tippen ausgewählt werden. Gleichwertig damit ist die Auswahl von zwei der Gewinnzahlen, die nicht als Systemzahlen getippt werden. Dies ist auf

$$\binom{6}{4} = \binom{6}{2} = \frac{6 \cdot 5}{1 \cdot 2} = 15$$

verschiedene Arten möglich. Die restlichen drei Systemzahlen müssen dann aus den 42 von den Gewinnzahlen und der Zusatzzahl verschiedenen Zahlen ausgewählt werden. Dafür gibt es

$$\binom{42}{3} = \frac{42 \cdot 41 \cdot 40}{1 \cdot 2 \cdot 3} = 11\,480$$

Auswahlmöglichkeiten. Somit gibt es $15 \cdot 11\,480 = 172\,200$ Systeme mit vier Gewinnzahlen ohne Zusatzzahl. Mit jedem dieser 172 200 Systeme erhält man drei Vierer ohne Zusatzzahl und vier Dreier ohne Zusatzzahl. In der nachfolgenden Tabelle ist jeweils die Anzahl der Vollsysteme in Abhängigkeit von der Anzahl der Gewinnzahlen mit oder ohne Zusatzzahl unter den 7 Systemzahlen zusammengestellt. In der letzten Spalte sind die Wahrscheinlichkeiten dafür angegeben, dass man bei der zufälligen Auswahl der 7 Systemzahlen eines dieser Vollsysteme mit den angegebenen Gewinneigenschaften erhält. Die Wahrscheinlichkeit erhält man jeweils durch Division der angegeben Anzahl der Vollsysteme mit der entsprechenden Anzahl von Gewinnzahlen unter den 7 Systemzahlen durch die Gesamtanzahl 85 900 584 aller möglichen Vollsysteme.

Gewinnzahlen im System	Anzahl der Vollsysteme	Wahrscheinlichkeit für ein solches Vollsystem
6 Gewinnzahlen und Zusatzzahl	1	0,000000012
6 Gewinnzahlen ohne Zusatzzahl	42	0,000000489
5 Gewinnzahlen und Zusatzzahl	252	0,000002934
5 Gewinnzahlen ohne Zusatzzahl	5 166	0,000060139
4 Gewinnzahlen und Zusatzzahl	12 915	0,000150348
4 Gewinnzahlen ohne Zusatzzahl	172 200	0,002004643
3 Gewinnzahlen und Zusatzzahl	229 600	0,002672857
3 Gewinnzahlen ohne Zusatzzahl	2 238 600	0,026060358
2 Gewinnzahlen ⎫	14 438 970	0,168089311
1 Gewinnzahl ⎬ kein Gewinn	36 578 724	0,425826255
0 Gewinnzahlen ⎭	32 224 114	0,375132653
Gesamtsumme	85 900 584	0,999999999

Die Summe aller Wahrscheinlichkeiten in der dritten Spalte müsste exakt gleich Eins sein. Die geringe Abweichung ist auf das Runden zurückzuführen.

Von den fast 86 Millionen möglichen Vollsystemen enthalten nur 43 alle sechs Gewinnzahlen, eines davon auch noch die Zusatzzahl. Daher ist die Chance, bei der Auswahl der 7 Systemzahlen ein Vollsystem mit 6 Gewinnzahlen zu erhalten,

$$43 : 85\,900\,584 \quad \text{oder} \quad 1 : 1\,997\,688.$$

Falls man anstelle dieses Vollsystems 7 andere, aber verschiedene Reihen tippt, beträgt die Chance für 6 Richtige

$$7 : 13\,983\,816 \quad \text{oder} \quad 1 : 1\,997\,688.$$

Diese Chance ist genauso groß wie die Chance auf einen Sechser mit dem Vollsystem. Durch das System wird damit die Chance auf einen Sechser nicht erhöht. Sie ist bei sieben beliebig ausgewählten verschiedenen Tippreihen genauso groß.

Nur diejenigen Vollsysteme, die mindestens drei Gewinnzahlen enthalten, erzielen einen Gewinn. Das sind insgesamt 2 658 776, also ungefähr 3,1 % aller möglichen 6 aus 7 Vollsysteme. Die Chance, mit einem 6 aus 7 Vollsystem überhaupt zu gewinnen, lautet daher

$$2\,658\,776 : 85\,900\,584, \quad \text{also ungefähr} \quad 1 : 32 \quad \text{(genauer } 1 : 32{,}308\text{)}.$$

Nach Abschnitt 5.1 beträgt die Gewinnchance mit einer einzigen Tippreihe ungefähr 1 : 54. Somit ist die Chance, mit einem Vollsystem mit 7 Systemzahlen überhaupt zu gewinnen, nur ungefähr 1,67 mal größer als die Gewinnchance mit einer einzigen Reihe. Mit sieben zufällig ausgewählten verschiedenen Reihen wird man daher auf Dauer öfter gewinnen als mit dem 6 aus 7 Vollsystem. Daraus jedoch zu schließen, die Gewinnerwartungen beim Vollsystem seien schlechter als bei sieben willkürlich ausgewählten Reihen, wäre aber auch nicht richtig. Beim Vollsystem gewinnt man zwar wesentlich seltener, doch im Falle eines Gewinnes erzielt man nach der obigen Tabelle gleich mehrere Gewinne. Durch die höhere Auszahlung wird die niedrigere Gewinnchance wieder ausgeglichen. Wem es nur darum geht, überhaupt zu gewinnen, der sollte nicht das 6 aus 7 Vollsystem, sondern sieben verschiedene Reihen tippen. Dadurch wird die Chance am größten, überhaupt zu gewinnen.

9.2. Vollsystem 6 aus 8

Aus den 49 Zahlen werden 8 Systemzahlen ausgewählt.

Dieses Vollsystem besteht aus $\binom{8}{6} = \frac{8 \cdot 7 \cdot 6 \cdot 5 \cdot 4 \cdot 3}{1 \cdot 2 \cdot 3 \cdot 4 \cdot 5 \cdot 6} = 28$ Tippreihen. Anstelle der sechs Zahlen, die aus den 8 Systemzahlen für die einzelnen Tippreihen ausgewählt werden, kann man auch jeweils zwei von den 8 Systemzahlen auswählen, die nicht getippt werden. Durch diese Überlegung erhält man die allgemein gültige Formel

$$\binom{8}{6} = \binom{8}{2} = \frac{8 \cdot 7}{1 \cdot 2} = 28 \,.$$

Die Gewinnmöglichkeiten in Abhängigkeit von der Anzahl der Gewinnzahlen im System sind analog zu Abschnitt 9.1 in der nachfolgenden Tabelle zusammengestellt.

Anzahl der Gewinnzahlen unter den 7 Systemzahlen	Anzahl der Gewinne in den Klassen						
	6	5 mit Zus.	5 ohne Zus.	4 mit Zus.	4 ohne Zus.	3 mit Zus.	3 ohne Zus.
6 Richtige und Zusatzzahl	1	6	6	15	–	–	–
6 Richtige ohne Zusatzzahl	1	–	12	–	15	–	–
5 Richtige und Zusatzzahl	–	1	2	10	5	10	–
5 Richtige ohne Zusatzzahl	–	–	3	–	15	–	10
4 Richtige und Zusatzzahl	–	–	–	3	3	12	4
4 Richtige ohne Zusatzzahl	–	–	–	–	6	–	16
3 Richtige und Zusatzzahl	–	–	–	–	–	6	4
3 Richtige ohne Zusatzzahl	–	–	–	–	–	–	10

Insgesamt gibt es

$$\binom{49}{8} = \frac{49 \cdot 48 \cdot 47 \cdot 46 \cdot 45 \cdot 44 \cdot 43 \cdot 42}{1 \cdot 2 \cdot 3 \cdot 4 \cdot 5 \cdot 6 \cdot 7 \cdot 8} = 450\,978\,066,$$

also fast 451 Millionen verschiedene Vollsysteme mit 8 Systemzahlen. Wie viele davon in Abhängigkeit von der Anzahl der Gewinnzahlen unter den 8 Systemzahlen gewinnen, ist in der nachfolgenden Tabelle zusammengestellt. In der letzten Spalte stehen die Wahrscheinlichkeiten, mit denen man bei der zufälligen Auswahl der 8 Systemzahlen ein solches Vollsystem mit der angegebenen Anzahl von Gewinnzahlen erhält.

Gewinnzahlen im System	Anzahl der Vollsysteme	Wahrscheinlichkeit für ein solches Vollsystem
6 Gewinnzahlen und Zusatzzahl	42	0,000000093
6 Gewinnzahlen ohne Zusatzzahl	861	0,000001922
5 Gewinnzahlen und Zusatzzahl	5 166	0,000011455
5 Gewinnzahlen ohne Zusatzzahl	68 880	0,000152735
4 Gewinnzahlen und Zusatzzahl	172 200	0,000381873
4 Gewinnzahlen ohne Zusatzzahl	1 678 950	0,003722908
3 Gewinnzahlen und Zusatzzahl	2 238 600	0,004963878
3 Gewinnzahlen ohne Zusatzzahl	17 013 360	0,037725471
2 Gewinnzahlen ⎫	91 446 810	0,202774407
1 Gewinnzahl ⎬ kein Gewinn	193 344 684	0,428723032
0 Gewinnzahlen ⎭	145 008 513	0,321542274
Gesamtsumme	450 978 066	0,999999998

Die Summe der Wahrscheinlichkeiten ist wegen des Rundens nicht exakt gleich Eins.

Von den fast 451 Millionen möglichen Vollsystemen mit 8 Systemzahlen enthalten nur $42 + 861 = 903$ alle 6 Gewinnzahlen, 42 davon auch noch die Zusatzzahl. Die Chance auf einen Sechser mit diesem Vollsystem lautet

$$903 : 450\,978\,066 = 1 : 499\,422 = 28 : 13\,983\,816.$$

Die Chance auf einen Sechser mit dem Vollsystem ist also genauso groß wie mit 28 verschiedenen Tippreihen.

Von den fast 451 Millionen verschiedenen Vollsystemen mit 8 Systemzahlen erzielen nur 21 178 059, also ungefähr 4,7 % aller Vollsysteme, einen Gewinn. Die Chance, mit diesem Vollsystem einen Gewinn zu erzielen, ist ungefähr $1 : 21$. Sie ist nur etwa 2,5 mal größer als die Chance auf einen Gewinn mit einer einzigen Tippreihe.

9.3. Vollsystem 6 aus 9

Aus den 49 Zahlen werden 9 Systemzahlen ausgewählt.

Für dieses Vollsystem werden $\binom{9}{6} = \frac{9 \cdot 8 \cdot 7 \cdot 6 \cdot 5 \cdot 4}{1 \cdot 2 \cdot 3 \cdot 4 \cdot 5 \cdot 6} = 84$ Tippreihen benötigt. Anstelle der 6 Zahlen aus den 9 Systemzahlen für die Tippreihen können auch 3 zum Nichttippen ausgewählt werden. Damit gilt auch hier

$$\binom{9}{6} = \binom{9}{3} = \frac{9 \cdot 8 \cdot 7}{1 \cdot 2 \cdot 3} = 84 .$$

Gewinntabelle:

Anzahl der Gewinnzahlen unter den 7 Systemzahlen	Anzahl der Gewinne in den Klassen						
	6	5 mit Zus.	5 ohne Zus.	4 mit Zus.	4 ohne Zus.	3 mit Zus.	3 ohne Zus.
6 Richtige und Zusatzzahl	1	6	12	30	15	20	–
6 Richtige ohne Zusatzzahl	1	–	18	–	45	–	20
5 Richtige und Zusatzzahl	–	1	3	15	15	30	10
5 Richtige ohne Zusatzzahl	–	–	4	–	30	–	40
4 Richtige und Zusatzzahl	–	–	–	4	6	24	16
4 Richtige ohne Zusatzzahl	–	–	–	–	10	–	40
3 Richtige und Zusatzzahl	–	–	–	–	–	10	10
3 Richtige ohne Zusatzzahl	–	–	–	–	–	–	20

Insgesamt gibt es $\binom{49}{9} = 2\,054\,455\,634$, also über 2 Milliarden verschiedene Vollsysteme mit 10 Systemzahlen.

Die Anzahl der Vollsysteme mit der jeweiligen Anzahl von Gewinnzahlen mit bzw. ohne Zusatzzahl sowie die entsprechenden Wahrscheinlichkeiten sind in der Tabelle auf der nächsten Seite zusammengestellt.

Nur $861 + 1\,480 = 12\,341$ der über 2 Milliarden möglichen Vollsysteme enthalten alle sechs Gewinnzahlen, 861 davon auch noch die Zusatzzahl. Dadurch wird deutlich, wie unwahrscheinlich es ist, bei der Auswahl des Vollsystems eines zu erhalten, das alle 6 Gewinnzahlen enthält. Die Chance auf einen Sechser mit diesem Vollsystem beträgt

$$12\,341 : 2\,054\,455\,634 = 1 : 166\,474 = 84 : 13\,983\,816 .$$

Die Chance auf einen Sechser mit dem Vollsystem ist genauso groß wie

mit 84 beliebigen verschiedenen Tippreihen. Nur ungefähr 6,7 % aller Vollsysteme gewinnen überhaupt. Die Gewinnchance mit einem Vollsystem
mit 84 Reihen ist nur ungefähr 3,6 mal größer als die Gewinnchance mit
einer einzigen Reihe.

Gewinnzahlen im System	Anzahl der Vollsysteme	Wahrscheinlichkeit für ein solches Vollsystem
6 Gewinnzahlen und Zusatzzahl	861	0,000000419
6 Gewinnzahlen ohne Zusatzzahl	11 480	0,000005588
5 Gewinnzahlen und Zusatzzahl	68 880	0,000033527
5 Gewinnzahlen ohne Zusatzzahl	671 580	0,000326890
4 Gewinnzahlen und Zusatzzahl	1 678 950	0,000817224
4 Gewinnzahlen ohne Zusatzzahl	12 760 020	0,006210901
3 Gewinnzahlen und Zusatzzahl	17 013 360	0,008281201
3 Gewinnzahlen ohne Zusatzzahl	104 915 720	0,051067406
2 Gewinnzahlen ⎱	483 361 710	0,235274835
1 Gewinnzahl ⎰ kein Gewinn	870 051 078	0,423494703
0 Gewinnzahlen ⎰	563 921 995	0,274487307
Gesamtsumme	2 054 455 634	1,000000001

9.4 Vollsystem 6 aus 10
Aus den 49 Zahlen werden 10 Systemzahlen ausgewählt.

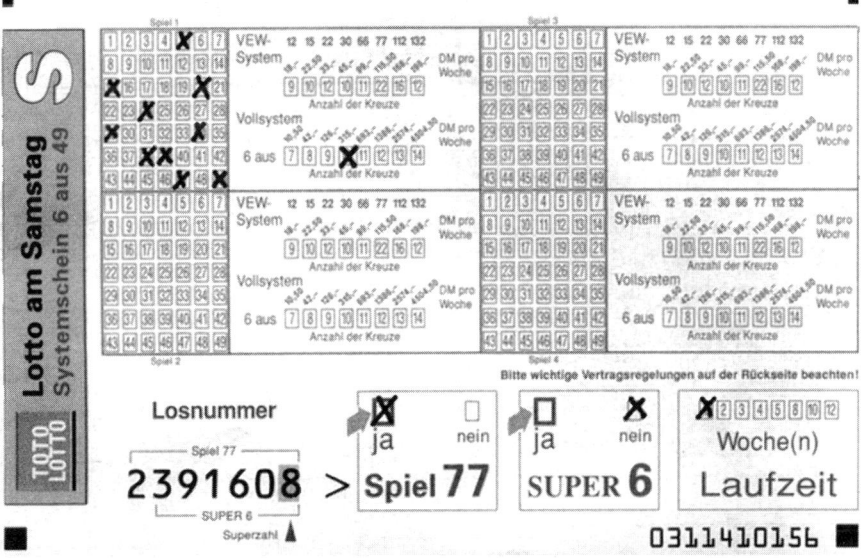

Das System besteht aus $\binom{10}{6} = \frac{10 \cdot 9 \cdot 8 \cdot 7 \cdot 6 \cdot 5}{1 \cdot 2 \cdot 3 \cdot 4 \cdot 5 \cdot 6} = 210$ Tippreihen.
Auch hier gilt

$$\binom{10}{6} = \binom{10}{10-6} = \binom{10}{4} = \frac{10 \cdot 9 \cdot 8 \cdot 7}{1 \cdot 2 \cdot 3 \cdot 4} = 210.$$

Gewinntabelle:

Anzahl der Gewinnzahlen unter den 7 Systemzahlen	Anzahl der Gewinne in den Klassen						
	6	5 mit Zus.	5 ohne Zus.	4 mit Zus.	4 ohne Zus.	3 mit Zus.	3 ohne Zus.
6 Richtige und Zusatzzahl	1	6	18	45	45	60	20
6 Richtige ohne Zusatzzahl	1	–	24	–	90	–	80
5 Richtige und Zusatzzahl	–	1	4	20	30	60	40
5 Richtige ohne Zusatzzahl	–	–	5	–	50	–	100
4 Richtige und Zusatzzahl	–	–	–	5	10	40	40
4 Richtige ohne Zusatzzahl	–	–	–	–	15	–	80
3 Richtige und Zusatzzahl	–	–	–	–	–	15	20
3 Richtige ohne Zusatzzahl	–	–	–	–	–	–	35

Insgesamt gibt es $\binom{49}{10} = 8\,217\,822\,536$, also über 8 Milliarden verschiedene Vollsysteme mit 10 Systemzahlen.

Gewinnzahlen im System	Anzahl der Vollsysteme	Wahrscheinlichkeit für ein solches Vollsystem
6 Gewinnzahlen und Zusatzzahl	11 480	0,000001397
6 Gewinnzahlen ohne Zusatzzahl	111 930	0,000013620
5 Gewinnzahlen und Zusatzzahl	671 580	0,000081722
5 Gewinnzahlen ohne Zusatzzahl	5 104 008	0,000621090
4 Gewinnzahlen und Zusatzzahl	12 760 020	0,001552725
4 Gewinnzahlen ohne Zusatzzahl	78 686 790	0,009575139
3 Gewinnzahlen und Zusatzzahl	104 915 720	0,012766852
3 Gewinnzahlen ohne Zusatzzahl	539 566 560	0,065658093
2 Gewinnzahlen ⎫	2 175 127 695	0,264684189
1 Gewinnzahl ⎬ kein Gewinn	3 383 531 970	0,411731691
0 Gewinnzahlen ⎭	1 917 334 783	0,233314211
Gesamtsumme	8 217 822 536	0,999999999

Von den über 8 Milliarden Vollsystemen enthalten nur 123 410 alle sechs Gewinnzahlen. Daher beträgt die Chance auf einen Sechser mit dem Vollsystem

$$123\,410 : 8\,217\,822\,536 = 210 : 13\,983\,816\,.$$

Die Chance auf einen Sechser ist genauso groß wie mit 210 anderen, aber verschiedenen Tippreihen. Nur ungefähr 9 % aller Vollsysteme mit 10 Systemzahlen erzielen überhaupt einen Gewinn. Damit beträgt die Gewinnchance mit dem Vollsystem nur etwa 1:11. Sie ist nur ungefähr 4,8 mal größer als die Gewinnchance mit einer einzigen Reihe.

9.5. Vollsystem 6 aus 11
Aus den 49 Zahlen werden 11 Systemzahlen ausgewählt.

Für das System muss man $\binom{11}{6} = \dfrac{11 \cdot 10 \cdot 9 \cdot 8 \cdot 7 \cdot 6}{1 \cdot 2 \cdot 3 \cdot 4 \cdot 5 \cdot 6} = 462$ Tippreihen abgeben.

Gewinntabelle:

Anzahl der Gewinnzahlen unter den 7 Systemzahlen	Anzahl der Gewinne in den Klassen						
	6	5 mit Zus.	5 ohne Zus.	4 mit Zus.	4 ohne Zus.	3 mit Zus.	3 ohne Zus.
6 Richtige und Zusatzzahl	1	6	24	60	90	120	80
6 Richtige ohne Zusatzzahl	1	–	30	–	150	–	200
5 Richtige und Zusatzzahl	–	1	5	25	50	100	100
5 Richtige ohne Zusatzzahl	–	–	6	–	75	–	200
4 Richtige und Zusatzzahl	–	–	–	6	15	60	80
4 Richtige ohne Zusatzzahl	–	–	–	–	21	–	140
3 Richtige und Zusatzzahl	–	–	–	–	–	21	35
3 Richtige ohne Zusatzzahl	–	–	–	–	–	–	56

Insgesamt gibt es $\binom{49}{11} = 29\,135\,916\,264$, also über 29 Milliarden verschiedene Vollsysteme mit jeweils 11 Systemzahlen. Die Chance auf einen Sechser mit dem Vollsystem ist

$$962\,598 : 29\,135\,916\,264 = 1 : 30\,268 = 462 : 13\,983\,816\,,$$

also gleich groß wie bei 462 verschiedenen Tippreihen. Ungefähr 11,7 % aller Vollsysteme gewinnen überhaupt. Damit beträgt die Gewinnchance mit dem Vollsystem etwa $1:8,5$. Diese Chance ist nur etwa 6,3 mal größer als die Gewinnchance mit einer einzigen Reihe.

9.6. Vollsystem 6 aus 12

Aus den 49 Zahlen werden 12 Systemzahlen ausgewählt.

Das System besteht aus $\binom{12}{6} = \frac{12 \cdot 11 \cdot 10 \cdot 9 \cdot 8 \cdot 7}{1 \cdot 2 \cdot 3 \cdot 4 \cdot 5 \cdot 6} = 924$ Tippreihen.

Gewinntabelle:

Anzahl der Gewinnzahlen unter den 7 Systemzahlen	Anzahl der Gewinne in den Klassen						
	6	5 mit Zus.	5 ohne Zus.	4 mit Zus.	4 ohne Zus.	3 mit Zus.	3 ohne Zus.
6 Richtige und Zusatzzahl	1	6	30	75	150	200	200
6 Richtige ohne Zusatzzahl	1	–	36	–	225	–	400
5 Richtige und Zusatzzahl	–	1	6	30	75	150	200
5 Richtige ohne Zusatzzahl	–	–	7	–	105	–	350
4 Richtige und Zusatzzahl	–	–	–	7	21	84	140
4 Richtige ohne Zusatzzahl	–	–	–	–	28	–	224
3 Richtige und Zusatzzahl	–	–	–	–	–	28	56
3 Richtige ohne Zusatzzahl	–	–	–	–	–	–	84

Insgesamt gibt es $\binom{49}{12} = 92\,263\,734\,836$, also über 92 Milliarden verschiedene Vollsysteme mit 12 Systemzahlen, von denen nur $\binom{43}{6} = 6\,096\,454$ alle 6 Gewinnzahlen mit oder ohne Zusatzzahl enthalten. Die Chance auf einen Sechser mit dem Vollsystem beträgt

$$6\,096\,454 : 92\,263\,734\,836 = 1 : 15\,134 = 924 : 13\,983\,816 .$$

Sie ist genauso groß wie bei 924 verschiedenen Tippreihen. Etwa 14,8 % aller Vollsysteme gewinnen in irgendeiner Gewinnklasse. Die Gewinnchance ist nur ungefähr 8 mal größer als die Gewinnchance mit einer einzigen Reihe.

9.7. Vollsystem 6 aus 13

Aus den 49 Zahlen werden 13 Systemzahlen ausgewählt.

Das System besteht aus $\binom{13}{6} = \frac{13 \cdot 12 \cdot 11 \cdot 10 \cdot 9 \cdot 8}{1 \cdot 2 \cdot 3 \cdot 4 \cdot 5 \cdot 6} = 1\,716$ Tippreihen.

Gewinntabelle:

Anzahl der Gewinnzahlen unter den 7 Systemzahlen	Anzahl der Gewinne in den Klassen						
	6	5 mit Zus.	5 ohne Zus.	4 mit Zus.	4 ohne Zus.	3 mit Zus.	3 ohne Zus.
6 Richtige und Zusatzzahl	1	6	36	90	225	300	400
6 Richtige ohne Zusatzzahl	1	–	42	–	315	–	700
5 Richtige und Zusatzzahl	–	1	7	35	105	210	350
5 Richtige ohne Zusatzzahl	–	–	8	–	140	–	560
4 Richtige und Zusatzzahl	–	–	–	8	28	112	224
4 Richtige ohne Zusatzzahl	–	–	–	–	36	–	336
3 Richtige und Zusatzzahl	–	–	–	–	–	36	84
3 Richtige ohne Zusatzzahl	–	–	–	–	–	–	120

Insgesamt gibt es $\binom{49}{13} = 262\,596\,783\,764$, also über 262 Milliarden verschiedene Vollsysteme mit 13 Systemzahlen, von denen nur $\binom{43}{7} = 32\,224\,114$ alle 6 Gewinnzahlen mit oder ohne Zusatzzahl enthalten. Die Chance auf einen Sechser mit dem Vollsystem beträgt

$$32\,224\,114 : 262\,596\,783\,764 = 1\,716 : 13\,983\,816\,.$$

Bei 1 716 beliebig ausgewählten verschiedenen Tippreihen ist die Chance auf einen Sechser (mit oder ohne Superzahl) genauso groß wie mit diesem Vollsystem.

9.8. Vollsystem 6 aus 14

Aus den 49 Zahlen werden 14 Systemzahlen ausgewählt.

Das System besteht aus $\binom{14}{6} = \dfrac{14 \cdot 13 \cdot 12 \cdot 11 \cdot 10 \cdot 9}{1 \cdot 2 \cdot 3 \cdot 4 \cdot 5 \cdot 6} = 3\,003$ Tippreihen.

Insgesamt gibt es $\binom{49}{14} = 675\,248\,872\,536$, also über 675 Milliarden verschiedene Vollsysteme mit 14 Systemzahlen, von denen $\binom{43}{8} = 145\,008\,513$ alle 6 Gewinnzahlen mit oder ohne Zusatzzahl enthalten. Die Chance auf einen Sechser mit dem Vollsystem beträgt

$$145\,008\,513 : 675\,248\,872\,536 = 3\,003 : 13\,983\,816\,.$$

Diese Chance ist genauso groß wie bei 3 003 beliebigen verschiedenen Tippreihen.

Gewinnmöglichkeiten:

Anzahl der Gewinnzahlen unter den 7 Systemzahlen	Anzahl der Gewinne in den Klassen						
	6	5 mit Zus.	5 ohne Zus.	4 mit Zus.	4 ohne Zus.	3 mit Zus.	3 ohne Zus.
6 Richtige und Zusatzzahl	1	6	42	105	315	420	700
6 Richtige ohne Zusatzzahl	1	–	48	–	420	–	1120
5 Richtige und Zusatzzahl	–	1	8	40	140	280	560
5 Richtige ohne Zusatzzahl	–	–	9	–	180	–	840
4 Richtige und Zusatzzahl	–	–	–	9	36	144	336
4 Richtige ohne Zusatzzahl	–	–	–	–	45	–	480
3 Richtige und Zusatzzahl	–	–	–	–	–	45	120
3 Richtige ohne Zusatzzahl	–	–	–	–	–	–	165

9.9. Allgemeine Vollsysteme mit n Systemzahlen

In diesem Abschnitt sollen allgemeine Vollsysteme mit n Systemzahlen behandelt werden. Dabei ist n eine vorgegebene Zahl, die mindestens gleich 7 und höchstens gleich 49 sein darf. In den Formeln treten Binomialkoeffizienten auf. Setzt man für n eine der Zahlen 7 bis 14 ein, so erhält man die bereits behandelten Fälle.

Die Anzahl der Tippreihen

Ein Vollsystem „6 aus n" mit n Systemzahlen besteht aus

$$\binom{n}{6} = \frac{n \cdot (n-1) \cdot \ldots \cdot (n-5)}{1 \cdot 2 \cdot 3 \cdot 4 \cdot 5 \cdot 6}$$

Tippreihen. Im Zähler stehen 6 Faktoren, die jeweils um eine Einheit kleiner werden. In der nachfolgenden Tabelle ist die Anzahl der benötigten Tippreihen für ein Vollsystem in Abhängigkeit von der Anzahl n der Systemzahlen zusammengestellt:

Anzahl der Systemzahlen	Anzahl der benötigten Reihen
6	1
7	7
8	28
9	84
10	210
11	462

12	924
13	1 716
14	3 003
15	5 005
16	8 008
17	12 376
18	18 564
19	27 132
20	38 760
21	54 264
22	74 613
23	100 947
24	134 596
25	177 100
26	230 230
27	296 010
28	376 740
29	475 020
30	593 775
31	736 281
32	906 192
33	1 107 568
34	1 344 904
35	1 623 160
36	1 947 792
37	2 324 784
38	2 760 681
39	3 262 623
40	3 838 380
41	4 496 388
42	5 245 786
43	6 096 454
44	7 059 052
45	8 145 060
46	9 366 819
47	10 737 573
48	12 271 512
49	13 983 816

Gewinnmöglichkeiten mit dem Vollsystem

Bei den in der nachfolgenden Tabelle angegebenen Gewinnmöglichkeiten in Abhängigkeit von der Anzahl der Gewinnzahlen unter den Systemzahlen steht G für Gewinnzahl, Z für Zusatzzahl und R für Richtige in den Tipp-reihen des Systems. Falls in einem angegebenen Binomialkoeffizienten die obere Zahl kleiner als die untere ist, muss dieser Binomialkoeffizient gleich Null gesetzt werden, also

$$\binom{0}{1}=\binom{0}{2}=\binom{1}{2}=\binom{0}{3}=\binom{1}{3}=\binom{2}{3}=0.$$

Zahlen im System	\multicolumn{7}{c}{Anzahl der Gewinne in den Klassen}
	6 R	5 R + Z	5 R ohne Z	4 R mit Z	4 R ohne Z	3 R mit Z	3 R ohne Z
6 G mit Z	1	6	$6\cdot(n-7)$	$15\cdot(n-7)$	$15\cdot\binom{n-7}{2}$	$20\cdot\binom{n-7}{2}$	$20\cdot\binom{n-7}{3}$
6 G ohne Z	1	−	$6\cdot(n-6)$	−	$15\cdot\binom{n-6}{2}$	−	$20\cdot\binom{n-6}{3}$
5 G mit Z	−	1	$n-6$	$5\cdot(n-6)$	$5\cdot\binom{n-6}{2}$	$10\cdot\binom{n-6}{2}$	$10\cdot\binom{n-6}{3}$
5 G ohne Z	−	−	$n-5$	−	$5\cdot\binom{n-5}{2}$	−	$10\cdot\binom{n-5}{3}$
4 G mit Z	−	−	−	$n-5$	$\binom{n-5}{2}$	$4\cdot\binom{n-5}{2}$	$4\cdot\binom{n-5}{3}$
4 G ohne Z	−	−	−	−	$\binom{n-4}{2}$	−	$4\cdot\binom{n-4}{3}$
3 G mit Z	−	−	−	−	−	$\binom{n-4}{2}$	$\binom{n-4}{3}$
3 G ohne Z	−	−	−	−	−	−	$\binom{n-3}{3}$

Die Anzahl der möglichen Vollsysteme mit n Systemzahlen
Insgesamt gibt es

$$\binom{49}{n}=\frac{49\cdot48\cdot\ldots\cdot(49-n+1)}{1\cdot2\cdot\ldots\cdot n}=\frac{49\cdot48\cdot\ldots\cdot(50-n)}{1\cdot2\cdot\ldots\cdot n}$$

verschiedene Vollsysteme mit n Systemzahlen. $\binom{43}{n}$ der Vollsysteme enthalten keine Gewinnzahl, $6\cdot\binom{43}{n-1}$ enthalten nur eine Gewinnzahl und $15\cdot\binom{43}{n-2}$ nur zwei Gewinnzahlen. Die Summe dieser drei Werte ergibt die Anzahl derjenigen Vollsysteme, die zu keinem Gewinn führen. Die restlichen Vollsysteme gewinnen.

Die Chance auf einen Sechser

Insgesamt gibt es

$$\binom{43}{n-6} = \frac{43 \cdot 42 \cdot 41 \cdot \ldots \cdot (43 - n + 7)}{1 \cdot 2 \cdot 3 \cdot \ldots \cdot (n-6)}$$

verschiedene Vollsysteme, die alle sechs Gewinnzahlen mit oder ohne Zusatzzahl enthalten. Die Chance, ein Vollsystem mit einem Sechser zu erhalten, beträgt daher

$$\binom{43}{n-6} : \binom{49}{n}.$$

Allgemein lässt sich die folgende Identität zeigen:

$$\binom{43}{n-6} : \binom{49}{n} = \binom{n}{6} : \binom{49}{6}.$$

Auf der rechten Seite steht das Verhältnis der Anzahl der für das Vollsystem benötigten Tippreihen zur Anzahl aller überhaupt möglichen Tippreihen. Damit gilt:

> Die Chance, mit einem Vollsystem einen Sechser zu erzielen, ist genauso groß wie mit der gleichen Anzahl anderer, aber verschiedener Tippreihen. Systemtippen erhöht also die Chance auf einen Sechser nicht!

Die erwartete Anzahl der Gewinne eines Vollsystems in den einzelnen Gewinnklassen

Falls man mit einem „6 aus n" Vollsystem gewinnt, erzielt man nach der obigen Tabelle gleich mehrere Gewinne.

In der Zeitschrift Praxis der Mathematik 2/40, Jahrgang 1998, S. 58 – 60, wurde vom Autor dieses Buches folgende Eigenschaft wissenschaftlich nachgewiesen:

> Auf Dauer wird man mit jedem Vollsystem in den einzelnen Gewinnklassen nicht öfter gewinnen als mit der gleichen Anzahl beliebiger, aber verschiedener Tippreihen. Falls ein Vollsystem zu einem Gewinn führt, gibt es gleichzeitig mehrere Gewinne in verschiedenen Klassen. Die Tatsache, dass mit dem System seltener gewonnen wird als mit der gleichen Anzahl zufällig ausgewählter Reihen, macht diesen Vorteil wieder zunichte. Damit muss allgemein festgestellt werden, dass Systemtippen keinen Gewinnvorteil bringt.

9.10. Allgemeine Bemerkungen zu den Vollsystemen

Wie bereits in Abschnitt 9.9 erwähnt wurde, erhöht ein Vollsystem die Chance auf einen Gewinn in den einzelnen Klassen in keiner Weise. Diese Chance bleibt genauso groß, wenn man anstelle des Systems die gleiche Anzahl beliebiger, aber verschiedener Tippreihen abgibt.

Die Chance, überhaupt zu gewinnen, wird mit dem System sogar kleiner. Dieser Nachteil wird aber dadurch ausgeglichen, dass man mit einem Vollsystem im Falle eines Gewinnes gleich mehrere Gewinne erzielt. Wem es darum geht, nur zu gewinnen, der sollte keine Systeme tippen, sondern die gleiche Anzahl verschiedener Reihen zufällig ankreuzen. Dadurch wird die Chance auf einen Gewinn am größten. Man sollte immer beachten, dass es für die Auswahl der Systemzahlen sehr viele Möglichkeiten gibt. Andererseits gibt sehr viele verschiedene Vollsysteme mit n Systemzahlen. Doch nur relativ wenige davon gewinnen.

Die zu Beginn des Abschnittes 9 in dem Werbeprospekt angegebene Behauptung stimmt also nicht. Der Anbieter spielt offensichtlich ein „6 aus 36" Vollsystem, also mit n = 36 Systemzahlen. Dieses Vollsystem umfasst $\binom{36}{6} = 1\,947\,792$ verschiedene Tippreihen. Insgesamt gibt es

$$\binom{49}{36} = \binom{49}{13} = 262\,596\,783\,764,$$

also mehr als 262 Milliarden solcher Vollsysteme mit 36 Systemzahlen.

$$\binom{43}{30} = \binom{43}{13} = 36\,576\,848\,168$$

dieser Vollsysteme, also etwas mehr als 36 Millionen enthalten alle 6 Gewinnzahlen. Nur diese führen zu einem Sechser. Die Chance, mit einem „6 aus 36" Vollsystem einen Sechser zu haben, beträgt demnach

$$36\,576\,848 : 168\,262\,596\,783\,764 \quad \text{oder} \quad 1\,947\,792 : 13\,983\,816.$$

Die Chance auf einen Sechser mit diesem „6 aus 36" - Vollsystem ist damit genauso groß wie mit der gleichen Anzahl beliebiger verschiedener Tippreihen. Das System bringt also im Gegensatz zur Behauptung des Vertreibers überhaupt keinen Vorteil. Nur in ungefähr 13,93 % aller Ausspielungen erzielt man mit dem System einen Sechser. In den restlichen Ausspielungen nicht. Jede der Reihen des Vollsystems hätte nur dann eine Chance von 1 : 1\,947\,792 auf einen Sechser, wenn garantiert wäre, dass bei jeder Ziehung auch tatsächlich eine Gewinnreihe aus dieser eingeschränkten Teilmenge mit 1\,947\,792 Reihen gezogen würde.

10. Vollsysteme beim Lotto am Mittwoch

Beim Lotto am Mittwoch sind die gleichen Vollsysteme zugelassen wie beim Lotto am Samstag, also Vollsysteme mit $7, 8, \ldots, 13, 14$ Systemzahlen. Falls die Gewinnklassen beim Lotto am Samstag und Lotto am Mittwoch die gleichen wären, könnten die Gewinntabellen der Systeme direkt übernommen werden. Der Unterschied in den Gewinnklassen besteht darin, dass beim Mittwochs-Lotto bei 4 Richtigen die Zusatzzahl keine Rolle spielt. Falls bei den Vollsystemen beim Lotto am Samstag (s. Abschnitt 9) die Anzahl der Gewinne in der Klasse 4 Richtige mit Zusatzzahl und die Anzahl der Gewinne in der Klasse 4 Richtige ohne Zusatzzahl zusammengezählt werden, erhält man dadurch die Anzahl der Gewinne in der Klasse 4 Richtige beim Mittwochs-Lotto. Diese Addition der beiden Werte muss jeweils in den zugehörigen Spalten durchgeführt werden.

Allgemeine Vollsysteme mit n Systemzahlen

In diesem Abschnitt sollen die allgemeinen Vollsysteme mit n Systemzahlen aus Abschnitt 9.9 beim Lotto am Samstag übernommen werden. Dabei werden die Anzahl der Gewinne in den Klassen 4 Richtige mit Zusatzzahl und 4 Richtige ohne Zusatzzahl in der 3. und 4. Spalte addiert. Damit erhält man die folgende allgemeine Gewinntabelle.

Spiele (Zahlen) im System	Anzahl der Gewinne in den Klassen					
	6 R	5 R mit Z	5 R ohne Z	4 R	3 R mit Z	3 R ohne Z
6 G mit Z	1	6	$6 \cdot (n-7)$	$15 \cdot \binom{n-6}{2}$	$20 \cdot \binom{n-7}{2}$	$20 \cdot \binom{n-7}{3}$
6 G ohne Z	1	–	$6 \cdot (n-6)$	$15 \cdot \binom{n-6}{2}$	–	$20 \cdot \binom{n-6}{3}$
5 G mit Z	–	1	$n-6$	$5 \cdot \binom{n-6}{2}$	$10 \cdot \binom{n-6}{2}$	$10 \cdot \binom{n-6}{3}$
5 G ohne Z	–	–	$n-5$	$5 \cdot \binom{n-5}{2}$	–	$10 \cdot \binom{n-5}{3}$
4 G mit Z	–	–	–	$\binom{n-5}{2}$	$4 \cdot \binom{n-5}{2}$	$4 \cdot \binom{n-5}{3}$
4 G ohne Z	–	–	–	$\binom{n-4}{2}$	–	$4 \cdot \binom{n-4}{3}$
3 G mit Z	–	–	–	–	$\binom{n-4}{2}$	$\binom{n-4}{3}$
3 G ohne Z	–	–	–	–	–	$\binom{n-3}{3}$

Für n kann jeweils eine der Zahlen 7 bis 14 eingesetzt werden. Dadurch erhält man die allgemeine Gewinntabelle des entsprechenden Systems. Falls in einem auftretenden Binomialkoeffizienten die obere Zahl kleiner ist als die untere, so muss dieser Binomialkoeffizient gleich Null gesetzt werden, also

$$\binom{0}{1}=\binom{0}{2}=\binom{1}{2}=\binom{0}{3}=\binom{1}{3}=\binom{2}{3}=0.$$

Die speziellen Gewinntabellen erhalten Sie in jeder Lotto-Toto-Annahmestelle kostenlos. Sie können sich diese besorgen und mit meinen oben angegebenen Werten vergleichen.

11. VEW-Systeme

Neben den Vollsystemen sind beim Lotto noch **Verkürzte Engere Wahl**-Systeme, sogenannte VEW-Systeme, zugelassen. Im Gegensatz zu den Vollsystemen werden hier nicht alle Möglichkeiten aus den Systemzahlen getippt. Falls sich unter den Systemzahlen alle 6 Gewinnzahlen befinden, besteht somit keine Gewähr auf einen Sechser. Da nicht alle Möglichkeiten getippt sind, kann es sogar vorkommen, dass man als höchsten Gewinn nur einen Vierer hat (dann allerdings gleich mehrere). Durch geschicktes Kombinieren der Systemzahlen wird erreicht, dass man garantiert 3 Richtige hat, falls sich unter den Systemzahlen 3 Gewinnzahlen befinden. Die Anzahl der Gewinne in den einzelnen Klassen hängt einmal von der Anzahl der Gewinnzahlen unter den Systemzahlen ab, zum andern aber auch davon, wie diese Systemzahlen kombiniert werden. Die Gewinntabellen sind im Merkblatt für Systeme zusammengestellt.

Getippt werden können folgende VEW-Systeme

VEW 12	9 Systemzahlen	12 Spiele
VEW 15	10 Systemzahlen	15 Spiele
VEW 22	12 Systemzahlen	22 Spiele
VEW 30	10 Systemzahlen	30 Spiele
VEW 66	11 Systemzahlen	66 Spiele
VEW 77	22 Systemzahlen	77 Spiele
VEW 112	16 Systemzahlen	112 Spiele
VEW 132	12 Systemzahlen	132 Spiele.

Die genaue Beschreibung dieser Systeme findet man in dem Merkblatt Systeminfos für Lotto am Samstag bzw. für Lotto am Mittwoch, das in jeder Annahmestelle kostenlos erhältlich ist. Darin befinden sich auch die Gewinntabellen und die Abwicklungsschemata. Da es auf die Kombination der Systemzahlen ankommt, ist die Auswertung nicht so einfach wie bei den Vollsystemen.

12. Das vermeintliche Spiel gegen den Zufall

Immer wieder gibt es Leute, die behaupten, Tippreihen gefunden zu haben, die eine größere Chance besitzen als die übrigen. Manche sind sogar der Überzeugung, Reihen entdeckt zu haben, die in absehbarer Zeit auch tatsächlich gezogen werden. Falls bei jeder Einzelziehung jede Kugel die gleiche Chance hat, gezogen zu werden - und davon muss man wohl ausgehen -, ist es auch durch noch so raffinierte Überlegungen und Berechnungen nicht möglich, Reihen anzugeben, deren Chancen größer sind als die der übrigen Reihen. Selbstverständlich gilt: Je mehr Reihen getippt werden, umso größer ist die Chance auf einen Sechser. Wer Woche für Woche eine Million verschiedene Reihen tippen würde, könnte davon ausgehen, dass er auf Dauer im statistischen Durchschnitt ungefähr jedes vierzehnte Mal einen Sechser erzielt. Dabei würden die zeitlichen Abstände zwischen zwei Sechsern zufallsbedingt manchmal größer und manchmal kleiner sein.

Keine auch noch so intelligente Person und erst recht kein Computer kann Tippreihen mit einer erhöhten Chance angeben. Sollte tatsächlich jemand eine Gewinnreihe richtig vorausgesagt haben, so hat er einfach Glück gehabt. Der Erfolg ist nicht die hellseherische Fähigkeit, sondern einzig und allein der Zufall.

Jede Person, die an einer Ausspielung teilnimmt, glaubt oder hofft, dass eine ihrer abgegebenen Tippreihen tatsächlich ausgespielt wird. Beim Lotto am Samstag liegt die Anzahl der Sechser (mit oder ohne Superzahl) oft in der Nähe von 10. Die Tipper mit einem Sechser haben zwar die richtige Gewinnreihe vorausgesagt. Der Grund für ihren Sechser ist jedoch nicht die intelligente Zahlenauswahl, sondern einzig und allein das Glück, genauer der Zufall.

Anbieter „totsicherer Lotto-Systeme"

Oft werden in Zeitungsinseraten sogenannte totsichere Lotto-Tipps angeboten - natürlich gegen Geld. Dabei gewinnen die Verkäufer dieser Tipps immer, unabhängig davon, ob der Kunde mit seinen gekauften Reihen Erfolg hat oder nicht. Wenn ein solcher Anbieter sehr viele verschiedene Reihen verkauft, sind immer wieder einige darunter, die in den oberen Klassen auch tatsächlich gewinnen. Sollten an einem Spieltag Interessenten für insgesamt 14 Millionen Reihen vorhanden sein, dann könnten sogar alle möglichen Tippreihen angeboten werden. Einer der Kunden hätte dann tatsächlich einen Sechser, sechs Kunden einen Fünfer mit Zusatzzahl, 252 einen Fünfer ohne Zusatzzahl. Ferner gäbe es noch 13 545 Vierer mit oder ohne Zusatzzahl und 246 820 Dreier mit oder ohne Zusatzzahl. Die Gewinner in den oberen Rängen wären begeistert und würden vermutlich Dankesschreiben an den Anbieter senden, die dieser zu weiteren Werbezwecken benutzen dürfte. Falls in einer Zeitschrift prognostizierte Gewinnreihen veröffentlicht werden, besteht die Gefahr, dass viele Personen diese Reihen übernehmen. Man kann sich vorstellen, was passieren würde, wenn eine dieser Reihen tatsächlich ausgespielt würde. Ausschließen kann man das ja nie. Dann gibt es sehr viele Sechser mit entsprechend niedrigen Quoten.

Weshalb verkaufen Geschäftsleute eigentlich ihre „totsicheren Lotto- bzw. Roulette-Systeme" und spielen nicht selbst damit? Der Verkauf einer hundertprozentigen Gewinnmöglichkeit wäre doch nicht sinnvoll, weil damit andere reich werden könnten. Bei dieser Methode handelt es sich um eine reine Bauernfängerei. Viele Anbieter von Systemen sind allerdings fest überzeugt, dass die von ihnen angebotenen Systeme tatsächlich zu überdurchschnittlich vielen Gewinnen führen. In diesem Fall kann ihnen nicht einmal eine betrügerische Absicht unterstellt werden.

Der Unsinn mit dem Nachholbedarf

Der Spieler Schlaumeier sucht jede Woche in der von der Lotto-Zentrale herausgegebenen Zeitschrift diejenigen sechs Zahlen aus, die am längsten nicht mehr gezogen wurden. Diese gibt er dann als Tippreihe ab. Sein Bruder wählt sogar die 8 am längsten nicht mehr ausgespielten Zahlen aus. Diese 8 Zahlen benutzt er als Systemzahlen für das Vollsystem 6 aus 8. Er spielt also alle 28 möglichen Tippreihen aus diesen 8 Systemzahlen (s. Abschnitt 9.2). Die beiden Brüder sind der Meinung, längere Zeit nicht mehr gezogene Zahlen hätten

Fehlt so viele Wochen
X = am 21. August gezogen

1	2	3	4	5	6	7
8	19	3	X	6	7	18
8	9	10	11	12	13	14
21	X	30	5	9	10	8
15	16	17	18	19	20	21
6	3	15	8	1	X	2
22	23	24	25	26	27	28
1	X	X	7	16	2	4
29	30	31	32	33	34	35
3	6	4	7	1	4	4
36	37	38	39	40	41	42
5	28	6	13	1	X	1
43	44	45	46	47	48	49
5	3	28	14	15	8	1

einen gewissen Nachholbedarf. Daher müssten die Chancen für diese Zahlen besonders groß sein. Falls dies tatsächlich der Fall wäre, müsste das Ziehungsgerät diesen Kugeln eine größere Chance einräumen als anderen. Doch wie soll das technisch nur möglich sein? Das Ziehungsgerät hat doch kein Gedächtnis. Es weiß nicht, welche Zahlen bzw. Gewinnreihen bisher ausgespielt wurden. Einen Nachholbedarf schon lange nicht mehr gezogener Zahlen kann es wegen der Unabhängigkeit der einzelnen Ausspielungen nicht geben. Das Ergebnis der nächsten Ziehung ist davon unabhängig, wie lange einzelne Zahlen nicht mehr gezogen wurden. Zahlen, die in der Vergangenheit seltener gezogen wurden, haben in der Zukunft keine größere Chance.

Die in der Vergangenheit ausgespielten Gewinnreihen lassen in keiner Weise den statistisch abgesicherten Schluss zu, dass bestimmte Zahlen eine größere bzw. kleinere Chance besitzen. Die Abweichungen der Ziehungshäufigkeiten einzelner Zahlen sind allein auf den Zufall zurückzuführen.

Das Ergebnis jeder einzelnen Ausspielung ist unabhängig von den früheren Ausspielungen. Es gibt keine Möglichkeit, aus den Ergebnissen der bisherigen Ausspielungen Tippreihen mit einer höheren Gewinnchance anzugeben. Auch wenn jemand durch eine noch so geniale Überlegung einen Sechser erzielt, so ist die Ursache für seinen Sechser einzig und allein der Zufall. Er hat eben Glück gehabt.

13. Kleinste und größte Zahl einer Gewinnreihe

Die Gewinnzahlen werden nach der Ausspielung der Größe nach geordnet. In der Reihe

  11   24   25   32   39   46

ist die Anfangszahl 11 die kleinste und die Endzahl 46 die größte gezogene Zahl. Herr Gscheidle tippt prinzipiell nur solche Reihen, die mit 1 beginnen. Als Begründung gibt er an, festgestellt zu haben, dass Gewinnreihen mit der Anfangszahl 1 öfter vorkommen als Gewinnreihen mit der Anfangszahl 2 oder Reihen mit einer größeren Anfangszahl, z. B. Reihen, die mit 5 oder mit 10 beginnen. Die Feststellung von Herrn Gscheidle ist zwar richtig. Beobachtet man über einen längeren Zeitraum die Gewinnreihen, so kann man tatsächlich feststellen, dass die Zahl 1 am häufigsten als Anfangszahl auftritt, danach die 2 usw. Je größer eine Zahl ist, umso seltener kommt sie in einer Gewinnreihe als Anfangszahl vor, wobei zufallsbedingte Abweichungen immer möglich sind. Als kleinste Zahl einer Reihe kann höchstens die 44 vorkommen, und zwar bei der Ausspielung

  44   45   46   47   48   49 .

Die Chance für diese Reihe ist 1 : 13 983 816. Daher wird die 44 fast nie als Anfangszahl der Gewinnreihe vorkommen. Nicht jede der Zahlen 1 bis 44 besitzt die gleiche Chance, Anfangszahl einer Gewinnreihe zu werden. Diese Eigenschaft kann sehr einfach nachgewiesen werden.

Damit die Zahl 1 Anfangszahl einer Gewinnreihe ist, müssen die Zahl 1 und von den restlichen 48 Zahlen 5 gezogen werden. Dafür gibt es

$$\binom{48}{5} = \frac{48 \cdot 47 \cdot 46 \cdot 45 \cdot 44}{1 \cdot 2 \cdot 3 \cdot 4 \cdot 5} = 1\,712\,304$$

verschiedene Möglichkeiten. So viele Reihen mit der Anfangszahl 1 gibt es.

Das sind immerhin

$$\frac{1\,712\,304}{13\,983\,816} \cdot 100 \approx 12,2449\ \%$$

aller Reihen. Der Bruch $1\,712\,304/13\,983\,816$ stimmt mit 6/49 überein. Dabei ist $6:49$ die Chance dafür, dass bei einer Ziehung die Zahl 1 ausgespielt wird. Diese Eigenschaft ist auch plausibel, denn die Zahl 1 kann nur dann Anfangszahl einer Gewinnreihe sein, wenn sie auch tatsächlich gezogen wird.

Damit man eine Gewinnreihe mit der Anfangszahl 2 erhält, muss die 2 gezogen werden und zusätzlich fünf von den 47 Zahlen, die größer als 2 sind. Damit gibt es nur

$$\binom{47}{5} = \frac{47 \cdot 46 \cdot 45 \cdot 44 \cdot 43}{1 \cdot 2 \cdot 3 \cdot 4 \cdot 5} = 1\,533\,939$$

verschiedene Reihen mit der Anfangszahl 2.

Allgemein erhält man eine Reihe mit der Anfangszahl k, wenn diese Zahl k in der Reihe ist und die restlichen 5 Zahlen aus den $49 - k$ Zahlen ausgewählt werden, die größer als k sind. Damit gibt es allgemein $\binom{49-k}{5}$ verschiedene Reihen mit der Anfangszahl k für $k = 1, 2, \ldots, 44$.

In nachfolgenden Tabelle sind die Häufigkeiten der möglichen Reihen mit den entsprechenden Anfangszahlen zusammengestellt. In der dritten Spalte steht der prozentuale Anteil der möglichen Reihen mit diesen Anfangszahlen.

kleinste Zahl	Anzahl der Reihen	prozentualer Anteil	größte Zahl
1	1 712 304	12,24490	49
2	1 533 939	10,96939	48
3	1 370 754	9,80243	47
4	1 221 795	8,73695	46
5	1 086 008	7,76618	45
6	962 598	6,88366	44
7	850 668	6,08323	43
8	749 398	5,35904	42
9	658 008	4,70550	41
10	575 757	4,11731	40
11	501 942	3,58945	39
12	435 897	3,11715	38
13	376 992	2,69592	37

15	324 623	2,32148	36
15	278 256	1,98984	35
16	237 336	1,69722	34
17	201 376	1,44006	33
18	169 911	1,21505	32
19	142 506	1,01908	31
20	118 755	0,84923	30
21	98 280	0,70281	29
22	80 730	0,57731	28
23	65 780	0,47040	27
24	53 130	0,37994	26
25	42 504	0,30395	25
26	33 649	0,24063	24
27	26 334	0,18832	23
28	20 349	0,14552	22
29	15 504	0,11087	21
30	11 628	0,08315	20
31	8 568	0,06127	19
32	6 188	0,04425	18
33	4 368	0,03124	17
34	3 003	0,02147	16
35	2 002	0,01432	15
36	1 287	0,00920	14
37	792	0,00566	13
38	462	0,00330	12
39	252	0,00180	11
40	126	0,00090	10
41	56	0,00040	9
42	21	0,00015	8
43	6	0,0000429	7
44	1	0,0000072	6

Herr Gscheidle hat zwar recht. Etwa 12,25 % aller möglichen Tippreihen beginnen mit 1. Die Anfangszahl 2 besitzen nur ungefähr 10,97 % aller Reihen. Je größer die Anfangszahl ist, umso kleiner wird der prozentuale Anteil. Kann man daraus jedoch den Schluss ziehen, dass eine Tippreihe mit der Anfangszahl 1 eine größere Chance besitzt als eine Reihe mit einer anderen Anfangszahl? Auf diese Frage werden wir bald eine Antwort geben.

Herr Gscheidle müsste jetzt seine Schlussweise konsequent weiterführen. Unter den mit 1 beginnenden Reihen treten dann doch wohl diejenigen mit der zweitkleinsten Zahl 2 am häufigsten auf. Also müsste er mit seiner

Argumentation auch die 2 tippen. So fortfahrend müsste er sich für die Reihe der ersten 6 Zahlen

   1 2 3 4 5 6

entscheiden, denn diese müsste nach seiner Argumentation ja die größte Chance besitzen. Logischerweise hätte dann wohl die Reihe der letzten 6 Zahlen

   44 45 46 47 48 49

die geringste Chance. Dieser Meinung war auch der Autor eines Buches, in dem in Bezug auf diese beiden Reihen wörtlich zu lesen war: „Mit der erstgenannten Reihe haben Sie durchaus gute Chancen auf einen Sechser, die zweite hingegen können Sie vergessen, diese wird vermutlich erst in etlichen hundert Millionen Jahren gezogen. Die Reihe mit den ersten sechs Zahlen kann jedoch am nächsten Samstag schon kommen". Dieses Buch, in dem viel Unsinn über Lotto und auch Roulette zu lesen war, ist nicht mehr auf dem Markt.

Wir drehen nun den Spieß um und betrachten anstelle der kleinsten Zahl die größte, also die Endzahl der gezogenen Reihe. Diese kann zwischen 6 und 49 liegen. Für eine Reihe mit der Endzahl 49 müssen neben der Zahl 49 von den restlichen 48 Zahlen 5 ausgewählt werden. Dafür gibt es

$$\binom{48}{5} = \frac{48 \cdot 47 \cdot 46 \cdot 45 \cdot 44}{1 \cdot 2 \cdot 3 \cdot 4 \cdot 5} = 1\,712\,304$$

verschiedene Möglichkeiten. Die Anzahl der Reihen mit der Endzahl 49 stimmt überein mit der Anzahl der Reihen mit der Anfangszahl 1. Analog entspricht der Endzahl 48 die Anfangszahl 2, der Endzahl 47 die Anfangszahl 3 usw. Es besteht also eine gewisse Symmetrie. Damit erhält man für die Endzahlen mit dem Beginn 49 die gleiche Tabelle wie für die Anfangszahlen von 1 an.

Mit diesem Argument müsste sich Herr Gscheidle jetzt wohl für die letzten 6 Zahlen, also für die Tippreihe 44 45 46 47 48 49 entscheiden. Diese hätte jetzt plötzlich die größte Chance. Dann hätten aber die ersten 6 Zahlen 1 2 3 4 5 6 die kleinste Chance. Spätestens jetzt müsste Herr Gscheidle nachdenklich werden. Er ist zu einem sehr merkwürdigen Ergebnis gelangt: Die beiden Gewinnreihen der ersten bzw. der letzten sechs Zahlen müssten einerseits die größte, andererseits aber auch die kleinste Chance besitzen. Da kann doch etwas nicht stimmen.

Die Schlußweise von Herrn Gscheidle und des Autors des oben angesprochenen Buches ist natürlich falsch. Dies soll nun aufgeklärt werden.

Die Gewinnchance einer Reihe mit der Anfangszahl 1

Wenn jemand eine Reihe mit der Anfangszahl 1 tippen will, so muss er eine von den 1 712 304 möglichen Reihen auswählen, welche die Anfangszahl 1 haben. Wer in seiner Reihe die niedrigste Zahl 30 haben will, dem stehen nur 11 628 solche Reihen zur Auswahl. Bei der Anfangszahl 44 gibt es nur eine einzige Reihe. Auf dieses Argument würde Herr Gscheidle wohl die Antwort geben: „Die Chance, dass man mit einer Reihe mit der Anfangszahl 1 einen Sechser erzielt, ist nach der obigen Tabelle doch

$$1 : 1 712 304 .$$

Sie ist damit ungefähr achtmal größer als 1 : 14 Millionen". Hier liegt allerdings eine Verwechslung vor. Die Aussage wäre nur unter der Bedingung richtig, dass tatsächlich die Zahl 1 und damit eine Reihe mit der Anfangszahl 1 ausgespielt wird. Falls Herrn Gscheidle nur bekannt wäre, dass eine Gewinnreihe mit der Anfangszahl 1 ausgespielt wurde und ihm sonst keine Information über die übrigen 5 Gewinnzahlen vorliegen, hat er recht. Dann ist eine der 1 712 304 Reihen mit der Anfangszahl 1 ausgespielt worden. Ohne weitere Information über die übrigen 5 Gewinnzahlen hat dann jede dieser Reihen mit der Anfangszahl 1 tatsächlich die Chance

$$1 : 1 712 304 .$$

Hier handelt es sich um die Chance einer mit 1 beginndenden Reihe, falls die ausgespielte Reihe tatsächlich mit 1 beginnt. Reihen mit einer größeren Anfangszahl sind mit dieser Information nicht mehr möglich. Damit handelt es sich um eine bedingte Chance. Diese hat Herr Gscheidle mit der absoluten Chance verwechselt, bei der keine Information über die Anfangszahl vorliegen darf. Falls jemand alle 1 712 304 mit 1 beginnenden Tippreihen abgibt, hat er im Durchschnitt bei 12,2449 % aller Ausspielungen, auf Dauer also bei ungefähr jeder 8. Ausspielung einen Sechser. Bei der Abgabe aller möglichen Tippreihen erzielt man jedesmal einen Sechser, also etwa achtmal öfter als bei den mit 1 beginnenden Reihen. Dafür muss man aber auch etwa achtmal mehr Reihen abgeben. Jede mit 1 beginnende Reihe besitzt die gleiche Chance wie jede andere Reihe auch.

Allgemein muss festgestellt werden, dass weder Anfangs- noch Endzahl einer Reihe einen Einfluss auf die Gewinnchance der Reihe haben.

14. Übereinstimmende Gewinnreihen in zwei Ausspielungen

In diesem Abschnitt soll wieder allgemein von der Chancengleichheit aller fast 14 Millionen Tippreihen ausgegangen werden. Herr Müller hat in seinem Computer sämtliche Reihen gespeichert, die bereits einmal gezogen wurden. Bevor er sich für eine Tippreihe entscheidet, lässt er vom Computer prüfen, ob diese nicht schon einmal als Gewinnreihe da war. Dann tippt er sie nicht. Auf die Frage, weshalb er so vorgeht, antwortet er: „Eine Reihe, die bereits einmal da war, hat doch kaum noch eine Chance, in absehbarer Zeit wiederzukommen". Hat Herr Müller tatsächlich recht? Natürlich nicht. Denn wie soll sich das Ziehungsgerät bereits ausgespielte Gewinnreihen auch merken und diesen eine kleinere Chance zuordnen? Jede Reihe besitzt die gleiche Chance, unabhängig davon, ob sie bereits als Gewinnreihe da war oder nicht.

14.1. Die Gewinnchance einer fest vorgegebenen Tippreihe bei zwei zeitlich fest vorgegebenen zukünftigen Ziehungen

Jemand gibt die Tippreihe 4 8 11 17 19 37 ab. Dann ist die Chance dafür, dass diese Reihe gleichzeitig an zwei zeitlich festgelegten zukünftigen Ziehungen ausgespielt wird, gleich

$$1 : (13\,983\,816 \cdot 13\,983\,816) = 1 : 195\,547\,109\,921\,856,$$

also ungefähr $1 : 195{,}547$ Billionen. Die beiden Ziehungstermine können z. B. die Ziehungen am nächsten und übernächsten Samstag oder die beiden Ziehungen A und B beim nächsten Mittwochs-Lotto sein. Jede andere fest vorgegebene Tippreihe hat aber die gleiche Chance, in beiden Ausspielungen gleichzeitig gezogen zu werden. Diese Chance von etwa $1 : 195{,}5$ Billionen ist ungefähr 14 Millionen mal kleiner als die Chance für die Reihe bei einer einzigen Ziehung. Sie ist so gering, dass man sie praktisch gleich Null setzen kann. Trotzdem ist es möglich, dass dieser Fall einmal eintreten kann. Beide noch bevorstehende Ziehungstermine müssen bei dieser Aussage zeitlich eindeutig festgelegt sein. Keine der beiden Ziehungen darf bereits stattgefunden haben. Hier handelt es sich um die zweimalige Chance einer fest vorgegebenen Tippreihe bei zwei zeitlich determinierten Ausspielungen der Zukunft.

14.2. Chance, dass die Gewinnreihen in zwei zeitlich vorgegebenen Ziehungen übereinstimmen

Die Chance dafür, dass in zwei zeitlich festgelegten Ziehungen beide Gewinnreihen übereinstimmen, ist gleich $1 : 13\,983\,816$. Das Ergebnis folgt unmittelbar aus der folgenden Überlegung: Bei der ersten Ziehung darf eine beliebige Reihe ausgespielt werden. Dann muss bei der zweiten Ziehung diese feste Gewinnreihe aus der ersten Ziehung ausgespielt werden. Die Chance dafür ist aber $1 : 13\,983\,816$. Dabei darf das Ergebnis der ersten Ziehung auch schon bekannt sein. Die Chance bleibt trotzdem gleich. Es ist z. B. die Chance dafür, dass am kommenden Samstag die gleiche Gewinnreihe wie am vergangenen Samstag ausgespielt wird.

Am 18. 6. 1977 lautete die Gewinnreihe in Deutschland 9 17 18 20 29 40. Diese Reihe war eine Woche zuvor die Gewinnreihe aus Holland. Nachdem dieser Tatbestand bekannt wurde, meinten viele Personen, dadurch wäre eine Sensation entstanden. Allgemein wurde mit sehr hohen Quoten gerechnet. Die Chance für dieses Ereignis ist nach den obigen Ausführungen aber gleich $1 : 13\,893\,816$, also genauso groß wie für jede andere Reihe auch. Als dann die Quoten für einen Sechser mit 30 737,80 DM bekannt wurden, war bei den Gewinnern die Enttäuschung riesengroß, hatten sie doch mit sehr hohen Quoten gerechnet. Viele Spieler hatten in Deutschland die Gewinnreihe der Vorwoche aus Holland getippt, vor allem Lottospieler, die an der Grenze zu Holland wohnten. Weil aber viele Spieler so handelten, gab es viele Gewinner in der ersten Gewinnklasse, daher die niedrigen Quoten. Die gleiche Verwunderung würde eintreten, wenn einmal beim Mittwochs-Lotto in beiden Ziehungen die gleiche Gewinnreihe ausgespielt würde. Falls dann jemand diese Reihe getippt hätte, hätte er mit dieser einzigen Reihe gleich zwei Sechser, je einen in Ziehung A und in Ziehung B.

Am 21. Juni 1995 wurde beim Mittwochs-Lotto die Gewinnreihe 15 25 27 30 42 48 gezogen. Dabei gab es 20 Sechser mit der sehr niedrigen Quote von 51 967,40 DM. Diese Reihe wurde bereits am Samstag, den 20.12.1986, gezogen mit einer Quote von 3 887 255,40 DM für einen Sechser. Erstmals in der 40 jährigen Geschichte des deutschen Lottoblocks wurde damit eine Gewinnreihe zum zweiten Mal ausgespielt. Auf den ersten Blick scheint dies ein wirklich seltenes Ereignis zu sein. Wegen der niedrigen Quoten bei dieser zweiten Ausspielung der gleichen Reihe muss wohl davon ausgegangen werden, dass viele Spieler die bereits am Mittwoch ausgespielte Reihe für den Samstag getippt haben. Die Begründung für dieses allgemein feststellbare Tippverhalten (s. Abschnitt 16.2) ist zunächst ein Rätsel. Offensichtlich tippen viele Spieler Reihen, die bereits einmal als Gewinnreihen ausgespielt wurden. Warum die Spieler solche Reihen auswählen, ist für mich immer noch unerklärlich. Vielleicht sind sie der Meinung, außer ihnen würde niemand bereits ausgespielte Gewinnreihen tippen. Daher müssten sie bei einem Sechser die Quoten kaum teilen. Bis zum 21. Juni 1995 wurden 2 071 Samstagsziehungen und 956 Mittwochsziehungen unter Einbeziehung der Doppelziehungen, also insgesamt 3 017 Ziehungen durchgeführt. Wir wollen nun die Wahrscheinlichkeit (Chance) dafür ausrechnen, dass bei 3 017 Ziehungen mindestens eine Reihe öfter als einmal ausgespielt wird. Das Problem soll gleich allgemein gelöst werden.

Allgemein soll zunächst die Wahrscheinlichkeit (Chance) dafür angegeben werden, dass während r aufeinanderfolgenden Ziehungen allen Gewinnreihen verschieden sind, daß also keine Reihe mehrfach gezogen wird. Die Wahrscheinlichkeit dafür beträgt

$$\frac{13\,983\,816 \cdot 13\,983\,815 \cdot 13\,983\,814 \cdot \ldots \cdot (13\,983\,816 - r + 1)}{13\,983\,816^r}$$

für $r = 2, 3, \ldots$. Die Wahrscheinlichkeit dafür, dass sich während r aufeinanderfolgenden Ausspielungen mindestens eine Reihe wiederholt, ist dann
gleich

$$1 - \frac{13\,983\,816 \cdot 13\,983\,815 \cdot 13\,983\,814 \cdot \ldots \cdot (13\,983\,816 - r + 1)}{13\,983\,816^r}$$

für $r = 2, 3, \ldots$. Bis zum 21. Juni 1995 wurden insgesamt 3 017 Ziehungen
durchgeführt. Mit $r = 3\,017$ lautet die Wahrscheinlichkeit, dass sich bis dahin mindestens einmal eine Gewinnreihe wiederholt,

$$1 - \frac{13\,983\,816 \cdot 13\,983\,815 \cdot 13\,983\,814 \cdot \ldots \cdot 13\,808\,000}{13\,983\,816^r} \approx 0{,}2777.$$

Die Wahrscheinlichkeit für eine solche Wiederholung beträgt also ungefähr
0,2777 oder 27,77 Prozent. Es handelt sich also um kein seltenes Ereignis.
Die Tatsache, dass es dabei überdurchschnittlich viele Sechser gab, deutet
darauf hin, dass viele Spieler einfach Gewinnreihen aus der Vergangenheit
spielen (s. Abschnitt 16.2). Nach insgesamt 4 404 Ziehungen, also in ungefähr 28 Jahren, wenn man alle Ziehungen am Samstag und Doppelziehungen am Mittwoch berücksichtigt, ist die Chance dafür, dass sich eine bereits ausgespielte Reihe wiederholt, ungefähr $1 : 2$.

15. Chance benachbarter Zahlen

Falls einmal sechs aufeinanderfolgende Zahlen als Gewinnzahlen ausgespielt würden, wäre die Verwunderung vieler Spieler sehr groß. Oft wird als
Argument vorgebracht, die Chance dafür sei doch fast Null. Zugegeben: Es
gibt nur 44 verschiedene Tippreihen mit lauter aufeinanderfolgenden Zahlen. Diese können mit $1, 2, \ldots$ oder mit 44 beginnen. Die Chance, dass eine
dieser 44 Reihen ausgespielt wird, beträgt

$$44 : 13\,983\,816 \qquad \text{oder} \qquad 1 : 317\,814.$$

Jemand, der regelmäßig 44 andere Tippreihen abgibt, hofft jedoch, dass
eine dieser Reihen irgendwann einmal ausgespielt wird. Die Chance dafür
ist jedoch genauso groß wie die Chance für sechs aufeinanderfolgende Zahlen. Bei jeder Einzelausspielung erhält man eine Gewinnreihe, die auch nur
eine Chance von etwa 1 zu 14 Millionen besitzt. Daher müsste man sich
bei jeder Ziehung eigentlich wundern, weshalb gerade diese und keine andere Reihe ausgespielt wurde. Doch von allen möglichen Reihen mit der
sehr geringen Ausspielungschance muss ja jedesmal eine gezogen werden.

Auch Reihen mit eng beieinander liegenden Zahlen wird eine sehr kleine Chance eingeräumt. Tatsächlich sind die Zahlen der meisten Gewinnreihen breit gestreut. Doch deswegen nur breit gestreute Reihen zu tippen, bringt auch keinen Vorteil. Für die Auswahl solcher breit gestreuter Reihen gibt es entsprechend mehr Möglichkeiten. Doch für welche davon soll man sich im Einzelfall entscheiden? Hier liegt der gleiche Trugschluss vor wie bei der Auswahl einer Reihe mit der Anfangszahl 1 aus Abschnitt 13.

Reihen mit benachbarten Zahlen

In der Reihe 4 7 28 30 41 45 gibt es keine benachbarten (aufeinanderfolgenden) Zahlen, in der Reihe 8 12 18 **27** **28** 41 sind die Zahlen 27 und 28 benachbart, in der Reihe **11** **12** **15** **16** **17** 39 sind die Zahlen 11 und 12 sowie 15, 16 und 17 benachbart. Zunächst soll die Anzahl aller Reihen bestimmt werden, in denen keine Zahlen benachbart sind, also keine Zahlen direkt nebeneinander liegen. Dann muss es zwischen den aufeinanderfolgenden Zahlen in den Reihen immer eine Lücke geben. Wie viele von allen möglichen Tippreihen besitzen keine benachbarten Zahlen? Schätzen Sie diese Zahl und schreiben Sie die Schätzung auf. Vielleicht werden Sie nachher bei der Angabe des Ergebnisses überrascht sein. Die gesuchte Anzahl kann sehr einfach durch folgende Zuordnung bestimmt werden: Aus jeder Reihe ohne benachbarte Zahlen wird jeweils eine Lücke zwischen zwei Zahlen herausgenommen. Dies geschieht durch eine Subtraktion. Von der zweiten Zahl der Reihe wird 1 subtrahiert, von der dritten Zahl wird 2 subtrahiert, von der vierten 3, von der fünften 4 und von der sechsten 5.

Beispiele

$$4 \quad 7 \quad 28 \quad 30 \quad 41 \quad 45 \quad \Rightarrow \quad 4 \quad 6 \quad 26 \quad 27 \quad 37 \quad 40$$
$$8 \quad 15 \quad 31 \quad 39 \quad 47 \quad 49 \quad \Rightarrow \quad 8 \quad 14 \quad 29 \quad 36 \quad 43 \quad 44 \,.$$

Durch diese eindeutige Zuordnung entstehen Reihen, deren Zahlen alle zwischen 1 und 44 liegen. Umgekehrt betrachten wir eine beliebige Reihe, bei denen die 6 Zahlen nur aus den Zahlen $1, 2, \ldots, 44$ ausgewählt werden z.B. 7 12 18 19 39 42. In diesen Reihen wird zur zweiten Zahl 1 addiert, zur dritten Zahl 2 usw. (hier handelt es sich um die umgekehrte Rechenoperation von oben). Dann entsteht eine Tippreihe aus den Zahlen 1 bis 49 ohne zwei benachbarte Zahlen, in unserem Beispiel also die Reihe

$$7 \quad 12 \quad \mathbf{18} \quad \mathbf{19} \quad 39 \quad 42 \quad \Rightarrow \quad 7 \quad 13 \quad 20 \quad 22 \quad 43 \quad 47 \,.$$

Weitere Beispiele:

$$4 \quad 15 \quad 19 \quad \mathbf{23} \quad \mathbf{24} \quad 44 \quad \Rightarrow \quad 4 \quad 16 \quad 21 \quad 26 \quad 28 \quad 49 \,;$$

$$11 \quad 21 \quad \mathbf{32} \quad \mathbf{33} \quad 42 \quad 43 \quad \Rightarrow \quad 11 \quad 22 \quad 34 \quad 36 \quad 46 \quad 48 \,.$$

Damit entspricht jeder Reihe aus den Zahlen $1, 2, \ldots, 44$ genau eine Reihe ohne benachbarte Zahlen und umgekehrt. Die Anzahl der Tippreihen ohne benachbarte Zahlen stimmt daher überein mit der Anzahl aller möglichen Tippreihen aus den Zahlen $1, 2, \ldots, 44$. Dafür gibt es

$$\binom{44}{6} = \frac{44 \cdot 43 \cdot 42 \cdot 41 \cdot 40 \cdot 39}{1 \cdot 2 \cdot 3 \cdot 4 \cdot 5 \cdot 6} = 7\,059\,052$$

Auswahlmöglichkeiten. Somit gibt es insgesamt $7\,059\,052$ verschiedene Tippreihen ohne benachbarte Zahlen. Das sind ungefähr 50,48 % aller möglichen Reihen. Bei den restlichen

$$13\,983\,816 - 7\,059\,052 = 6\,924\,764$$

Tippreihen sind mindestens zwei Zahlen benachbart. Das sind immerhin ungefähr 49,52 %. Die Chance, dass eine Gewinnreihe mit mindestens zwei benachbarten Zahlen ausgespielt wird, beträgt daher

$$6\,924\,764 : 13\,983\,816$$

oder ungefähr $1:2$ (genauer $1:2,01939$). Die Wahrscheinlichkeit, dass in einer Gewinnreihe mindestens zwei Zahlen benachbart sind (nebeneinander liegen), ist

$$\frac{6\,924\,764}{13\,983\,8161} = 0,495198449.$$

Bei fast der Hälfte aller möglichen Tippreihen sind mindestens zwei Zahlen benachbart. Auf Dauer gibt es damit in ungefähr der Hälfte aller Ausspielungen Gewinnreihen, bei denen mindestens zwei Gewinnzahlen nebeneinander liegen. Dabei können auch mehrere Zahlen benachbart sein. Ich empfehle Ihnen, einmal über einen längeren Zeitraum festzuhalten, wie oft in den Gewinnreihen tatsächlich mindestens zwei Zahlen nebeneinander liegen. Über einen längeren Zeitraum dürfte dieser Anteil in der Nähe von 50 Prozent liegen.

Reihen mit Pärchen (Zwillingen)

Falls in einer Reihe zwei Zahlen benachbart sind, spricht man von einem **Pärchen** oder **Zwilling**. In der Reihe 4 **13 14** 32 39 46 gibt es genau ein Pärchen, nämlich 13 14, die Reihe 9 **11 12** 31 **45 46** besitzt die beiden Pärchen 11 12 und 45 46.

Reihen mit genau einem Pärchen

Die Reihe 2 12 16 **21 22** 41 besitzt genau ein Pärchen, nämlich 21 22. Wird wieder wie oben beschrieben von der zweiten Zahl die 1, von der dritten die 2, von der vierten die 3, von der fünften die 4 und von der sechsten die 5 abgezogen, so erhält man folgende Zuordnung

2 12 16 **21 22** 49 $\Rightarrow$ 2 11 14 **18 18** 44; **2 3** 16 21 25 44 $\Rightarrow$ **2 2** 14 18 21 39.

Dadurch entstehen Reihen aus Zahlen zwischen 1 und 44, bei denen genau eine Zahl doppelt auftritt. Wird umgekehrt in jeder Reihe aus den Zahlen 1, 2, ..., 44, bei der genau eine Zahl doppelt auftritt, zur zweiten Zahl eine 1, zur dritten eine 2, zur vierten eine 3, zur fünften eine 4 und zur sechsten die 5 addiert, so erhält man eine Reihe mit genau einem Pärchen.

Beispiele:
5 **9 9** 18 35 44 $\Rightarrow$ 5 **10 11** 21 39 49; 5 14 32 **35 35** 41 $\Rightarrow$ 5 15 34 **38 39** 46.

Damit ist die Anzahl der Reihen mit genau einem Pärchen gleich der Anzahl der Reihen aus den Zahlen 1, 2, ..., 44, bei denen genau einmal zwei Zahlen übereinstimmen. Die Anzahl dieser Reihen kann folgendermaßen bestimmt werden. Zunächst werden aus den Zahlen zwischen 1 und 44 fünf ausgewählt, was auf $\binom{44}{5}$ Arten möglich ist. Von den fünf ausgewählten Zahlen wird anschließend eine zum Doppeln ausgewählt. Dafür gibt es 5 Möglichkeiten. Damit gibt es ingesamt

$$\binom{44}{5} \cdot 5 = \frac{44 \cdot 43 \cdot 42 \cdot 41 \cdot 40}{1 \cdot 2 \cdot 3 \cdot 4 \cdot 5} \cdot 5 = 5\,430\,040$$

Reihen mit genau einem Pärchen.

Reihen mit zwei Pärchen
Auf eine Reihe mit zwei Pärchen werde die obige Subtraktionsmethode angewandt. Beispiele:
9 11 12 31 **45 46** $\Rightarrow$ 9 **10 10** 28 **41 41**; 5 **11 12 13 14** 49 $\Rightarrow$ 5 **10 10 10 10** 44.

Dadurch entstehen Reihen aus den Zahlen 1, 2, ..., 44, bei denen jeweils zwei Zahlen übereinstimmen. Durch die umgekehrte Operation (Addition) wird jeder solchen Reihe eine Reihe mit genau zwei Pärchen zugeordnet.

Beispiele:
3 **17 17** 35 **44 44** $\Rightarrow$ 3 **18 19** 38 **48 49** ; 5 **5** 12 **22 22** 43 $\Rightarrow$ 5 6 14 25 26 48.

Damit stimmt die Anzahl der Reihen mit zwei Pärchen überein mit der Anzahl der Reihen aus den Zahlen 1, 2, ..., 44, bei denen zweimal zwei Zahlen doppelt vorkommen. Aus den Zahlen 1, 2, ..., 44 werden vier ausgewählt, was auf $\binom{44}{4}$ Arten möglich ist. Aus den vier ausgewählten Zahlen werden danach zwei zum Doppeln ausgewählt. Dafür gibt es $\binom{4}{2} = 6$ Möglichkeiten. Damit gibt es $\binom{44}{4} \cdot 6 = \frac{44 \cdot 43 \cdot 42 \cdot 41}{1 \cdot 2 \cdot 3 \cdot 4} \cdot 6 = 814\,506$ Reihen mit zwei Pärchen.

Reihen mit drei Pärchen

Falls man in einer Reihe mit drei Pärchen jeweils eine doppelt auftretende Zahl wegstreicht, können die Reihen mit drei Pärchen eindeutig auf die Reihen mit 3 Zahlen aus $1, 2, \ldots, 44$ abgebildet werden. Umgekehrt entspricht jeder solchen Reihe eine Reihe mit drei Pärchen. Dazu muss nur jede der drei Zahlen gedoppelt werden.

Daher gibt es $\binom{44}{3} = \frac{44 \cdot 43 \cdot 42}{1 \cdot 2 \cdot 3} = 13\,244$ Reihen mit drei Pärchen.

Falls in einer Tippreihe drei, vier, fünf bzw. sechs Zahlen nebeneinander stehen, spricht man von einem **Drilling, Vierling, Fünfling** bzw. **Sechsling**. Mit den bereits beschriebenen Zuordnungsmethoden kann die jeweilige Anzahl der Reihen mit den entsprechenden Eigenschaften bestimmt werden. Die Ergebnisse sind in der nachfolgenden Tabelle zusammengestellt. Dabei ist in der zweiten Spalte jeweils ein Zuordnungsbeispiel angegeben.

in der Tippreihe	Zuordnungsbeispiel	Anzahl der Reihen
Sechsling	$3\ 4\ 5\ 6\ 7\ 8 \Rightarrow 3\ 3\ 3\ 3\ 3\ 3$	$\binom{44}{1} = 44$
Fünfling	$5\ 6\ 7\ 8\ 9\ 31 \Rightarrow 5\ 5\ 5\ 5\ 5\ 26$	$\binom{44}{2} \cdot 2 = 1\,892$
Vierling	$3\ 4\ 5\ 6\ 12\ 49 \Rightarrow 3\ 3\ 3\ 3\ 8\ 44$	$\binom{44}{3} \cdot 3 = 39\,732$
Vierling und Pärchen	$6\ 7\ 8\ 9\ 22\ 22 \Rightarrow 6\ 6\ 6\ 6\ 18\ 18$	$\binom{44}{2} \cdot 2 = 1\,892$
genau ein Drilling	$4\ 7\ 8\ 9\ 24\ 30 \Rightarrow 4\ 6\ 6\ 6\ 20\ 25$	$\binom{44}{4} \cdot 4 = 543\,004$
zwei Drillinge	$7\ 8\ 9\ 23\ 24\ 25 \Rightarrow 7\ 7\ 7\ 20\ 20\ 20$	$\binom{44}{2} = 946$
Drilling und Pärchen	$7\ 8\ 9\ 23\ 28\ 29 \Rightarrow 7\ 7\ 7\ 20\ 24\ 24$	$\binom{44}{3} \cdot 3 \cdot 2 = 79\,464$
genau ein Pärchen	$4\ 6\ 9\ 10\ 29\ 37 \Rightarrow 4\ 5\ 7\ 7\ 25\ 32$	$\binom{44}{5} \cdot 5 = 5\,430\,040$
genau zwei Pärchen	$4\ 6\ 7\ 10\ 29\ 30 \Rightarrow 4\ 5\ 5\ 7\ 25\ 25$	$\binom{44}{4} \cdot 6 = 814\,506$
drei Pärchen	$4\ 5\ 8\ 9\ 31\ 32 \Rightarrow 4\ 4\ 6\ 6\ 27\ 27$	$\binom{44}{3} = 13\,244$

Am Samstag, den 12. 6. 1999, lautete die Gewinnreihe 12 13 24 25 41 42, Zusatzzahl: 49, Superzahl: 9. Es wurde also eine Reihe mit drei Pärchen gezogen. Entgegen den ersten Vermutungen gab es jedoch 30 Sechser mit

1	2	3	4	5	6	7
8	9	10	11	12	13	14
15	16	17	18	19	20	21
22	23	24	25	26	27	28
29	30	31	32	33	34	35
36	37	38	39	40	41	42
43	44	45	46	47	48	49

den niedrigen Quoten von 1 622 646,70 DM für einen Sechser mit Superzahl und 180 294,40 DM für einen Sechser ohne Superzahl. Der Grund für die Beliebtheit der Reihe dürfte die musterähnliche Gestalt dieser Reihe sein. Es handelt sich vermutlich um einen Mustertipp (s. Abschnitt 16.1).

16. Die beliebtesten Tippreihen und Tippzahlen

Zur Untersuchung des Tippverhaltens wurden vom Autor dieses Buches insgesamt 6 806 090 Lotto-Reihen ausgewertet, die alle am 16.10.1993 in Baden-Württemberg abgegeben wurden. In der Zwischenzeit konnte festgestellt werden, dass sich das Tippverhalten kaum geändert hat. Was damals beliebt war, ist auch heute noch beliebt.

16.1. Mustertipps

Sehr häufig werden sogenannte Mustertipps abgegeben. Das sind Tippreihen, die auf dem quadratischen Lottozettel schön aussehen, z. B. Diagonalreihen, Horizontalreihen mit Zahlen, die direkt nebeneinander liegen, Vertikalreihen mit Zahlen, die direkt untereinander stehen, oder Reihen, die buchstabenähnlich aussehen. Die 9 beliebtesten Mustertipps sind nachfolgend zusammengestellt. Die zuerst angegebene Diagonalreihe wurde dabei mehr als 8 000 mal über dem Durchschnitt, die neunte immerhin noch mehr als 4 000 mal über dem Durchschnitt getippt. Falls die beliebteste Reihe tatsächlich einmal beim Samstags-Lotto ausgespielt würde, gäbe es für einen Sechser nur ungefähr den achttausendsten Teil der theoretischen Quote. Ohne Jackpot wären das für 6 Richtige mit Superzahl ungefähr 780 DM, für einen Sechser ohne Superzahl nur etwa 120 DM.

1	2	3	4	5	6	7
8	9	10	11	12	13	14
15	16	17	18	19	20	21
22	23	24	25	26	27	28
29	30	31	32	33	34	35
36	37	38	39	40	41	42
43	44	45	46	47	48	49

1	2	3	4	5	6	7
8	9	10	11	12	13	14
15	16	17	18	19	20	21
22	23	24	25	26	27	28
29	30	31	32	33	34	35
36	37	38	39	40	41	42
43	44	45	46	47	48	49

1	2	3	4	5	6	7
8	9	10	11	12	13	14
15	16	17	18	19	20	21
22	23	24	25	26	27	28
29	30	31	32	33	34	35
36	37	38	39	40	41	42
43	44	45	46	47	48	49

1	2	3	4	5	6	7
8	9	10	11	12	13	14
15	16	17	18	19	20	21
22	23	24	25	26	27	28
29	30	31	32	33	34	35
36	37	38	39	40	41	42
43	44	45	46	47	48	49

1	2	3	4	5	6	7
8	9	10	11	12	13	14
15	16	17	18	19	20	21
22	23	24	25	26	27	28
29	30	31	32	33	34	35
36	37	38	39	40	41	42
43	44	45	46	47	48	49

1	2	3	4	5	6	7
8	9	10	11	12	13	14
15	16	17	18	19	20	21
22	23	24	25	26	27	28
29	30	31	32	33	34	35
36	37	38	39	40	41	42
43	44	45	46	47	48	49

1	2	3	4	5	6	7
8	9	10	11	12	13	14
15	16	17	18	19	20	21
22	23	24	25	26	27	28
29	30	31	32	33	34	35
36	37	38	39	40	41	42
43	44	45	46	47	48	49

1	2	3	4	5	6	7
8	9	10	11	12	13	14
15	16	17	18	19	20	21
22	23	24	25	26	27	28
29	30	31	32	33	34	35
36	37	38	39	40	41	42
43	44	45	46	47	48	49

1	2	3	4	5	6	7
8	9	10	11	12	13	14
15	16	17	18	19	20	21
22	23	24	25	26	27	28
29	30	31	32	33	34	35
36	37	38	39	40	41	42
43	44	45	46	47	48	49

Am Samstag, den 23. 1. 1988, wurde der Jackpot gleichzeitig von 222 Gewinnern geknackt mit der Gewinnreihe 24 25 26 30 31 32, Zusatzzahl: 33. Eine Superzahl gab es damals noch nicht. Trotz des Jackpots gab es jeweils nur 84 803,90 DM. Hier handelt es sich um einen typischen Mustertipp. Die Reihe bestand auch aus zwei Drillingen. Ersetzt man die Ge-

1	2	3	4	5	6	7
8	9	10	11	12	13	14
15	16	17	18	19	20	21
22	23	24	25	26	27	28
29	30	31	32	33	34	35
36	37	38	39	40	41	42
43	44	45	46	47	48	49

winnzahl 30 durch die Zusatzzahl 33, so erhält man ein Rechtecksmuster. Diejenigen, welche diesen Mustertipp abgegeben hatten, erzielten einen Fünfer mit Zusatzzahl. Daher war es nicht verwunderlich, dass es mit 1 509 Fünfern mit Zusatzzahl wesentlich mehr Gewinne als üblich gab. Die Quote von 3 750,70 DM war erheblich niedriger als sonst.

1	2	3	4	5	6	7
8	9	10	11	12	13	14
15	16	17	18	19	20	21
22	23	24	25	26	27	28
29	30	31	32	33	34	35
36	37	38	39	40	41	42
43	44	45	46	47	48	49

Am Samstag, den 4. 10. 1997, lautete die Gewinnreihe 9 13 23 27 38 40, Zusatzzahl: 29. Auch diese U - förmige Reihe war ein Mustertipp. Dabei gab es 10 Sechser mit Superzahl mit einer Quote von 879 384,10 DM. Die 124 Gewinner mit jeweils 6 Richtigen ohne Superzahl erhielten nur 53 982 DM.

1	2	3	4	5	6	7
8	9	10	11	12	13	14
15	16	17	18	19	20	21
22	23	24	25	26	27	28
29	30	31	32	33	34	35
36	37	38	39	40	41	42
43	44	45	46	47	48	49

Am Samstag, den 10. 4. 1999, gab es die Gewinnreihe 2 3 4 5 6 26, also einen Fünfling. Zunächst wurde diese Reihe als Sensation mit sehr hohen Quotenerwartungen angesehen. Ein Sechser ohne Superzahl brachte nur 232 913,70 DM. Für 5 Richtige ohne Zusatzzahl gab es sogar nur noch 379,90 DM.

Der Grund hierfür ist, dass sehr viele Personen mit der drittbeliebtesten Reihe aus den ersten sechs Zahlen einen Fünfer ohne Zusatzzahl hatten. Allein in einer kleinen Annahmestelle in meinem Stadtgebiet gab es gleichzeitig vier Fünfer ohne Zusatzzahl. Diese vier Personen hatten alle die ersten 6 Zahlen getippt, wie mir der Inhaber der Annahmestelle versicherte. Stellen Sie sich vor, anstelle der 26 wäre die Zahl 1 gezogen worden. Dann hätte das die Gewinnreihe der ersten sechs Zahlen ergeben. Diese Reihe ist der drittbeliebteste Mustertipp. Für einen Sechser ohne Superzahl hätte es dann nur etwa 140 DM gegeben. Die Sensation wäre perfekt gewesen. Allein in der Annahmestelle in meinem Stadtbezirk hätte es dann gleich vier Sechser gegeben. Die Gewinner mit 6 Richtigen hätten sich bestimmt über die sehr niedrigen Quoten geärgert. Dabei wären es sehr viele gewesen.

16.2. Beliebtheit bereits ausgespielter Reihen
Sehr beliebt waren am 16. 10. 1993 auch die Reihen

1	2	3	4	5	6	7
8	9	10	11	12	13	14
15	16	17	18	19	20	21
22	23	24	25	26	27	28
29	30	31	32	33	34	35
36	37	38	39	40	41	42
43	44	45	46	47	48	49

1	2	3	4	5	6	7
8	9	10	11	12	13	14
15	16	17	18	19	20	21
22	23	24	25	26	27	28
29	30	31	32	33	34	35
36	37	38	39	40	41	42
43	44	45	46	47	48	49

1	2	3	4	5	6	7
8	9	10	11	12	13	14
15	16	17	18	19	20	21
22	23	24	25	26	27	28
29	30	31	32	33	34	35
36	37	38	39	40	41	42
43	44	45	46	47	48	49

1	2	3	4	5	6	7
8	9	10	11	12	13	14
15	16	17	18	19	20	21
22	23	24	25	26	27	28
29	30	31	32	33	34	35
36	37	38	39	40	41	42
43	44	45	46	47	48	49

1	2	3	4	5	6	7
8	9	10	11	12	13	14
15	16	17	18	19	20	21
22	23	24	25	26	27	28
29	30	31	32	33	34	35
36	37	38	39	40	41	42
43	44	45	46	47	48	49

1	2	3	4	5	6	7
8	9	10	11	12	13	14
15	16	17	18	19	20	21
22	23	24	25	26	27	28
29	30	31	32	33	34	35
36	37	38	39	40	41	42
43	44	45	46	47	48	49

In diesen Reihen sind keine Muster erkennbar. Dabei war die zuerst aufgeführte Reihe sogar die drittbeliebteste Tippreihe. Die weiteren fünf Reihen waren ebenfalls weit vorne in der Beliebtheitsskala. Auf der Suche nach einem vernünftigen Grund für die Beliebtheit gerade dieser Reihen fand ich zunächst keine plausible Erklärung. Meine erste Vermutung war, diese Reihen seien vielleicht damals in einer Zeitschrift als Tippempfehlung ausgesprochen worden. Des Rätsels Lösung teilte mir inzwischen einer meiner Kollegen mit. Die erste dieser Reihe war die Gewinnreihe der Samstagsziehung aus der Vorwoche, also am 9.10.1993. Die nächsten drei Reihen waren die Gewinnreihen der Samstagsziehungen zwei, drei und vier Wochen vorher. Die beiden letzten Reihen wurden bei den Mittwochsziehungen der gleichen Woche, also am 13.10.1993 in den Ziehungen A und B als Gewinnreihen ausgespielt. Eine nähere Untersuchung ergab, dass neben Mustertipps auch Gewinnreihen aus der unmittelbaren Vergangenheit sehr oft getippt wurden. Dabei konnte festgestellt werden, dass unter den abgegebenen Tippreihen sämtliche Gewinnreihen aus dem Samstags- und Mittwochs-Lotto der vorangegangenen Jahre sehr oft auftraten. Nach einer gewissen Zeit nimmt die Beliebtheit bereits ausgespielter Reihen allerdings ab. An diesem Samstag wurden sogar frühere Gewinnreihen aus der Auswahlwette 5 aus 45 überdurchschnittlich oft getippt.

16.3. Reihen mit Geburtstagszahlen

Sehr oft werden sogenannte Geburtstagszahlen getippt. Wer am 17. 8. 1937 geboren ist, verwendet beispielsweise die Zahlen 8 17 19 und 37. Dazu kommen oft noch zwei Zahlen aus dem Geburtstag einer anderen Person. Falls die Ehefrau am 19. 10. 1939 geboren ist, werden noch die Zahlen 10 und 39 hinzugenommen. Das ergibt die Geburtstagsreihe

8   10   17   19   37   39.

Die Zahl des Geburtsjahres wird oft zerlegt, z. B. 1937 in die zwei Zahlen 19 und 37 oder 1961 in die drei Zahlen 19, 6 und 1. Aus diesem Grund wird die 19 in den Geburtstagsreihen sehr oft getippt. Sie ist daher die beliebteste Zahl und wird fast 33 Prozent über dem Durchschnitt getippt (s. Abschnitt 16.4). Die Zahl des Geburtsmonats liegt immer zwischen 1 und 12 und die des Geburtstages zwischen 1 und 31. Dabei kann die Zahl 31 nur bei sechs Geburtsmonaten auftreten. Die Zahlen 1 bis 31 werden in diesem Abschnitt als Geburtstagszahlen bezeichnet. Der prozentuale Anteil der abgegebenen Tippreihen mit $0, 1, \ldots, 6$ Geburtstagszahlen ist in der letzten Spalte der nachfolgenden Tabelle zusammengestellt. In der zweiten Spalte ist zum Vergleich der jeweilige prozentuale Anteil in allen möglichen 13 983 816 Reihen aufgeführt.

Anzahl Geburtstagszahlen in der Reihe	Anteil in % in allen möglichen Reihen	Anteil in % in den ausgewerteten Reihen
0	0,133	0,575
1	1,899	1,249
2	10,175	5,897
3	26,230	22,934
4	34,427	37,950
5	21,871	20,929
6	5,265	10,466

10,466 Prozent der ausgewerteten Reihen enthalten ausschliesslich Geburtstagszahlen. Unter allen 13 983 816 möglichen Reihen gibt es aber nur 5,265 Prozent mit lauter Geburtstagszahlen. Damit liegt der Anteil der getippten Reihen mit lauter Geburtstagszahlen um fast 100 Prozent über dem theoretischen Wert. Damit dürften bei Gewinnreihen mit 6 Geburtstagszahlen die Quoten für einen Sechser im Durchschnitt bei der Hälfte der theoretischen Quoten liegen. Extrem unterbesetzt sind die abgegebenen Tippreihen mit 2 Geburtstagszahlen. Reihen ohne Geburtstagszahlen wurden allerdings 4,3 mal über dem Durchschnitt getippt. Weil immer wieder vor der Benutzung von Geburtstagszahlen gewarnt wird, tippen offensichtlich viele Personen überhaupt keine Geburtstagszahlen. Auch das ist falsch. Insgesamt gibt es ja nur $\binom{18}{6} = 18\,564$ Reihen ohne eine einzige Geburtstagszahl. Wenn sehr viele Personen Reihen aus dieser Menge auswählen, braucht man sich nicht zu wundern, dass diese Reihen mehr als viermal über dem Durchschnitt getippt werden. Bei solchen Gewinnreihen dürften die Quoten für einen Sechser im Durchschnitt weniger als der vierte Teil der theoretischen Quote sein.

In Tippreihen mit Geburtstagszahlen befindet sich meistens die Zahl 19, die aus der Zerlegung des Geburtsjahres 19.. entsteht. Daher ist die Zahl 19 die beliebteste Zahl. Sie wird fast 33 Prozent über dem Durchschnitt getippt.

Am Samstag, den 31.07.1999, lautete die Gewinnreihe

3 16 21 29 33 44   Zusatzzahl: 18   Superzahl: 1

Gewinnklasse	theoretische Quote	tatsächliche Quote
I (6 mit Superzahl)	6 292 717,20	4 965 613,10
II (6 ohne Superzahl)	932 254,40	509 293,60
III (5 mit Zusatzzahl)	87 398,85	61 761,30
IV (5 ohne Zusatzzahl)	5 410,41	4 254,10
V (4 mit Zusatzzahl)	332,95	294,10
VI (4 ohne Zusatzzahl)	89,35	88,10
VII (3 mit Zusatzzahl)	67,00	63,00
VIII (3 ohne Zusatzzahl)	20,10	20,80

Diese Reihe enthält vier Geburtstagszahlen, darunter die Zahl 3 für den Geburtsmonat. Auch die Zusatzzahl ist eine Geburtstagszahl. Mit Ausnahme der Klasse VIII lagen die Quoten zum Teil deutlich unter den theoretischen Quoten, besonders in den Klassen II und III.

Am Samstag, den 19.06.1999, lautete die Gewinnreihe

20 30 31 34 35 49   Zusatzzahl: 15   Superzahl: 6 .

In dieser Reihe befanden sich nur zwei Geburtstagszahlen.

Gewinnklasse		theoretische Quote	tatsächliche Quote
I	(6 mit Superzahl)	6 292 717,20	unbesetzt (Jackpot)
II	(6 ohne Superzahl)	932 254,40	1 279 374,90
III	(5 mit Zusatzzahl)	87 398,85	399 804,60
IV	(5 ohne Zusatzzahl)	5 410,41	10 221,10
V	(4 mit Zusatzzahl)	332,95	556,60
VI	(4 ohne Zusatzzahl)	89,35	119,60
VII	(3 mit Zusatzzahl)	67,00	96,00
VIII	(3 ohne Zusatzzahl)	20,10	24,10

In allen Gewinnklassen lagen die Quoten deutlich über den theoretischen Quoten.

Zur Verdeutlichung, wie stark die Quoten von der Anzahl der Geburtstags-zahlen in der Gewinnreihe abhängen, sollen nun die Quoten aus zwei früheren Ausspielungen angegeben werden. Bei diesen Ausspielungen gab es noch keinen Vierer mit Zusatzzahl. Eine Tippreihe kostete damals nur 1,25 DM. Ferner wurde damals der gesamte Ausschüttungsbetrag anders auf die einzelnen Gewinnklassen verteilt. In den zwei nachfolgenden Tabellen sind die damaligen theoretischen Quoten aufgeführt.

Am Samstag, den 16.01.1993, lautete die Gewinnreihe

$$1 \quad 3 \quad 10 \quad 11 \quad 18 \quad 25 \qquad \text{Zusatzzahl: 9} \qquad \text{Superzahl: 8}$$

Sämtliche Zahlen einschließlich der Zusatzzahl waren typische Geburtstags-zahlen. Dabei waren noch vier dieser Geburtstagszahlen kleiner als 12. In der nachfolgenden Tabelle sind neben den theoretischen Quoten (Stand 1993) die tatsächlichen Quoten aufgeführt. Mit Ausnahme der Gewinn-klasse I (6 Richtige mit Superzahl) lagen die Quoten deutlich unter den damaligen theoretischen Quoten.

Gewinnklasse		theoretische Quote (1993)	tatsächliche Quote
I	(6 mit Superzahl)	3 495 954,00	4 396 266,90
II	(6 ohne Superzahl)	1 165 318,00	294 234,10
III	(5 mit Zusatzzahl)	87 398,85	22 178,40
IV	(5 ohne Zusatzzahl)	6 936,42	3 154,90
V	(4 Gewinnzahlen)	129,05	78,40
VI	(3 mit Zusatzzahl)	71,06	38,50
VII	(3 ohne Zusatzzahl)	9,14	7,10

Bei der Samstagsziehung vom 13.3.1993 befanden sich in der Gewinnreihe

   6 10 34 37 40 41   Zusatzzahl 23   Superzahl 6

nur zwei typische Geburtstagszahlen. Schon sind die Quoten deutlich in die Höhe geschnellt.

Gewinnklasse	theoretische Quote (1993)	tatsächliche Quote
I (6 mit Superzahl)	3 495 954,30	unbesetzt (Jackpot)
II (6 ohne Superzahl)	1 165 318,00	3 818 348,10
III (5 mit Zusatzzahl)	87 398,85	86 780,60
IV (5 ohne Zusatzzahl)	6 936,42	12 168,00
V (4 Gewinnzahlen)	129,05	158,60
VI (3 mit Zusatzzahl)	71,06	61,20
VII (3 ohne Zusatzzahl)	9,14	9,60

Bei der Samstagsziehung vom 14.08.1999 begann die Gewinnreihe

   19 22 33 40 42 49   Zusatzzahl: 27   Superzahl: 2

mit der Zahl 19. Aus dem Spieleinsatz von 169 046 577 DM erhält man nach Division durch 1,50, daß insgesamt 112 697 718 Tippreihen abgegeben wurden. Die Quoten sind in der nachfolgenden Tabelle aufgeführt.

Gewinnklasse	theoretische Quote	tatsächliche Quote
I (6 mit Superzahl)	6 292 717,20	unbesetzt (Jackpot)
II (6 ohne Superzahl)	932 254,40	6 761 863,00
III (5 mit Zusatzzahl)	87 398,85	140 872,10
IV (5 ohne Zusatzzahl)	5 410,41	8 419,90
V (4 mit Zusatzzahl)	332,95	437,20
VI (4 ohne Zusatzzahl)	89,35	109,10
VII (3 mit Zusatzzahl)	67,00	76,10
VIII (3 ohne Zusatzzahl)	20,10	21,20

Obwohl die typische Geburtstagszahl 19 Gewinnzahl war, lagen alle Quoten zum Teil sehr deutlich über den theoretischen Quoten. Zunächst könnte man in dieser Tatsache einen Widerspruch zu meinen obigen Ausführungen sehen. Doch dieser anscheinende Widerspruch kann sehr einfach aufgeklärt werden. Die Gewinnreihe beginnt mit 19. Eine Reihe mit der Anfangszahl 19 wird jedoch in der Regel nicht als Tipp mit Geburtstagszahlen abgegeben. Dazu müßte eine Zahl zwischen 1 und 12 als Zahl des Geburtsmonats hinzukommen. Damit handelt es sich bei dieser Gewinnreihe um gar keinen Geburtstagstipp.

Am Samstag, den 12.11.1994, lautete die Gewinnreihe

19 29 31 36 41 48, Zusatzzahl: 33, Superzahl: 7.

Bei dieser Ausspielung gab es keinen Gewinner in der Gewinnklasse I, 6 Richtige ohne Superzahl hatte nur eine einzige Person. Auch hier sieht man, daß Reihen, die mit 19 beginnen, unterdurchschnittlich oft getippt werden, also nicht beliebt sind.

16.4. Die Häufigkeiten der getippten Zahlen

In den 6 803 090 ausgewerteten Tippreihen sind insgesamt 40 818 540 Zahlen angekreuzt. Bei gleichmäßiger Auswahl aller 49 Zahlen hätte jede Zahl 833 031 mal auftreten müssen. In der nachfolgenden Tabelle ist aufgeführt, wie oft jede einzelne Zahl getippt wurde (absolute Häufigkeit in der 2. Spalte). In der dritten Spalte steht die prozentuale Häufigkeit, also der prozentuale Anteil der jeweiligen Zahl an allen getippten Zahlen. Falls alle Zahlen gleich oft getippt würden, wäre der prozentuale Anteil jeder Zahl gleich $100 \cdot \frac{1}{49} \approx 2,04082\%$. In der vierten Spalte steht, um wieviel Prozent die absolute Häufigkeit den Durchschnittswert 833 031 über- (+) bzw. unterschreitet (−).

Zahl	Anzahl der getippten Reihen mit dieser Zahl	prozentualer Anteil an allen getippten Zahlen	prozentuale Unterschreitung
1	753 889	1,84693	− 9,501
2	852 513	2,08854	+ 2,338
3	978 303	2,39671	+ 17,439
4	917 899	2,24873	+ 10,188
5	926 967	2,27095	+ 11,277
6	894 533	2,19154	+ 7,385
7	1 024 260	2,50930	+ 22,956
8	770 174	1,88682	− 7,546
9	1 058 107	2,59222	+ 27,018
10	1 018 807	2,49594	+ 22,301
11	1 002 643	2,45634	+ 20,361
12	959 655	2,35103	+ 15,200
13	844 964	2,07005	+ 1,432
14	683 764	1,67513	− 17,919
15	679 109	1,66373	− 18,477
16	864 578	2,11810	+ 3,787
17	1 022 340	2,50460	+ 22,725
18	994 098	2,43541	+ 19,335
19	1 106 215	2,71008	+ 32,794

20	759 113	1,85973	− 8,873
21	784 258	1,92133	− 5,855
22	676 659	1,65772	− 18,771
23	841 113	2,06062	+ 0,970
24	951 237	2,33040	+ 14,190
25	987 868	2,42015	+ 18,587
26	915 626	2,24316	+ 9,915
27	852 216	2,08782	+ 2,303
28	743 596	1,82171	− 10,736
29	654 519	1,60348	− 21,429
30	840 682	2,05956	+ 0,918
31	926 524	2,26986	+ 11,223
32	966 691	2,36826	+ 16,045
33	927 032	2,27111	+ 11,284
34	746 644	1,82918	− 10,370
35	651 967	1,59723	− 21,736
36	**614 638**	**1,50578**	**− 26,217**
37	770 346	1,88725	− 7,525
38	845 770	2,07202	+ 1,529
39	865 940	2,12144	+ 3,950
40	860 534	2,10819	+ 3,302
41	818 104	2,00425	− 1,792
42	669 789	1,64089	− 19,596
43	635 974	1,55805	− 23,655
44	669 695	1,64066	− 19,608
45	705 385	1,72810	− 15,323
46	721 216	1,76688	− 13,423
47	669 823	1,64098	− 19,592
48	697 705	1,70928	− 16,245
49	695 038	1,70275	− 16,565

Mit fast 33 Prozent über dem Durchschnitt wurde als beliebteste Zahl die 19 als Geburtsjahreszahl getippt. Danach folgt die 9 mit etwa 27 Prozent über dem Durchschnitt. Die beliebtesten Zahlen lauten in der Reihenfolge der Beliebtheit

19, 9, 7, 17, 10, 11, 18, 25, 3, 32, 12, 24, 33, 5, 31, 4, 26, 6.

Die unbeliebteste Zahl ist die 36. Sie wurde ungefähr 26 Prozent unter dem Durchschnitt getippt, danach folgt die 43 mit mehr als 23 Prozent unter dem Durchschnitt. Die unbeliebtesten Zahlen lauten in ihrer Reihenfolge

36, 43, 35, 29, 44, 42, 47, 22, 15, 14, 49, 48, 45, 46, 28, 34, 1, 20, 8, 37, 21.

Die beliebten und unbeliebten Zahlen sind in den nachfolgenden Tippfeldern eingetragen.

| beliebte Zahlen | | | unbeliebte Zahlen | | |

beliebte Zahlen   unbeliebte Zahlen

Dabei wird ersichtlich, daß die unbeliebten Zahlen am rechten und linken Rand sowie in der letzten Zeile des Tippfeldes liegen mit Ausnahme der 7. Die beliebten Zahlen liegen mehr in der Mitte des Feldes, wobei in den letzten beiden Zeilen keine beliebten Zahlen vorkommen.

Bei der Anwendung dieser Eigenschaften für das Tippverhalten muss man jedoch vorsichtig sein. Reihen mit lauter unbeliebten Zahlen können plötzlich in ihrer Gesamtheit zu einer beliebten Reihe werden wie z. B. die Mustertipps aus den Rändern

1 8 15 22 29 36; 14 21 28 35 42 49; 43 44 45 46 47 48; 44 45 46 47 48 49.

Eine Einschränkung auf die 21 unbeliebtesten Zahlen ist auch nicht empfehlenswert. Dadurch können viele beliebte Mustertipps entstehen. Aus diesen unbeliebten 21 Zahlen gibt es jedoch nur

$$\binom{21}{6} = \frac{21 \cdot 20 \cdot 19 \cdot 18 \cdot 17 \cdot 16}{1 \cdot 2 \cdot 3 \cdot 4 \cdot 5 \cdot 6} = 54\,264$$

verschiedene Tippreihen. Falls sehr viele Personen so vorgehen würden, wären diese Reihen plötzlich sehr beliebt mit entsprechend niedrigen Quoten in den oberen Gewinnklassen. Falls jemand die 18 beliebten Zahlen vollständig meidet und nur Reihen aus den restlichen 31 Zahlen tippt, gibt es nur

$$\binom{31}{6} = \frac{31 \cdot 30 \cdot 29 \cdot 28 \cdot 27 \cdot 26}{1 \cdot 2 \cdot 3 \cdot 4 \cdot 5 \cdot 6} = 736\,281$$

Tippmöglichkeiten. Da auch diese Anzahl relativ klein ist, sollte man unbedingt einpaar beliebte Zahlen dazunehmen.

17. Vorschläge zur Quotenerhöhung

In Abschnitt 12 habe ich versucht, klarzumachen, daß es kein Spiel gegen den Zufall gibt. Es gibt keine Möglichkeit, Reihen zu prognostizieren, die bei den späteren Ziehungen eine größere Chance besitzen als andere. Falls ein solches Vorgehen tatsächlich einmal zum Erfolg führen sollte, ist dies einzig und allein auf den Zufall zurückzuführen. Dann hat man einfach Glück gehabt. Nach Abschnitt 9 führen auch Systemtipps nicht zu einer höheren Gewinnchance. Bei fast jeder Ausspielung gibt es Gewinne in den oberen Klassen. Wenn man schon nicht gegen den Zufall spielen kann, so sollte man doch versuchen gegen die Mitspieler zu spielen. Wenn jemand einen Sechser hat, so hofft er, daß er den in der Gewinnklasse zur Verfügung stehenden Ausschüttungsbetrag nicht mit vielen Mitgewinnern teilen muss. Die Gewinnchance ist dann zwar auch nicht höher, jedoch die Quotenerwartung. Zur Auswahl von nicht allzu beliebten Tippreihen, die höhere Quoten versprechen, können die in Abschnitt 16 gewonnenen Erkenntnisse ausgenutzt werden. Wenn aber jemand erwartet, daß ich an dieser Stelle eine Empfehlung für wenige derartige Tippreihen abgeben würde, so muss ich diese Personen leider enttäuschen. Stellen Sie sich vor, ich würde an dieser Stelle einige hundert oder tausend Tippreihen nennen, dann bestünde doch die Gefahr, daß viele Personen diese Reihen auch tatsächlich tippen. Plötzlich wären diese Reihen sehr beliebt, was im Gewinnfall zu extrem niedrigen Quoten führen würde. Vermutlich würden mir gegenüber dann schwere Vorwürfe erhoben. Aus diesem Grund ist es unverantwortlich, wenn jemand eine öffentliche Empfehlung für eine kleinere Anzahl von Tippreihen abgibt, z. B. mit sogenannten Glücksreihen oder Glückszahlen. Solche Tippvorschläge sollte man unbedingt meiden. Falls aber tatsächlich einmal eine solche als Glücksreihe angepriesene Reihe ausgespielt werden sollte, muß man davon ausgehen, daß viele Personen diese Reihe getippt haben. Dann sind die Quoten entsprechend niedrig.

Meiden Sie auch Mustertipps und Gewinnreihen aus der Vergangenheit. Alles was auf dem Tippzettel schön aussieht und schon einmal da war, sollte für Sie tabu sein. Reihen mit sechs Geburtstagszahlen oder ohne eine einzige Geburstagszahl sind ebenfalls nicht interessant. Bei der Auswahl der Tippreihen sollten Sie nicht nur in der Mitte des Tippfeldes Zahlen ankreuzen, sondern auch am Rand, vor allem in den beiden letzten Zeilen. Zu überlegen ist, ob Sie nicht ausschließlich **Quicktipps** abgeben oder die Tippzahlen wirklich zufällig auswählen. Dazu können Sie wie bei der Lotto-Ausspielung 49 Kugeln mit den jeweiligen Zahlen benutzen. Sie können auch 49 Karten eines Kartenspiels mit den Zahlen 1 bis 49 überschreiben. Nach gründlichem Mischen können Sie daraus jeweils 6 auswählen. Vergessen Sie aber nicht die bereits gezogenen Zahlen vor der Bestimmung der nächsten Tippreihe wieder zu den anderen zurückzulegen. Mit diesen Strategien werden Sie zwar auch beliebte Reihen erhalten, doch besteht die große Chance, dass Sie dadurch auch unbeliebte Reihen mit höheren Quotenerwartungen tippen. Ich möchte nochmals klarstellen, dass man mit dieser Zufallsauswahl auch nicht öfters gewinnt. Die Gewinnchance wird nicht erhöht, doch wenn man mit dieser Strategie gewinnt, kann davon ausgegangen werden, dass die Quoten höher sind.

18. Qotenproblem beim Mittwochs-Lotto

Weil beim Mittwochs-Lotto die Quoten aus beiden Ziehungen zusammengelegt werden, kann man hier nicht unbedingt gegen die Mitspieler spielen wie es beim Samstags-Lotto möglich ist. Wenn jemand mit einer unbeliebten Tippreihe in einer der beiden Ziehungen einen Sechser haben sollte, so besteht die Gefahr, dass in der anderen Ziehung eine sehr beliebte Tippreihe, z. B. ein Mustertipp, ausgespielt wird. Ohne Quotenzusammenlegung könnte der Spieler zwar mit einer hohen Quote rechnen. Durch die Zusammenlegung der Quoten gäbe es aber insgesamt nur niedrige Gewinne.

Zur Illustration nehmen wir an, in der Ziehung A gäbe es nur einen einzigen Sechser ohne Superzahl, in der Ziehung B werde ein sehr beliebter Mustertipp ausgespielt mit 1 000 Sechsern ohne Superzahl. Der Gesamteinsatz betrage 30 Millionen DM. Für die 1 001 Sechser ohne Superzahl steht dann ein Auszahlungsbetrag von 1,5 Millionen DM zur Verfügung. Dann gibt es für jeden Sechser ohne Superzahl nur 1 498,50 DM. Ohne Quotenzusammenlegung hätte aber der einzige Gewinner aus Ziehung A den Betrag von 750 000 DM erhalten, die 1 000 Sechser aus Ziehung B jeweils nur 750 DM. Eine analoge Rechnung kann für 6 Richtige mit Superzahl durchgeführt werden.

19. Tippgemeinschaften-eine Alternative?

Bei Anbietern von Lotto-Systemen sollte man äußerst vorsichtig sein. Vor allem muss genau auf den Werbetext geachtet werden. Wenn jemand Reihen anbietet, die angeblich überdurchschnittlich hohe Gewinnchancen haben, so wissen Sie, dass dies nicht sein kann. Bitte verstehen Sie mich nicht falsch: Höhere Gewinnchancen bedeutet nach der Begriffsbildung eindeutig, die entsprechenden Reihen haben eine größere Chance ausgespielt zu werden als andere. Es gibt keine Reihen mit einer größeren Ziehungswahrscheinlichkeit. Das kann nicht sein. Manche Anbieter von „totsicheren Systemen" sind tatsächlich von den höheren Chancen ihrer angebotenen Reihen überzeugt. In diesem Fall kann man ihnen gar keine betrügerische

Absicht unterstellen. Sie sind einfach einem Irrtum erlegen. Dabei ist es äußerst schwierig, ja manchmal sogar unmöglich, diese Anbieter mit wissenschaftlich abgesicherten Argumenten von ihrem Irrtum zu überzeugen.

In der zweiten Hälfte des Jahres 1994 behauptete eine gewerblich ausgerichtete Spielgemeinschaft, sie habe 7 158 469 computeroptimierte Reihen gefunden, bei denen die Wahrscheinlichkeit auf einen Sechser 46,15 % größer sei als im Durchschnitt. Aus der Gesamtanzahl 13 983 816 der Reihen wurden also ungefähr 51,19 % ausgewählt. Als Beweis für die Behauptung wurde angegeben, man habe mit diesen Reihen im ersten Halbjahr 1994 insgesamt 19 Sechser erzielt. Bei der Abgabe aller 13 983 816 Reihen wären es 26 Sechser gewesen. Daher hätte bei der Chancengleichheit aller Reihen die erwartete Anzahl der Sechsen bei diesen 7 158 469 Reihen nur bei 13 (genauer 13,31) liegen dürfen. Die Anzahl der Sechsen bei dieser Computerauswahl liegt tatsächlich um 46,15 % über der zu erwarteten Anzahl. Kann man daraus schließen, dass bei diesen Reihen die Wahrscheinlichkeit auf einen Sechser tatsächlich um 46,15 % größer als sonst ist? Dazu muss folgendes festgestellt werden: Die Tatsache, dass mit diesen Reihen im ersten Halbjahr angeblich 46,15 % mehr Sechser erzielt wurden als mit allen fast 14 Millionen Reihen, könnte auf den Zufall zurückzuführen sein. Es wäre sicherlich interessant gewesen, zu erfahren, zu welchem Zeitpunkt die Reihenauswahl wirklich erfolgt ist. Nur wenn diese Auswahl eindeutig vor dem 1.1.1994 geschehen ist, könnte das Ergebnis kaum angezweifelt werden. Die Veröffentlichung der Behauptung erfolgte allerdings erst gegen Ende des Jahres 1994. Im Januar 1995 gab die Spielgemeinschaft bekannt, dass ihre Reihen im gesamten Jahr 1994 insgesamt 33 Sechser erzielt haben, also 26,9 Prozent über normal. Aus den + 46,15 % sind nun plötzlich nur noch + 26,9 % geworden. Nachdem im ersten Halbjahr 19 Sechser erzielt wurden, blieben für das 2. Halbjahr noch 14 übrig. Diese Anzahl liegt jedoch nicht weit von der erwarteten Anzahl 13,31 entfernt. Damit hat die Gesellschaft doch selbst den Beweis geliefert, dass bei ihrer Computerauswahl die Wahrscheinlichkeit für einen Sechser im ganz normalen Bereich liegt. Zur Spekulation, weshalb es wohl im ersten Halbjahr so viele Sechser gab, möchte ich mich nicht äußern, zumal diese Gesellschaft schon vor längerer Zeit ihren Betrieb eingestellt hat.

Inzwischen gibt es immer mehr Gesellschaften, in der sich die Mitglieder zu sogenannten Tippgemeinschaften zusammenschließen. Jedes Mitglied kann gegen eine zusätzliche Gebühr an einer Spielgemeinschaft teilnehmen, die Woche für Woche die gleichen Tippreihen abgibt. Die Gewinne werden dann anteilmäßig auf die Mitspieler der gleichen Gruppe aufgeteilt. Den Teilnehmern wird das lästige Ausfüllen der Tippzettel gegen zusätzliche Bezahlung abgenommen. Ein gewisser Vorteil kann für die Teilnehmer höch-

stens dann entstehen, wenn in dieser Tippgemeinschaft im wesentlichen
Reihen abgegeben werden, die höhere Quoten versprechen. Einige dieser
Anbieter haben offensichtlich die Ausschüttungsquoten in Abhängigkeit
von den Gewinnreihen untersucht und solche Reihen ausgewählt, die
höhere Ausschüttungsquoten erwarten lassen. Vielleicht wurden auch ähn-
liche Untersuchungen wie in Abschnitt 16 vorgenommen. Dabei ist es auch
möglich, dass die Gewinnquoten in Abhängigkeit von bestimmten Zahlenkombination untersucht wurden. Die Mitspieler besitzen dann zwar auch
keine größere Gewinnchance, tatsächlich aber eine größere Quotenerwartung. Dabei muss allerdings die Frage gestellt werden, ob die dadurch er-
reichbaren Mehrgewinne tatsächlich größer sind als die Gebühren, welche
die Teilnehmer Woche für Woche zusätzlich zu ihrem Einsatz bezahlen
müssen. Eines dürfte sicher sein: Auf Dauer gibt es auch bei diesen Tippgemeinschaften viel mehr Teilnehmer, die auf Dauer mehr einzahlen als sie
gewinnen. Es dürfte kaum möglich sein, den Gesamteinsatz für alle Spieler
einschließlich der erhobenen Gebühren auf Dauer vollständig zurückzuge-
winnen. Einen absolut sicheren Gewinn macht nur der Anbieter, der die
Gebühren unabhängig vom Erfolg kassiert. Wenn eine einzelne Tippgemeinschaft aus 50 Mitspielern besteht, muss jeder Gewinn unter 50 Personen anteilmäßig aufgeteilt werden. Bei 6 Richtigen gewinnen dann gleichzeitig 50 Personen, jeder entsprechend weniger. Bei einem zwei-Millionen-
Gewinn gibt es dann- gleiche Einsätze aller Spieler vorausgesetzt- für
jeden nur 40 000 DM. Geworben wird oft mit der Anzahl der Sechser, die
bisher in allen angebotenen Tippgemeinschaften zusammen angefallen
sind. Bei insgesamt 75 Sechser im Lotto am Samstag kann davon ausgegangen werden, dass bisher etwa $75 \cdot 13\,983\,816$, also mehr als 1 Milliarde
Tippreihen abgegeben wurden. Hätten alle Mitspieler für diesen Gesamtbe-
trag und die anfallenden Unkosten selbst gespielt, so hätten vermutlich
mehr als 75 davon einen Sechser erzielt, ohne dass sie den Gewinn mit anderen hätten teilen müssen. Mit dem Betrag, den sie für die Unkosten bezahlen, hätten sie ja entsprechend mehr Reihen tippen können. Diese
Spieler sind um ihre große Chance gebracht worden. Zum Glück ist nicht
bekannt, welche Mitspieler davon betroffen waren. Dafür sind die Gewinnquoten für die 75 Sechser vielleicht unter 1 250 Mitspielern aufgeteilt
worden.

Es gibt kein System, das im Lotto die absoluten Gewinnchancen erhöht.
Falls jemand mit einem solchen System einen hohen Gewinn erzielt,
muss dies auf den Zufall zurückgeführt werden und nicht auf das
System. Es ist nicht möglich, gegen den Zufall zu spielen
Durch die Wahl von Tippreihen, die bei den Mitspielern nicht sehr
beliebt sind, kann man allerdings erreichen, dass im Falle eines Gewinns
die Quoten höher sind (s. Abschnitt 16).

Kapitel 2
Auswahlwette 6 aus 45

1. Spielregeln

Bei der Toto-Auswahlwette „6 aus 45" sind in einer Reihenfolge 45 Fußballspiele vorgegeben, die alle am nächsten Wochenende stattfinden. Dabei
kann es sich um Meisterschafts-, Pokal-, Freundschaftsspiele oder um
Spiele in einem anderen Rahmen handeln. Die Spieltage werden durch den
jeweiligen Spielplan festgelegt. Der erste Tag der Veranstaltung ist in der
Regel der Samstag, wobei der erste Spieltag um 13.30 Uhr beginnt. Auf
dem Spielschein befinden sich wie beim Zahlenlotto 12 Tippfelder jeweils
mit den Zahlen $1, 2, \ldots, 45$, die eindeutig den 45 Fußballspielen zugeordnet sind. In jedem getippten Feld muss der Spieler sechs Zahlen ankreuzen.
Damit entscheidet er sich für die den sechs angekreuzten Zahlen zugeord-
neten Fußballspiele. Der Spieleinsatz für eine Tippreihe beträgt je Veranstaltung 1,25 DM. Hinzu kommt noch eine Bearbeitungsgebühr. Wie beim
Zahlenlotto wird der Tippzettel über das Online-System elektronisch eingelesen und an den Zentralcomputer weitergeleitet. Bei mangelhaften Eintragungen erfolgt entweder die Rückgabe des Spielscheins zur manuellen Korrektur durch den Teilnehmer oder es erfolgt auf Wunsch des Teilnehmers
wie beim Zahlenlotto automatisch eine Korrektur durch das Terminal.

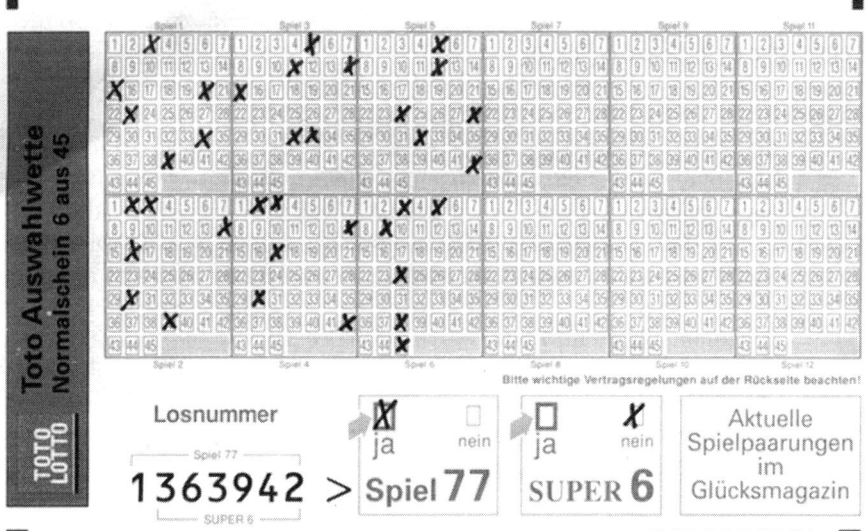

Alle Fußballspiele werden ohne Rücksicht auf einen etwaigen Platzwechsel
so gewertet wie sie auf dem Spielplan stehen. Falls das in Stuttgart vorgesehene Spiel VfB Stuttgart – Bayern München plötzlich nach München verlegt wird, bleibt die Reihenfolge so erhalten. Maßgebend für die Wertung
eines Fußballspiels ist das nach Ablauf der regulären Spielzeit festgestellte
Ergebnis. Eine eventuelle Verlängerung oder ein notwendiges Elfmeterschießen werden bei der Wertung nicht berücksichtigt. Falls ein Fußballspiel wiederholt wird, so wird das erste Spiel und nicht das Wiederholungs-
spiel gewertet, gleichgültig an welchem Tag es ausgetragen wird. Eine nach-
trägliche Änderung oder Annullierung von Spielergebnissen durch Instan-
zen des Sports hat auf die Wertung keinen Einfluss. Bei der Auswahlwette
werden sechs Fußballspiele als Gewinnspiele, ein weiteres als Zusatzspiel gewertet. Durch die Zahlenzuordnung werden praktisch wie beim Zahlenlotto
sechs Gewinnzahlen und eine Zusatzzahl festgelegt, jeweils aus den 45 möglichen Zahlen $1, 2, \ldots, 45$. Die zu wertenden Fußballspiele werden aus den
unentschieden ausgegangenen Fußballspielen ermittelt und, wenn diese
nicht ausreichen, aus den Fußballspielen mit der geringsten Tordifferenz.
Dabei haben immer Fußballspiele mit höherer Gesamttorzahl den Vorrang.
Bei gleichen Torzahlen haben die Fußballspiele mit der niedrigeren Nummer der Reihenfolge auf dem Spielplan den Vorrang. Beispiele:

> 6:6 vor 5:5 vor 4:4 vor 3:3 vor 2:2 vor 1:1 vor 0:0
> 5:4 oder 4:5 vor 4:3 oder 3:4 vor 3:2 oder 2:3.

Für Spiele, die vor dem Starttermin, also vor dem Samstag um 13.30 Uhr
begonnen haben oder vor Ablauf der regulären Spielzeit abgebrochen wurden bzw. an den vorgesehenen Spieltagen der betreffenden Veranstaltung
gar nicht stattgefunden haben, wird durch eine Auslosung ein Ersatzergeb-
nis ermittelt. Da der Spielplan relativ früh erstellt und gedruckt werden
muss, damit er rechtzeitig in den Annahmestellen ausgelegt werden kann,
ist manchmal schon vor Annahmeschluss bekannt, dass ein im Spielplan
aufgeführtes Spiel nicht stattfindet oder bereits stattgefunden hat. Dann
wissen Sie, dass das Ergebnis ausgelost wird. Da der Auslosungsmodus bekannt ist, können Sie sich dadurch einen kleinen Vorteil verschaffen. Zur
Auslosung werden sportliche Gesichtspunkte berücksichtigt. Für jede Spielpaarung sind drei Zahlen (Tendenz) angegeben, z. B. 5 3 2. Diese Zahlen
mit der Summe 10 stellen die Chancen für die Ersatzwertungen $1:0$, $0:0$,
oder $0:1$ dar. Die Tendenz 5 3 2 bedeutet ein Chancenverhältnis von
$5:3:2$ für die möglichen Ersatzwertungen $1:0$ bzw. $0:0$ bzw. $0:1$. Die
Chance für $1:0$ beträgt 50 Prozent, die für $0:0$ ist 30 Prozent und die für
$0:1$ nur 20 Prozent. Die Tendenz wird aus Ergebnissen früherer Spiele bestimmt. Falls zu wenig Fußballspiele stattfinden wie z. B. während der
Sommerpause, werden manchmal neben dem gesamten Spiel auch Ergeb-

nisse aus Teilabschnitten des Fußballspiels gewertet, z. B. Halbzeitergebnisse. Bei einem Ausfall eines solchen Spiels werden die einzelnen Teilergebnisse jeweils gesondert ausgelost. Falls das Spiel nach der Halbzeit abgebrochen wird, wird das Teilzeitergebnis gewertet, für das Gesamtergebnis
findet eine Ersatzauslosung statt.

Toto-Wettbewerb 33/99 (21./22. August)	Tendenz		
1 Hamburger SV – VfB Stuttgart	4	3	3
2 Werder Bremen – Schalke 04	3	5	2
3 Borussia Dortmund – VfL Wolfsburg	5	3	2
4 TSV München 1860 – SSV Ulm 1846	6	3	1
5 SC Freiburg – Eintracht Frankfurt	3	4	3
6 FC Hansa Rostock – 1. FC Kaiserslautern	3	3	4
7 Bayer Leverkusen – Bayern München	3	4	3
8 TB Berlin – Karlsruher SC	4	3	3
9 Fortuna Köln – FSV Mainz 05	4	3	3
10 Bor. Mönchengladbach – Hannover 96	4	3	3
11 Stuttgarter Kickers – FC St. Pauli	4	4	2

2. Untersuchung der einzelnen Tippreihen

2.1. Anzahl der Tippmöglichkeiten und Anzahl der Gewinne

Bei dieser Auswahlwette gibt es für jede Reihe theoretisch

$$\binom{45}{6} = \frac{45 \cdot 44 \cdot 43 \cdot 42 \cdot 41 \cdot 40}{1 \cdot 2 \cdot 3 \cdot 4 \cdot 5 \cdot 6} = 8\,145\,060$$

verschiedene Auswahl- also Tippmöglichkeiten. Zur Bestimmung der Anzahl der möglichen Gewinnreihen in den einzelnen Klassen nehmen wir an,
alle diese Reihen werden genau einmal abgegeben.

Wie beim Lotto am Samstag werden nach der Ausspielung die 45 Zahlen
(Spielpaarungen) in drei Gruppen eingeteilt: in 6 Gewinnspiele (Gewinnzahlen), mit G bezeichnet, das Zusatzspiel (Zusatzzahl) Z und weitere 38
Spiele (Zahlen), die von den Gewinnspielen und den Zusatzspiel verschieden sind. Diese bezeichnen wir mit N. Damit erhält man die Darstellung

$$\underbrace{G\,G\,G\,G\,G\,G}_{6\text{ Stück}}\ Z\ \underbrace{N\,N\,N\ldots N\,N\,N}_{38\text{ Stück}}.$$

Um garantiert 6 Richtige zu erzielen, muss jede der 8 145 060 verschiedenen Tippreihen abgegeben werden. Genau eine davon ist dann die Gewinnreihe. Für 6 Richtige gibt es also nur eine einzige Tippmöglichkeit
(Klasse I).

Um in einer Tippreihe 5 Richtige mit Zusatzspiel zu haben, müssen von
den 6 Gewinnspielen 5 ausgewählt werden. Dafür gibt es $\binom{6}{5} = \binom{6}{1} = 6$
verschiedene Auswahlmöglichkeiten. Zusätzlich muss noch das Zusatzspiel

ausgewählt werden, wofür es nur eine einzige Möglichkeit gibt. Damit gibt es 6 Tippreihen mit 5 Richtigen und Zusatzspiel.

Für 5 Richtige ohne Zusatzspiel müssen aus den 6 Gewinnspielen 5 ausgewählt werden. Dafür gibt es 6 verschiedene Auswahlmöglichkeiten. Zusätzlich muss noch eines von den 6 Gewinnspielen und dem Zusatzspiel verschiedenen, mit N bezeichneten 38 Spielen ausgewählt werden. Dafür gibt es 38 Möglichkeiten. Somit gibt es $6 \cdot 38 = 228$ Tippreihen mit 5 Richtigen ohne Zusatzspiel.

Bei 4 Richtigen spielt das Zusatzspiel keine Rolle. Für 4 Richtige müssen aus den 6 Gewinnspielen 4 ausgewählt werden mit $\binom{6}{4} = \binom{6}{2} = \frac{6 \cdot 5}{1 \cdot 2} = 15$ Möglichkeiten. Weil das Zusatzspiel hier keine Bedeutung hat, können die restlichen beiden Spiele aus den 39 mit Z bzw. N bezeichneten Spielen ausgewählt werden. Dafür gibt es $\binom{39}{2} = \frac{39 \cdot 38}{1 \cdot 2} = 741$ Auswahlmöglichkeiten. Daher gibt es $15 \cdot 741 = 11\,115$ Reihen mit 4 Richtigen.

Bei 3 Richtigen mit Zusatzspiel müssen aus den 6 Gewinnspielen 3 ausgewählt werden. Dafür gibt $\binom{6}{3} = \frac{6 \cdot 5 \cdot 4}{1 \cdot 2 \cdot 3} = 20$ Möglichkeiten. Ferner muss das Zusatzspiel mit einer Möglichkeit dabei sein. Die beiden restlichen Spiele müssen aus den restlichen 38 mit N bezeichneten Spielen ausgewählt werden. Dafür gibt es $\binom{38}{2} = \frac{38 \cdot 37}{1 \cdot 2} = 703$ Auswahlmöglichkeiten. Es gibt also $20 \cdot 703 = 14\,060$ Reihen mit 3 Richtigen und Zusatzspiel.

Bei 3 Richtigen ohne Zusatzspiel müssen aus den 6 Gewinnspielen 3 ausgewählt werden mit 20 Möglichkeiten. Die restlichen 3 Spiele müssen aus den 38 mit N gezeichneten Spiele ausgewählt werden. Dafür gibt es $\binom{38}{3} = \frac{38 \cdot 37 \cdot 36}{1 \cdot 2 \cdot 3} = 8\,438$ Möglichkeiten. Daher gibt es $20 \cdot 8\,436 = 168\,720$ Reihen mit 3 Richtigen ohne Zusatzspiel.

Zusammenfassung:

Bei der Auswahlwette 6 aus 45 gibt es 8 145 060 verschiedene Tippmöglichkeiten. Wenn jemand alle diese Reihen abgibt, so hat er insgesamt		
1 mal	6 Gewinnspiele	(Klasse I)
6 mal	5 Gewinnspiele mit Zusatzspiel	(Klasse II)
228 mal	5 Gewinnspiele ohne Zusatzspiel	(Klasse III)
11 115 mal	4 Gewinnspiele	(Klasse IV)
14 060 mal	3 Gewinnspiele mit Zusatzspiel	(Klasse V)
168 720 mal	3 Gewinnspiele ohne Zusatzspiel	(Klasse VI)
getippt. Insgesamt gibt es 194 130 Tippreihen, die gewinnen.		

Weil die Gewinnreihen nicht zufällig ausgelost werden, besitzen bei der Auswahlwette 6 aus 45 im Gegensatz zum Zahlenlotto nicht alle Reihen die gleiche Chance. Falls wegen der guten Leistungen in der unmittelbaren Vergangenheit einer bestimmten Mannschaft ein hoher Sieg gegen eine schlechte Mannschaft zuzutrauen ist, kommt wegen dieser Papierform der Mannschaften dieses Spiel vermutlich nicht in die Wertung. So wird der Tabellenführer zuhause wohl meistens gegen den Tabellenletzten gewinnen, besonders dann, wenn dessen Abstieg bereits feststehen sollte. Aus diesem Grund kann man davon ausgehen, dass einige Paarungen kaum in die Wertung kommen. Doch wenn plötzlich ein solches Spiel mit vielen Toren unentschieden endet und in die Wertung gelangt, sind wegen dieser Überraschung die Quoten entsprechend hoch. Wenn an einem Wochenende alles nach Plan verläuft, dürfte es keine hohen Quoten geben. Bei vielen überraschenden Unentschieden haben diejenigen Spieler, die ihre Reihen zufällig auswählen, eine größere Chance auf 6 Richtige als die Experten. Die Quoten dürften dann entsprechend hoch sein.

2.2. Fiktive (theoretische) Quoten

Von theoretischen Quoten oder Quotenerwartungen zu reden, ist hier nicht angebracht. Sie können selbst feststellen, dass die Quoten sehr stark schwanken. Trotzdem soll eine Berechnung wie beim Zahlenlotto erfolgen. Dazu nehmen wir in einem Modell an, dass sämtliche 8 145 060 möglichen Tippreihen jeweils einmal abgegeben werden. Jede Reihe kostet 1,25 DM. Vom Einsatz $8\,145\,060 \cdot 1,25 = 10\,181\,325$ DM wird die Hälfte, also 5 090 662,50 DM, ausgezahlt. Die prozentuale Aufteilung des für die Ausschüttung zur Verfügung stehenden Betrags ist in der zweiten und dritten Spalte der nachfolgenden Tabelle angegeben.

Klasse	Anteil Prozent	Ausschütt. summe	Anzahl der Gewinne	fiktive Quote in DM
I 6 Gewinnspiele	40,0 %	2 036 265,00	1	2 036 265,00
II 5 mit Zusatzspiel	5,0 %	254 533,13	6	42 422,19
III 5 ohne Zusatzspiel	7,5 %	381 799,69	228	1 674,56
IV 4 Gewinnspiele	15,0 %	763 599,38	11 115	68,70
V 3 mit Zusatzspiel	7,5 %	381 799,69	14 060	27,16
VI 3 ohne Zusatzspiel	25,0 %	1 272 665,63	168 720	7,54
Summen	100 %	5 090 662,50	194 130	

In der vierten Spalte stehen die in der obigen Zusammenfassung aufgeführten Gewinnhäufigkeiten in den einzelnen Klassen. Durch diese Anzahl wird die jeweilige Ausschüttungssumme dividiert. Dadurch erhält man die Ge-

winne in den einzelnen Klassen in der vierten Spalte. Doch Vorsicht! Dies
wären nur dann die theoretischen oder erwarteten Quoten, wenn die Gewinnreihen zufällig ausgespielt würden und die Spieler ihre Zahlen zufällig
auswählen würden. Daher nennen wir sie fiktive Quoten. Auch hier werden
wie bei den übrigen Lotterien die ausgezahlten Quoten auf ganze 10 Pfennige abgerundet.

Am Samstag, den 5. Juni 1999, betrug der Spieleinsatz 1 384 565 DM. Da
eine Reihe 1,25 DM kostet, wurden für diesen Termin insgesamt 1 107 652
Reihen abgegeben. Die Hälfte des Spieleinsatzes, also 692 282,50 DM stand
für die Ausschüttung zur Verfügung. Die Anzahl der Gewinne und die
Quoten sind in der nachfolgenden Tabelle zusammengestellt.

Klasse	Anzahl der Gewinne	Quote	
I 6 Gewinnspiele	0	Jackpot	823 949,70
II 5 mit Zusatzspiel	0	Jackpot	34 614,10
III 5 ohne Zusatzspiel	17		3 054,100
IV 4 Gewinnspiele	936		110,90
V 3 mit Zusatzspiel	2 207		23,50
VI 3 ohne Zusatzspiel	20 828		8,30

Für die Klasse I wurden nur 276 913 DM bereitgestellt. Daraus kann geschlossen werden, dass bereits seit zwei Wochen in der Klasse I ein Jackpot
aufgebaut war. Der Jackpot in Klasse II stammt bis auf die Abrundung
auf ganze 10 Pfennige aus dieser Ausspielung. Er ist also neu. Die Abweichungen von den fiktiven Quoten sind beachtlich.

3. Vollsysteme

Bei der Auswahlwette 6 aus 45 kann die Benutzung von Vollsystemen
durchaus sinnvoll sein. Oft kann man davon ausgehen, dass bestimmte
Spielpaarungen wohl nicht in die Wertung kommen. Falls man fest überzeugt ist, dass sich alle Gewinnspiele unter 10 ausgesuchten Spielpaarungen befinden, könnte man das 6 aus 10 Vollsystem zum Tippen benutzen.

Wie beim Samstags- und Mittwochs-Lotto sind hier Vollsysteme mit 7 bis
14 Systemspielen (Systemzahlen) zugelassen. Dafür gibt es extra Tippzettel. Die Anzahl der Gewinne eines Vollsystems hängt nur von der Anzahl
der Gewinnspiele unter den Systemspielen ab und davon ob das Zusatzspiel auch noch dabei ist.

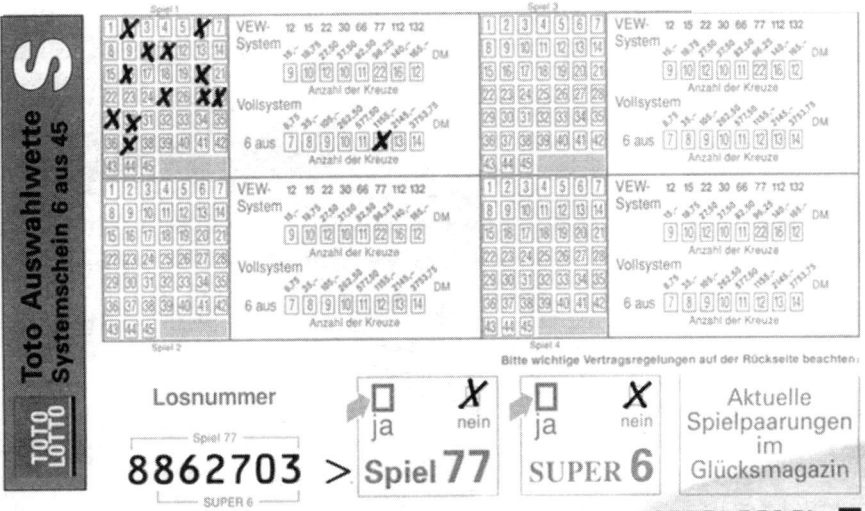

Wie beim Lotto am Mittwoch gibt es bei 4 Richtigen kein Zusatzspiel. Bei der Berechnung der Anzahl der Gewinne in den einzelnen Klassen spielt es keine Rolle, ob die Gewinnspiele aus 45 oder aus 49 möglichen ausgewählt werden. Daher kann für das allgemeine Vollsystem mit n Systemspielen die allgemeine Gewinntabelle aus dem Mittwochs-Lotto (Abschnitt 10) unmittelbar übernommen werden.

Spiele im System	\multicolumn{6}{c}{Anzahl der Gewinne in den Klassen}
	6 G	5 G mit Z	5 G ohne Z	4 G	3 G mit Z	3 G ohne Z
6 G mit Z	1	6	$6 \cdot (n-7)$	$15 \cdot \binom{n-6}{2}$	$20 \cdot \binom{n-7}{2}$	$20 \cdot \binom{n-7}{3}$
6 G ohne Z	1	–	$6 \cdot (n-6)$	$15 \cdot \binom{n-6}{2}$	–	$20 \cdot \binom{n-6}{3}$
5 G mit Z	–	1	$n-6$	$5 \cdot \binom{n-6}{2}$	$10 \cdot \binom{n-6}{2}$	$10 \cdot \binom{n-6}{3}$
5 G ohne Z	–	–	$n-5$	$5 \cdot \binom{n-5}{2}$	–	$10 \cdot \binom{n-5}{3}$
4 G mit Z	–	–	–	$\binom{n-5}{2}$	$4 \cdot \binom{n-5}{2}$	$4 \cdot \binom{n-5}{3}$
4 G ohne Z	–	–	–	$\binom{n-4}{2}$	–	$4 \cdot \binom{n-4}{3}$
3 G mit Z	–	–	–	–	$\binom{n-4}{2}$	$\binom{n-4}{3}$
3 G ohne Z	–	–	–	–	–	$\binom{n-3}{3}$

Für n kann jeweils eine der Zahlen 7 bis 14 eingesetzt werden. Dadurch erhält man die Gewinntabellen für die einzelnen zugelassenen Systeme. Falls in einem auftretenden Binomialkoeffizienten die obere Zahl kleiner ist als die untere, so muss dieser Binomialkoeffizient gleich Null gesetzt werden, also

$$\binom{0}{1}=\binom{0}{2}=\binom{1}{2}=\binom{0}{3}=\binom{1}{3}=\binom{2}{3}=0.$$

Die speziellen Gewinntabellen erhält man in jeder Lotto-Toto-Annahmestelle gratis. Sie können sich diese besorgen und mit meinen oben angegebenen Werten vergleichen. Für n = 7, 8, ..., 14 können die Gewinntabellen aus den Systemen beim Samstags-Lotto übernommen werden (Abschnitt 9), wobei wie beim Lotto am Mittwoch die Anzahl der Gewinne in den Klassen 4 Richtige mit Zusatzspiel und 4 Richtige ohne Zusatzspiel addiert werden müssen.

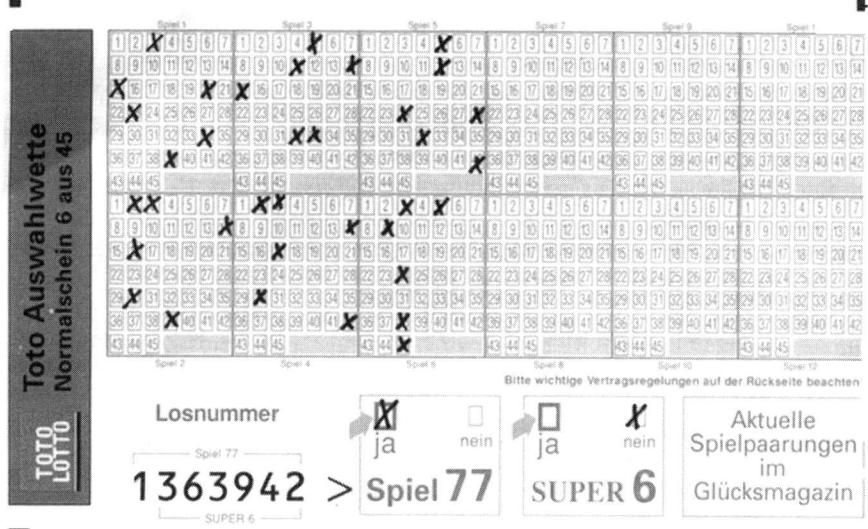

Kapitel 3
Fußballtoto 11er-Wette

1. Spielregeln

In der 11er-Wette sind im Spielplan 11 Fußballspiele (Spielpaarungen) in einer bestimmten Reihenfoge aufgeführt. Dabei gibt es folgende Tippmöglichkeiten:

1   bedeutet ein Sieg des in der Spielpaarung erstgenannten Vereins
0   bedeutet ein unentschiedenes Ergebnis
2   bedeutet ein Sieg des in der Spielpaarung zweitgenannten Vereins.

Beispiel: Das Fußballspiel VfB Stuttgart – Bayern München finde in Stuttgart statt. Es wird mit 1 gewertet, falls der VfB Stuttgart gewinnt, bei einem Sieg von Bayern München ist die Wertung 2, ein unentschiedener Ausgang (unentschieden) ergibt die Wertung 0.

Wenn das mit der Paarung VfB Stuttgart – Bayern München mit dem Austragungsort Stuttgart angesetzte Spiel plötzlich nach München verlegt wird, bleibt die Wertung bei 1, falls der VfB Stuttgart gewinnt. Das Spiel wird also immer mit 1 gewertet, falls die zuerst genannte Mannschaft gewinnt. Wenn die an zweiter Stelle genannte Mannschaft gewinnt, ist die Wertung eine 2. Üblicherweise ist die zuerst genannte Mannschaft die Heimmannschaft. Daher wird ein Sieg dieser Mannschaft allgemein als Heimsieg bezeichnet. Bei einer Verlegung auf den Platz der zweitgenannten Mannschaft wäre eine 1 allerdings ein Sieg der Gastmannschaft.

Wie bei der Auswahlwette 6 aus 45 wird der jeweilige Spielplan von der Lotto-Toto-Gesellschaft rechtzeitig bekanntgegeben. Er liegt in den Annahmestellen aus und ist kostenlos erhältlich. Neben dem Endergebnis können auch Teilergebnisse z.B. Halbzeitergebnisse gewertet werden. Der früheste Austragungszeitpunkt eines zu wertenden Spiels ist der Samstag um 13.30 Uhr.

Für die Wertung eines Spiels gelten die gleichen Bedingungen wie bei der Auswahlwette 6 aus 45 (s. Kap. II). Eine Verlängerung oder ein evtl. notwendig werdendes Elfmeterschießen geht in die Wertung nicht ein. Es gilt also das Ergebnis nach Ablauf der regulären Spielzeit. Eine von der Sportbehörde nachträglich vorgenommene Änderung eines Spielergebnisses wird nicht berücksichtigt. Für Spiele die außerhalb des für die Ausspielung festgesetzten Zeitraums verlegt werden und für ausgefallene oder abgebrochene Spiele erfolgt eine Ersatzwertung durch eine Auslosung nach sportlichen Gesichtspunkten. Dazu werden im Spielplan bei jeder Spielpaarung aufgrund von Spielergebnissen aus der Vergangenheit Wahrscheinlichkeiten (Tendenzen) angegeben. Bei jeder Spielpaarung sind drei Zahlen mit der Summe 10 angebenen. 5 2 3 bedeutet, dass sich die Chancen für die Wertungen 1 bzw. 0 bzw. 2 wie 5 : 2 : 3 verhalten. Sie betragen daher der Reihe nach 50, 20 bzw. 30 Prozent. Falls schon vor Annahmeschluss bekannt ist, dass ein Spiel ausfällt, kann damit der statistische Vorteil ausgenutzt werden.

Der Spieleinsatz pro Tippreihe beträgt 1 DM für jede Veranstaltung. Auf dem Tippzettel befinden sich 12 Kästchen für die gleichen 11 Spielpaarungen.

In der Elferwette gibt es 3 **Gewinnklassen:**

Gewinnklasse I für Tippreihen mit 0 Fehlern (alle 11 Spiele richtig prognostiziert);

Gewinnklasse II für Tippreihen mit 1 Fehler (10 Spiele richtig);

Gewinnklasse III für Tippreihen mit 2 Fehlern (9 Spiele richtig).

Spiel	Gastgeber / 10-Jahres-Bilanz Gast	Letzte Ergebnisse		Amtliche Tendenz Unser Tip
1	**Hamburger SV** 5-3-2 **VfB Stuttgart**	Hertha BSC Bay. München W. Bremen W. Bremen	1:6 A 2:2 A 1:0 H 0:0 H	4 3 3 **0**
2	**W. Bremen** 6-0-2 **Schalke 04**	VfB Stuttgart VfB Stuttgart 1860 München A. Bielefeld	0:1 A 0:0 A 5:4 H 1:1 H	3 5 2 **0**
3	**B. Dortmund** 2-0-0 **VfL Wolfsburg**	B. M'gladbach Kaiserslautern MSV Duisburg 1860 München	2:0 A 0:1 A 1:6 A 2:1 H	5 3 2 **1**
4	**1860 München** 0-0-0 **SSV Ulm 1846**	Schalke 04 VfL Wolfsburg Greuth. Fürth SC Freiburg	4:5 H 1:2 A 0:0 H 1:1 H	6 3 1 **0**
5	**SC Freiburg** 3-0-1 **E. Frankfurt**	Nürnberg SSV Ulm 1846 Kaiserslautern Unterhaching	2:1 A 1:1 A 5:1 H 3:0 H	3 4 3 **1**
6	**H. Rostock** 2-1-1 **Kaiserslautern**	VfL Bochum Hertha BSC E. Frankfurt B. Dortmund	3:2 A 2:5 A 1:5 A 1:0 H	3 3 4 **2**
7	**B. Leverkusen** 5-1-4 **Bay. München**	Bay. München MSV Duisburg Leverkusen Hamburger SV	1:2 H 0:0 A 2:1 A 2:2 H	3 4 3 **0**
8	**TB Berlin** 1-0-0 **Karlsruher SC**	FSV Mainz 05 Hannover 96 1. FC Köln Unterhaching	3:0 A 3:2 A 3:1 H 1:1 A	4 3 3 **0**
9	**Fort. Köln** 5-0-3 **FSV Mainz 05**	FC Gütersloh E. Cottbus TB Berlin Kick. Offenbach	1:2 A 0:2 A 0:3 H 1:1 H	4 3 3 **1**
10	**B. M'gladbach** 0-0-0 **Hannover 96**	B. Dortmund Chemnitzer FC Wattenscheid TB Berlin	0:2 H 0:2 A 2:1 H 2:3 H	4 3 3 **1**
11	**Stgt. Kickers** 2-1-1 **FC St. Pauli**	FC St. Pauli A. Aachen Stgt. Kickers Greuth. Fürth	2:6 A 1:4 A 6:2 H 0:0 H	4 4 2 **1**

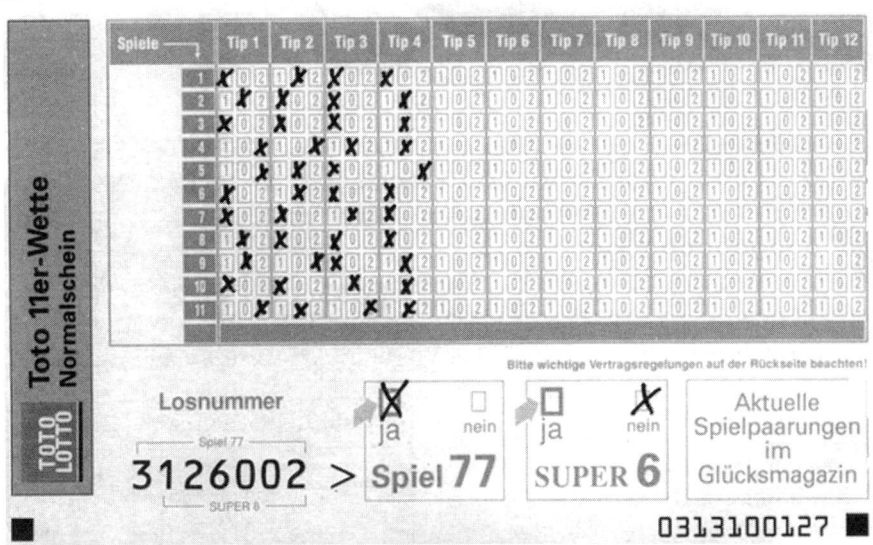

2. Gewinnchancen mit einer Tippreihe

2.1. Anzahl der möglichen Tippreihen

Für jedes einzelne Spiel gibt es drei Tippmöglichkeiten, nämlich 1, 0 oder 2. Daher gibt es für alle 11 Spiele zusammen zur Ausfüllung eines einzelnen Kästchens ingesamt

$$\underbrace{3 \cdot 3 \cdot 3 \cdot \ldots \cdot 3}_{11 \ \text{Faktoren}} = 3^{11} = 177\,147$$

verschiedene Tippmöglichkeiten.

2.2. Anzahl der Tippreihen in den einzelnen Gewinnklassen

Falls jemand alle 177 147 möglichen Tippreihen abgibt, so hat er einen einzigen Gewinn in Gewinnklasse I (11 Richtige).

Damit eine Reihe einen Gewinn in der Klasse II (10 Richtige) erzielt, darf in ihr nur ein einziges Spiel falsch prognostiziert sein. Zur Auswahl dieses nicht richtig getippten Spiels gibt es zunächst 11 Auswahlmöglichkeiten. Für jedes dieser 11 ausgewählten Spiele gibt es dann zwei Tippmöglichkeiten, die zum falschen Ergebnis führen. Falls der VfB Stuttgart zuhause gegen Bayern München verliert, ist 2 das richtige Ergebnis. Eine prognostizierte 1 bzw. 0 führt zur falschen Vorhersage. Daher gibt es insgesamt $11 \cdot 2 = 22$ verschiedene Tippreihen, die in der Klasse II gewinnen.

Für einen Gewinn in Klasse III dürfen zwei der 11 Spiele falsch getippt sein. Zur Auswahl von jeweils 2 solchen falsch prognostizierten Spielen gibt es

$$\binom{11}{2} = \frac{11 \cdot 10}{1 \cdot 2} = 55$$

Auswahlmöglichkeiten. Für jedes dieser beiden falsch getippten Spiele gibt es jeweils zwei Möglichkeiten zum Falschtippen, für beide Spiele zusammen also $2 \cdot 2 = 4$ Möglichkeiten. Damit gibt es $55 \cdot 4 = 220$ Tippreihen, die in Klasse III gewinnen.

Von allen möglichen Reihen gewinnen insgesamt nur $1 + 22 + 220 = 243$. Die restlichen $177\,147 - 243 = 176\,904$ Reihen erzielen keinen Gewinn. In der nachfolgenden Tabelle sind diese Werte nochmals zusammengestellt.

Gewinnklasse		Anzahl der Gewinne	Chance
Gewinnklasse I	(11 Richtige)	1	1 : 177 147
Gewinnklasse II	(10 Richtige)	22	1 : 8 052
Gewinnklasse III	(9 Richtige)	220	1 : 805
Gesamtanzahl der Gewinnreihen		243	1 : 729

Ich möchte nochmals ausdrücklich darauf hinweisen, dass die theoretischen Chancen nur bei zufälliger Auswahl der Tippreihen Gültigkeit haben können. Dann müssten bei jeder einzelnen Spielpaarung unabhängig von den Ergebnissen der anderen Spiele die Ergebnisse 1 bzw. 0 bzw. 2 jeweils die gleiche Chance haben. Dass dies nicht der Fall ist, ist sicherlich bekannt. Die Chance, dass man mit einer zufällig ausgewählten Tippreihe einen Gewinn in einer der drei Gewinnklassen erzielt, beträgt damit

$$243 : 177\,147, \quad \text{also ungefähr} \quad 1 : 729.$$

Viele Personen setzen beim Tippen ihren fußballerischen Sachverstand ein. Daher kann man bei der Elferwette noch deutlicher als bei der Auswahlwette 6 aus 45 feststellen, dass die Quoten bei Ergebnissen ohne eine einzige Überraschung meistens sehr niedrig sind, bei einigen Überraschungen unter den Spielergebnissen sind sie jedoch sehr hoch.

2.3. Fiktive Quoten

Wie bei der Auswahlwette 6 aus 45 nehmen wir an, alle Tippreihen werden zufällig ausgewählt. Dass das nicht der Fall ist, dürfte klar sein. Die theoretischen Quoten unter diesen Bedingungen nennen wir wieder fiktive Quoten. Zur Berechnung gehen wir davon aus, dass alle 177 147 möglichen Reihen jeweils genau einmal abgegeben werden. Von den 177 147 DM Einnahmen wird die Hälfte, also 88 573,50 DM, ausgeschüttet und zwar auf alle drei Gewinnklassen gleichmäßig verteilt. Dann erhält man folgende Werte

Gewinnklasse	Anteil Prozent	Ausschüttungs- betrag	Anzahl der Gewinne	fiktive Quote in DM
I 11 Richtige	33 1/3 %	29 524,50	1	29 524,50
II 10 Richtige	33 1/3 %	29 524,50	22	1 342,02
III 9 Richtige	33 1/3 %	29 524,50	220	134,20
Summe	100 %	88 573,50	243	

Die gleichen fiktiven Quoten erhält man, wenn alle Tippreihen gleich oft abgegeben würden. Weil die Tippreihen im allgemeinen nicht zufällig ausgewählt werden, sind die fiktiven Quoten nicht gleich den Quotenerwartungen. Die tatsächlichen Quoten werden von diesen fiktiven Quoten sehr stark abweichen, besonders in der Gewinnklasse I. Bei Spielausgängen mit sehr wenigen Überraschungen werden sie viel niedriger sein. Gibt es viele Überraschungen, so werden die Quoten erheblich höher liegen. Falls jemand die Reihen zufällig auswählt, wird er seltener gewinnen als die Fußballexperten. Dafür dürften allerdings im Falle eines Gewinnes die Quoten erheblich höher liegen. Man kann immer wieder feststellen, dass die Quoten oft in der Nähe dieser fiktiven Quoten liegen.

Am 5./6. Juni 1999 lautete die Gewinnreihe 2 1 1 2 2 1 2 0 1 1 1.
Dabei wurden 2 474 226 Tippreihen abgegeben (zu jeweils 1 DM). Die Gewinnquoten lauteten

Klasse I   (11 Spiele richtig prognostiziert) 126   ×   3 272,70 DM
Klasse II (10 Spiele richtig prognostiziert) 2 891 ×   142,60 DM
Klasse III (9 Spiele richtig prognostiziert) 27 736   ×   14,80 DM.

Die Quoten lagen erheblich unter den oben angegebenen fiktiven Quoten. Vermutlich hat es bei den 11 angesetzten Spielen kaum Überraschungen gegeben.

Auch am 14./15. August 1999 gab es sehr niedrige Quoten bei den Gewinnzahlen 1 0 0 0 1 0 1 1 2 1. Die Gewinnquoten lauteten

Klasse I   (11 Spiele richtig prognostiziert) 255   ×   2 260,70 DM
Klasse II (10 Spiele richtig prognostiziert) 4 680 ×   123,10 DM
Klasse III (9 Spiele richtig prognostiziert) 36 494   ×   15,70 DM.

Insgesamt wurden hier 3 359 009 Tippreihen abgegeben.

Am 12./13. Juni 1999 lautete die Gewinntippreihe 0 1 0 2 0 2 2 2 1 1 2.
Dabei wurden 2 759 612 Tippreihen abgegeben. Die Gewinnquoten lauteten

Klasse I   (11 Spiele richtig prognostiziert)   1 ×   459 935,30
Klasse II   (10 Spiele richtig prognostiziert) 96 ×   4 790,90
Klasse III (9 Spiele richtig prognostiziert) 1 547 ×   297,30 .

Hier gab es im Vergleich zu den fiktiven Quoten sehr hohe Quoten, ganz
besonders in den Klassen I und II. Dabei gab es in der Klasse I nur einen
einzigen Gewinn.

Falls in einer Gewinnreihe sehr oft das Ergebnis 1 auftritt, sind im allgemeinen die Quoten niedrig. Viele Unentschieden führen in der Regel zu
hohen Quoten.

3. Systemwetten

Von der Lotto-Toto-Gesellschaft sind Systemwetten zugelassen. Dabei
können auf dem gleichen 11er-Wette-Systemschein bis zu 6 voneinander
unabhängige Systemwetten gespielt werden. Bei den Systemwetten lässt
man für manche Spielpaarungen in allen Tippreihen nur den gleichen Spielausgang zu (Bank). Bei einem anderen Teil der Spielpaarungen werden nur
zwei verschiedene Spielausgänge (Zweiweg) zugelassen, während bei den
restlichen Spielpaarungen alle drei Ausgänge (Dreiweg) zugelassen werden.
Wie beim Zahlenlotto besteht das System aus allen möglichen Kombinationen dieser vorgegebenen Zahlen. Denn nur so ist gewährleistet, dass sich
bei richtiger Vorgabe der Banken und Zweiwege unter den Tippreihen des
Systems eine Tippreihe befindet, in der alle 11 Spielausgänge richtig getippt sind.

In einer **Bank** gibt man für alle möglichen Tippreihen für diese Spielpaarung den gleichen festen Tipp ab. Die entsprechende Zahl muss links
angekreuzt werden. Bei einer Bank besteht das größte Risiko, mit der Prognose falsch zu liegen. Von den drei theoretisch möglichen Spielergebnissen
hat man sich ja nur für ein einziges entschieden. In allen Tippreihen des
Systems wird für die durch eine Bank bestimmte Spielpaarung immer das
gleiche Ergebnis getippt. Bei einer 1-Bank steht in jeder Tippreihe an
dieser Stelle eine 1.

In einen **Zweiweg** lässt man zwei mögliche Spielausgänge zu. Von den drei
möglichen Spielausgängen wird also einer ausgeschlossen. Die beiden Tippzahlen müssen auf dem Systemzettel links angekreuzt sein. Um klarzustel-
len, dass es sich dabei um einen Zweiweg handelt, muss in dieser Zeile
rechts die Zahl 2 angekreuzt werden. Bei einem Zweiweg ist das Risiko

einer Fehlprognose nicht so groß wie bei einer Bank. Von den drei theoretisch möglichen Spielergebnissen sind ja zwei abgedeckt. Falls eine der beiden im Zweiweg ausgewählten Zahlen das tatsächliche Spielergebnis ist, wird erreicht, dass genau in der Hälfte der Tippreihen des Systems der richtige Spielausgang für diese Spielpaarung getippt ist. In der anderen Hälfte der Tippreihen des Systems steht ein falsches Spielergebnis. Falls beide in einem Zweiweg festgelegten Prognosen falsch sind, ist dieses Spiel in allen Tippreihen des Systems falsch getippt. Jeder Zweiweg erhöht die Anzahl der getippten Reihen um das Zweifache.

Bei einen **Dreiweg** lässt man alle drei möglichen Spielausgänge zu. Links müssen alle drei Zahlen 0, 1 und 2 und rechts die Zahl 3 angekreuzt werden. Bei einem Dreiweg geht man kein Risiko ein. In einem dritten Teil aller Tippreihen des Systems tritt dann - unabhängig vom Spielausgang - das richtige Spielergebnis auf. Jeder Dreiweg verdreifacht die Anzahl der gespielten Tippreihen.

Falls alle Banken und Zweiwege richtig vorhergesagt sind, gibt es genau eine Tippreihe im System, die einen Gewinn in der Klasse I erzielt.

Beispiel:
Bei dem nachfolgend aufgeführten Tipp sind die Spielpaarungen 3, 4, 5, 6, 8 und 10 Banken. Hier hat man sich in allen Tippreihen des Systems für die gleiche eindeutige Vorhersage entschieden. Bei den Spielpaarungen 1, 2 und 9 handelt es sich um Zweiwege. Spiel 1 ist ein 1-0-Zweiweg. Hier wird also mit einem Sieg der Heimmannschaft oder mit einem Unentschieden gerechnet. Mit dem 0-2-Zweiweg in der Spielpaarung 2 schließt man

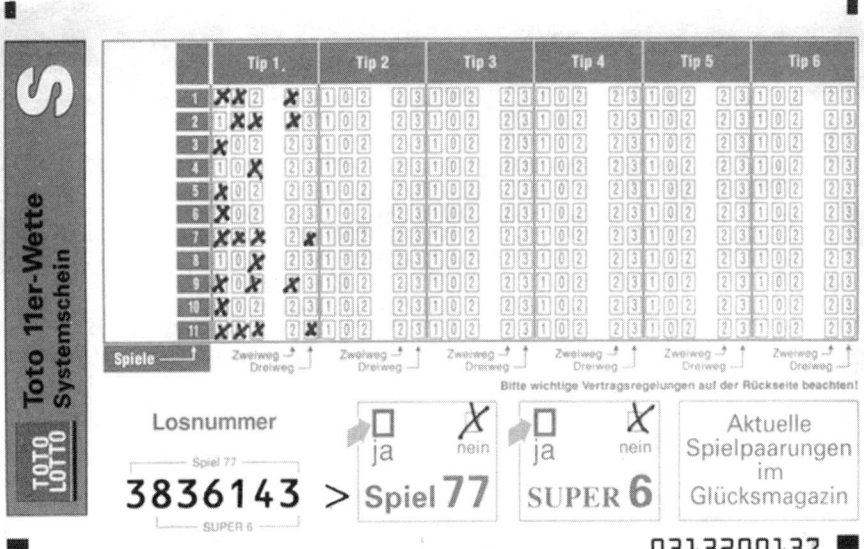

einen Sieg der Heimmannschaft aus. Im 1-2-Zweiweg der Spielpaarung 9
hält man ein Unentschieden kaum für möglich. Bei den Spielen 7 und 11
legt man sich mit dem Dreiweg auf kein Ergebnis fest. Hier lässt man den
Spielausgang völlig offen. Der Spieleinsatz richtet sich nach der Anzahl der
Zwei- und Dreiwege. Mit 2 Drei- und 3 Zweiwegen lautet die Anzahl der
getippten Reihen

$$2 \cdot 2 \cdot 2 \cdot 3 \cdot 3 = 2^3 \cdot 3^2 = 72.$$

Für dieses System muss der Teilnehmer insgesamt 72 DM zuzüglich der Bearbeitungsgebühr bezahlen. Er hat damit 72 verschiedene Tippreihen abgegeben. Wenn bei der Prognose kein Fehler gemacht wird, also alle Banken
und Zweiwege richtig prognostiziert werden, erhält man einen Gewinn in
Klasse I, 7 Gewinne in Klasse II und 19 Gewinne in Klasse III. Falls in der
Prognose mindestens drei Fehler sind, ist kein Gewinn erzielbar, da dann
nicht mehr 9 Richtige erreichbar sind. Die weiteren Gewinnmöglichkeiten
können der Tabelle auf Seite 90 mit $m = 3$ und $n = 2$ entnommen werden.

Da der **Höchsteinsatz** pro System auf DM 20 000 begrenzt ist, können nicht
beliebig viele Zwei- und Dreiwege getippt werden.

Es soll nun die Anzahl der Tippreihen und die Anzahl der Gewinne des
Systems in Abhängigkeit von der Anzahl der gewählten Zwei- und Dreiwege angegeben werden. Allgemein bestehe das System aus m Zweiwegen
und n Dreiwegen. Dabei sind m und n ganze Zahlen, die auch gleich 0 sein
können. Falls kein Zweiweg gewählt wird, ist $m = 0$ zu setzen. Wird kein
Dreiweg benutzt, so ist $n = 0$. Die restlichen $11 - m - n$ Spiele sind dann jeweils Banken. In dem oben aufgeführten Beispiel ist $m = 3$ (Zweiwege) und
$n = 2$ (Dreiwege) zu setzen. Die Anzahl der gespielten Reihen lautet allgemein

$$2^m \cdot 3^n \text{ mit den Potenzen } 2^m = \underbrace{2 \cdot 2 \cdot 2 \cdot \ldots \cdot 2}_{m \text{ Faktoren}} ; 3^n = \underbrace{3 \cdot 3 \cdot 3 \cdot \ldots \cdot 3}_{n \text{ Faktoren}}.$$

Für $m = 0$ bzw. $n = 0$ muss dabei $2^0 = 1$ bzw. $3^0 = 1$ gesetzt werden. Da
jede Tippreihe 1 DM kostet, muss für das System insgesamt $2^m \cdot 3^n$ DM
eingezahlt werden. Wegen des vorgegebenen Höchsteinsatzes darf dabei
$2^m \cdot 3^n$ nicht größer als 20 000 sein. Mit $m = 0$ Zweiwegen und $n = 9$ Dreiwegen kommt man am nächsten an den Höchsteinsatz heran mit einem Gesamteinsatz von $2^0 \cdot 3^9 = 1 \cdot 3^9 = 19\,683$ DM. Am zweitnächsten an den
Höchsteinsatz kommt das System mit $m = 3$ Zwei- und $n = 7$ Dreiwegen.
Der Gesamteinsatz beträgt hier $2^3 \cdot 3^7 = 8 \cdot 2\,187 = 17\,496$ DM. Alle möglichen zugelassenen Systeme findet man in dem Merkblatt System-Tabel-
len, das in jeder Annahmestelle kostenlos erhältlich ist.

Falls man einen 1 - 0 - Zweiweg wählt, das Ergebnis aber eine 2 ist, macht man einen *Zweiwegfehler*, wenn in einer 1 - Bank die Heimmannschaft nicht gewinnt, wird ein *Bankfehler* gemacht. Für einen Zweiwegfehler gibt es nur eine, für einen Bankfehler jeweils zwei (falsche) Tippmöglichkeiten. Bei einem Dreiweg gibt es keinen Fehler, weil hier ja immer das richtige Spielergebnis in einem dritten Teil der abgegebenen System - Reihen getippt ist.

Wie oft man mit einem System in den einzelnen Klassen gewinnt, hängt neben dem System von der Anzahl der Zweiweg- und Bankfehler ab. Bei mindestens 3 Fehlern ist kein Gewinn mehr möglich, weil dann höchstens 8 Richtige erreichbar sind.

Ohne Bank kann kein Bankfehler, bei einer Bank kann höchstens ein und bei zwei Banken können höchstens zwei Bankfehler gemacht werden. Das gleiche gilt für die Zweiwege. Wir wollen nun die jeweilige Anzahl der Gewinne in den einzelnen Klassen in Abhängigkeit von den Fehlern (falsche Prognosen) berechnen. Wenn die entsprechende Fehleranzahl gar nicht möglich ist, kann dieser Fall gar nicht eintreten. Falls jemand die Berechnung nicht interessiert, können diese Ausführungen überlesen und gleich das in der Tabelle auf Seite 90 zusammengestellte Ergebnis betrachtet werden. Wir gehen allgemein von m Zweiwegen und n Dreiwegen im System aus. Falls kein Zwei- bzw. Dreiweg im System vorkommt, muss $m = 0$ bzw. $n = 0$ gesetzt werden. Die restlichen $11 - m - n$ Spiele sind dann Banken.

1. Fall: keine Fehler, alle Banken und Zweiwege richtig prognostiziert:

Falls alle Banken und Zweiwege richtig prognostiziert wurden, gibt es im System genau eine Tippreihe mit 11 Richtigen, also einen Gewinn in Klasse I.

Damit eine Tippreihe des Systems in Klasse II gewinnt, kann entweder für einen Zwei- oder einen Dreiweg das falsche Spielergebnis in der Tippreihe getippt sein. Da in einem Zweiweg immer nur zwei mögliche Spielergebnisse aufgenommen werden, von denen eines richtig und eines falsch ist, gibt es m Tippreihen im System, bei denen die Ergebnisse in den durch die Dreiwege bestimmten Spiele richtig sind und bei den durch die Zweiwege bestimmten Spiele genau eines falsch getippt ist. Die Banken wurden in diesem Fall ja immer als richtig vorausgesetzt. Bei jedem Dreiweg ist einmal das richtige Ergebnis und zweimal ein falsches Ergebnis enthalten. Daher gibt es $2n$ Tippreihen im System, bei denen in den Spielen für die Zweiwege immer das richtige Ergebnis und bei den Spielen für die Dreiwege nur einmal das falsche Ergebnis steht. Daher gibt es insgesamt $m + 2n$ Reihen mit 10 Richtigen im System.

Bei nur 9 Richtigen in einer Reihe kann das falsche Tippergebnis durch die beiden falschen Tippzahlen a) in 2 Zweiwegen, b) in 2 Dreiwegen oder c) in einem Zwei- und einem Dreiweg zustande kommen. Bei den restlichen 9 Spielen müssen dann jeweils die richtigen Spielausgänge getippt sein. Wir wollen nun die Anzahl der Tippreihen aus a), b) und c) bestimmen.

a) Für die Auswahl von 2 aus den m Zweiwegspielen, bei denen jeweils die getippte Zahl falsch ist, gibt es

$$\binom{m}{2} = \frac{m \cdot (m-1)}{1 \cdot 2} = \frac{m \cdot (m-1)}{2}$$

Auswahlmöglichkeiten. Da in beiden dieser ausgewählten Reihen die getippte Zahl falsch sein muss, gibt es in diesen Zweiwegspielen jeweils nur eine Möglichkeit, die beiden Spiele falsch zu tippen, nämlich jedesmal die falsche Zahl des Zweiweges. Daher gibt es $\frac{m \cdot (m-1)}{2}$ Tippreihen im System, bei denen die Ergebnisse aller Dreiwegspiele richtig und genau zwei der Zweiwegspiele falsch getippt sind. Die Banken sind ja nach Voraussetzung alle richtig.

b) Für die Auswahl von 2 aus den n Dreiwegspielen, bei denen die getippte Zahl falsch ist, gibt es

$$\binom{n}{2} = \frac{n \cdot (n-1)}{1 \cdot 2} = \frac{n \cdot (n-1)}{2}$$

Auswahlmöglichkeiten. Bei einem Dreiwegspiel ist jeder Spielausgang einmal richtig und zweimal falsch getippt. Damit gibt es für jede der ausgewählten zwei Dreiwegspiele jeweils zwei Möglichkeiten, für beide Spiele zusammen also $2 \cdot 2 = 4$ Möglichkeiten für den falschen Tipp. Daher gibt es insgesamt

$$4 \cdot \frac{n \cdot (n-1)}{2} = 2 \cdot n \cdot (n-1)$$

verschiedene Reihen, bei denen alle n Zweiwegspiele richtig und zwei der m Dreiwegspiele falsch getippt sind.

c) Für die Auswahl von einem Zwei- und einem Dreiwegspiel, in denen der Tipp falsch ist, gibt es insgesamt $n \cdot m$ Möglichkeiten. In dem Zweiwegspiel gibt es nur eine Möglichkeit für den falschen Tipp, im Dreiwegspiel gibt es 2 Möglichkeiten für den falschen Tipp. Damit gibt es insgesamt $2 \cdot m \cdot n$ Tippreihen im System, bei denen jeweils in einem Zwei- und einem Dreiwegspiel eine falsche Tippzahl steht, die anderen 9 Spiele aber richtig getippt sind.

Addition der in a), b) und c) berechneten Fälle ergibt die Anzahl der Tippreihen des Systems, die in Klasse III gewinnen, als

$$\frac{m \cdot (m-1)}{2} + 2 \cdot n \cdot (n-1) + 2 \cdot m \cdot n.$$

2. Fall: 1 Bankfehler, eine Bank falsch, alle Zweiwege richtig:

Falls eine einzige Bank falsch und alle Zweiwege richtig prognostiziert sind, gibt es keinen Gewinn in Klasse I. Eine einzige Tippreihe gewinnt dann in Klasse II (10 Richtige). Damit eine Tippreihe in Klasse III (9 Richtige) gewinnt, darf entweder in einem Zweiwegspiel oder in einem Dreiwegspiel die Tippzahl falsch sein. Für jedes der m Zweiwegspiele gibt es dazu jeweils nur eine einzige Möglichkeit, für jedes der n Dreiwegspiele jeweils 2 Möglichkeiten. Damit gibt es in diesem Fall insgesamt m + 2n Tippreihen im System, die in Klasse III gewinnen.

3. Fall: 1 Zweiwegfehler, alle Banken richtig, 1 Zweiweg falsch:

Bei dem Spiel mit dem Zweiwegfehler steht jeweils in der Hälfte der Tippreihen eine der beiden falsch prognostizierten Zweiwegzahlen. Damit gibt es keinen Gewinn in Klasse I. Es gibt zwei Tippreihen, in denen die Ausgänge der restlichen 10 Spiele richtig getippt wurden, jeweils eine mit einer der beiden falschen Zweiwegzahlen. Daher gibt es in diesem Fall 2 Gewinne in Klasse II. Alle Tippreihen, in denen außer diesem Zweiwegfehler eine weitere Zahl falsch getippt ist, gewinnen in Klasse III (9 Richtige). Das kann einmal eines von den restlichen m − 1 Zweiwegspielen sein, in dem jeweils eine der beiden falschen Tippzahlen des Zweiwegfehlers steht. Dafür gibt es m − 1 verschiedene Möglichkeiten. Jede dieser Möglichkeiten steht aber jeweils mit beiden falsch getippten Zweiwegzahlen in Verbindung. Daher git es 2 · (m − 1) = 2m − 2 verschiedene Tippreihen, bei denen in einem weiteren Zweiwegspiel die falsche Gewinnzahl getippt wurde und die übrigen 9 Spiele richtig getippt wurden. Man kann aber auch von den n Dreiwegspielen eines auswählen, dessen getippte Zahl mit dem Ausgang des Spiels nicht übereinstimmt. Bei jedem dieser n Spiele gibt es zwei Tippmöglichkeiten. Zusätzlich gibt es noch jeweils 2 Tippmöglichkeiten in dem Spiel mit dem Zweiwegfehler. Insgesamt gibt es dann 4n Tippreihen, wobei neben dem Spiel mit dem Zweiwegfehler in den Dreiwegspielen nicht das richtige Spielergebnis getippt ist. Insgesamt gibt es daher in diesem Fall 2m + 4n − 2 Tippreihen, die in Klasse III gewinnen.

4. Fall: 2 Zweiwegfehler, alle Banken richtig:

Bei 2 Zweiwegfehlern gibt es weder einen Gewinn in Klasse I noch in Klasse III. Damit eine der Tippreihen in Klasse III (9 Richtige) gewinnt, müssen die übrigen Ergebnisse alle richtig in der Reihe stehen. Für diese restliche Auswahl gibt es nur eine Möglichkeiten. Bei jedem der 2 Spielen mit den Zweiwegfehlern gibt es jeweils 2 Möglichkeiten, nämlich jede der falschen Zahlen im Zweiwegsystem. Daher tritt jede Reihe, bei der die anderen 9 Spiele richtig getippt wurden, viermal auf. Es gewinnen also 4 Tippreihen in Klasse III.

5. Fall: 2 Bankfehler, alle Zweiwege richtig:

Bei 2 Bankenfehler gibt es nur eine einzige Tippreihe, die in Klasse III gewinnt, nämlich die Tippreihe des Systems, in der in allen anderen 9 Spielpaarungen das richtige Spielergebnis steht.

6. Fall: 1 Bankfehler und 1 Zweiwegfehler:

Bei einem Bank- und einem Zweiwegfehler müssen die Ausgänge der übrigen Spiele in den Tippreihen richtig getippt sein, damit ein Gewinn erzielbar ist. Diese eine Auswahl erscheint in den Tippreihen jedoch zweimal, jeweils mit der falschen Tippzahl für das Spiel mit dem Zweiwegfehler. Daher gibt es in diesem Fall zwei Gewinne in Klasse III.

Zusammenfassung

Fehler- falsche Prognose	Klasse I	Klasse II	Anzahl der Gewinne Klasse III
kein Fehler	1	$m + 2n$	$\dfrac{m \cdot (m-1)}{2} + 2 \cdot n \cdot (n-1) + 2 \cdot m \cdot n$
1 Bankfehler	–	1	$m + 2n$
1 Zweiwegfehler	–	2	$2m + 4n - 2$
2 Zweiwegfehler	–	–	4
2 Bankfehler	–	–	1
1 Zweiwegfehler und 1 Bankfehler	–	–	2

Kapitel 4
ODDSET-Kombiwette (Sportwette)

1. Spielregeln

Nachdem die ODDSET-Kombiwette in Bayern seit Anfang des Jahres 1999 angeboten wurde, kamen bis Ende August 1999 die Bundesländer Rheinland-Pfalz, Berlin, Baden-Württemberg, Saarland und Hessen dazu. Es ist damit zu rechnen, dass sich die übrigen Bundesländer sehr schnell anschließen werden. Bei dieser Sportwette sind feste Quoten garantiert. Daher kann der Fall eintreten, dass in einer Veranstaltung die Ausschüttungssumme höher ist als die gesamten Spieleinnahmen für diese Veranstaltung. Aus diesem Grund müssen die Bundesländer zuerst die gesetzlichen Voraussetzungen für diese Wette schaffen.

Eine Veranstaltung dieser Wette findet in der Regel wöchentlich vom Dienstag bis zum darauffolgenden Montag statt. Für jede solche Wettrunde wird jeweils dienstags in den Toto-Lotto-Annahmestellen, im Internet, z. Zt. unter http://www.oddset.de, oder im Videotext der Spielplan bekannt gegeben. Er besteht aus bis zu 90 Sportereignissen (Spiele, Wettkämpfe) aus verschiedenen Sportarten in ganz Europa. Darunter werden die Spiele der 1. und 2. Fußball-Bundesliga sowie Begegnungen aus anderen europäischen Ligen zum Tippen angeboten. Aus dem Fußball sind auch Pokalspiele, Turniere und Spiele aus den Regionalligen dabei. Es werden aber auch andere Sportarten aufgenommen, z. B. Handball oder Tennis. Der Spielplan ist so gestaltet, dass an jedem Tag der Wettrunde mindestens drei Spiele vorgesehen sind. Daher können außer sonntags täglich bis eine Stunde vor Spielbeginn Wetten abgegeben werden. Gewinne bis zu 1000 DM können ab dem 2. Werktag nach dem letzten Spiel gegen Rückgabe der Spielquittung in allen Verkaufsstellen abgeholt werden. Sie stehen in den Verkaufsstellen bis zum Annahmeschluss der 13. Veranstaltung nach dem letzten Tag der Wettrunde zur Abholung bereit. Für Gewinne über 1000 DM muss innerhalb von 13 Wochen an die Gesellschaft eine Gewinnanforderung gestellt werden. Die Formulare dazu sind in den Verkaufsstellen erhältlich. Die Auszahlung erfolgt dann durch die Gesellschaft.

2. Tippmöglichkeiten und Gewinnchancen eines Kombi - Tipps

2.1. Tippmöglichkeiten

Aus den im Spielplan aufgeführten, noch nicht stattgefundenen Spielen können zum Tippen mindestens 3 bis maximal 10 Begegnungen ausgewählt werden. Bei jedem Spiel gibt es wie beim Fußball - Toto (s. Kap. III) drei Tippmöglichkeiten:

> 1   bedeutet ein Sieg der erstgenannten Mannschaft (Person)
>
> 0   bedeutet ein unentschiedenes Ergebnis
>
> 2   bedeutet ein Sieg der zweitgenannten Mannschaft (Person).

Da bei Fußballspielen im allgemeinen die erstgenannte Mannschaft die Platzmannschaft ist, kann dieser Heimvorteil bei der Prognose ausgenutzt werden. Bei jeder einzelnen Paarung sind für jeden der drei möglichen Spielausgänge Quoten (Faktoren) angegeben. Bei dem Bundesligaspiel Bor. Dortmund − VfL Wolfsburg, das am 21.08.1999 stattfand, ergab das Spielergebnis 1 die Quote 1,30, das Spielergebnis 0 die Quote 3,40 und das Ergebnis 2 die Quote 5,40. An den Quoten merken Sie, dass Dortmund Favorit war.

Di 17.08. 18:30 BELPOK	1	SK Beveren	Mouscron	2,55	2,85	2,00	
19:00 FRA 2	2	FC 56 Lorient	FC Toulouse	1,80	2,85	2,95	
19:00 FRA 2	3	FC Sochaux	Chateauroux	1,35	3,20	5,10	
19:00 FRA 2	4	Caen	Le Mans	1,75	2,85	3,10	
19:30 FREUND	5	AC Mailand	Juventus Turin	1,80	2,85	2,95	
Mi 18.08. 17:30 REGVSW	6	SpVgg Elversberg	FC Gütersloh	2,95	2,85	1,80	
18:00 FREUND	7	Schweden	Österreich	1,35	3,20	5,10	
18:15 FREUND	8	Dänemark	Holland	2,35	2,90	2,10	
18:15 FREUND	9	Norwegen	Türkei	1,50	3,00	4,00	
18:30 REGVSW	10	KFC Uerdingen	1. FC Saarbrücken	2,15	2,90	2,30	
18:30 REGVSW	11	Fort. Düsseldorf	Wattenscheid 09	1,90	2,85	2,90	
19:00 EMQUAL	12	Slowenien	Albanien	1,20	4,00	6,00	
19:00 FREUND	13	Belgien	Finnland	1,45	3,00	4,45	
19:15 FREUND	14	Tschechien	Schweiz	1,40	3,10	4,70	
19:30 EMQUAL	15	Jugoslawien	Kroatien	1,65	2,90	3,35	
19:30 FREUND	16	Nordirland	Frankreich	4,00	3,00	1,50	
Do 19.08. 18:00 DK 2	17	B 1909 Odense	B 93 Kopenhagen	2,80	2,85	1,85	
18:00 DK 2	18	Fremad Amager	Hvidovre IF	1,90	2,80	2,75	
18:00 DK 2	19	Svendborg fB	Randers Freja	1,90	2,90	2,65	
18:00 DK 2	20	FC Fredericia	FC Midtjylland	4,00	3,00	1,50	
Fr 20.08. 17:30 REG S	21	FSV Frankfurt	Darmstadt 98	1,85	2,85	2,80	
18:00 2.BL	22	Waldhof Mannheim	Chemnitzer FC	1,70	2,90	3,20	
18:00 2.BL	23	VfL Bochum	Alem. Aachen	1,40	3,10	4,70	
18:00 2.BL	24	Greuther Fürth	1. FC Köln	2,15	2,85	2,35	
18:00 REG S	25	Bayern München A	1860 München A	1,70	2,90	3,20	
18:00 REG S	26	VfB Aalen	VfR Mannheim	2,05	2,85	2,45	
18:00 REG NO	27	Dynamo Dresden	FC CZ Jena	1,80	2,80	3,00	
18:00 REG NO	28	1. FC Magdeburg	VfB Leipzig	2,25	2,90	2,20	
18:30 1.BL	29	SpVgg Unterhaching	MSV Duisburg	2,20	2,90	2,25	
18:30 CH	30	Servette Genf	Yverdon-Sports	1,35	3,25	5,00	
Fr 20.08. 18:30 REG N	31	TuS Celle FC	SV Meppen	1,85	2,85	2,80	
19:00 1.BL	32	Arm. Bielefeld	Hertha BSC Berlin	2,35	2,85	2,15	
19:00 FRA	33	FC Metz	Olympique Lyon	2,10	2,85	2,40	
19:00 FRA	34	Paris SG	AJ Auxerre	1,20	4,00	6,00	
19:00 FRA	35	AC Le Havre	CS Sedan	1,60	2,90	3,60	
19:00 FRA	36	AS St. Etienne	AS Nancy	1,60	2,90	3,60	
19:00 FRA	37	SC Montpellier	AS Monaco	2,20	2,90	2,25	
19:00 FRA	38	AC Troyes	Racing Straßburg	2,55	2,85	2,00	
19:00 FRA	39	Stade Rennes	Gir. Bordeaux	2,20	2,90	2,25	
19:00 NL	40	MVV Maastricht	Ajax Amsterdam	4,45	3,00	1,45	
Sa 21.08. 14:00 REG S	41	SSV Reutlingen	Karlsruher SC A	1,40	3,10	4,70	
14:30 1.BL	42	Hamburger SV	VfB Stuttgart	1,65	2,90	3,35	
14:30 1.BL	43	SV Werder Bremen	FC Schalke 04	1,85	2,85	2,80	
14:30 1.BL	44	Bor. Dortmund	VfL Wolfsburg	1,30	3,40	5,40	
14:30 1.BL	45	1860 München	SSV Ulm 1846	1,45	3,00	4,45	
14:30 1.BL	46	SC Freiburg	Eintracht Frankfurt	2,10	2,85	2,40	
14:30 2.BL	47	TB Berlin	Karlsruher SC	1,60	2,90	3,60	
15:00 ENG	48	FC Chelsea	Aston Villa	1,50	3,00	4,00	
15:00 ENG	49	Coventry City	Derby County	2,10	2,85	2,40	
15:00 ENG	50	FC Everton	FC Southampton	1,70	2,85	3,25	
15:00 ENG	51	FC Middlesbrough	FC Liverpool	2,20	2,90	2,25	
15:00 ENG	52	Newcastle United	FC Wimbledon	1,70	2,90	3,20	
15:00 ENG	53	Sheffield Wed.	Tottenham Hotspur	2,30	2,90	2,15	
15:00 ENG	54	FC Watford	Bradford City	2,05	2,85	2,45	
15:00 ENG	55	West Ham Utd.	Leicester City	1,85	2,85	3,45	
15:00 ENG	56	Leeds United	FC Sunderland	1,45	3,00	4,45	
15:45 ITA SC	57	AC Mailand	AC Parma	1,65	2,85	3,45	
15:45 SPA	58	FC Valencia	RC Santander	1,20	4,00	6,00	
15:45 SPA	59	Athletic Bilbao	Betis Sevilla	1,70	2,90	3,20	
15:45 SPA	60	RCD Mallorca	Real Madrid	2,25	2,80	2,25	

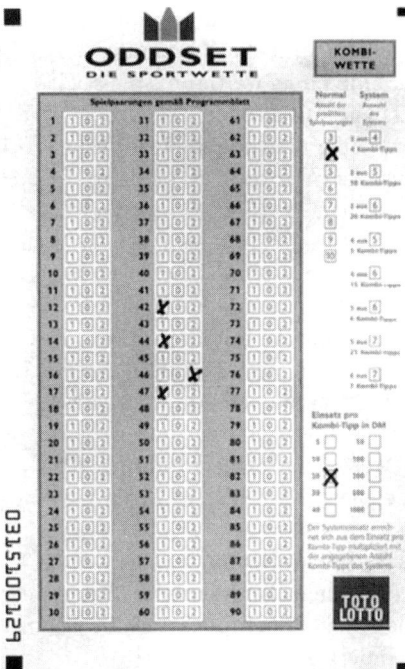

In den Spielnummern der ausgewählten Begegnungen müssen auf dem Spielschein jeweils eine 1,0 oder 2 eingetragen werden. Zusätzlich muß die Anzahl der gewählten Spielpaaarungen auf der rechten Seite des Scheines in der Spalte „Normal" eingetragen werden. Folgende Spieleinsätze (in DM) sind möglich 5 ; 10 ; 20 ; 30 ; 40 ; 50 ; 100 ; 200 ; 500 ; 1 000. Der Einsatz muss rechts unten auf dem Spielschein angekreuzt werden. Hinzu kommt noch eine Bearbeitungsgebühr von 1 DM.

2.2. Gewinnberechnung (Auszahlung)

Einen Gewinn erzielt man nur, wenn sämtliche Spielausgänge der 3 bis 10 ausgewählten Spielpaarungen ohne Ausnahme richtig vorhergesagt (getippt) sind. Bei mindestens einem falschen Tipp in der Kombi-Tippreihe gibt es keinen Gewinn. Die Höhe eines eventuellen Gewinns kann schon vor Abgabe des Spielscheins berechnet werden. Dazu wird für den abgegebenen Tipp die Gesamtquote berechnet. Die Gesamtquote ist das Produkt aller getippten Quoten. Sie wird auf zwei Dezimalen nach dem Komma gerundet. Multiplikation des Spieleinsatzes mit dieser Gesamtquote ergibt den Gewinn (Auszahlung), falls alle Spielergebnisse der ausgewählten Spiel-

paarungen richtig getippt sind. Man kann verschiedene Gesamtquoten berechnen und die Tippentscheidung davon abhängig machen. Durch Hinzunahme eines weiteren Spiels wird die Gesamtquote, also die Auszahlung im
Gewinnfall größer. Natürlich wird mit wachsender Anzahl der ausgewählten Spielpaarungen das Verlustrisiko größer. Die größte Chance hat man
bei der Auswahl von nur drei Spielen. Dabei könnte jemand auf die Idee
kommen, zusätzlich noch ein weiteres Spiel hinzuzunehmen, dessen Ausgang für ihn mit sehr großer Sicherheit feststeht. Wenn es in diesem Spiel
tatsächlich keine Überraschung gibt und die anderen drei Ergebnisse richtig getippt sind, kann durch die Hinzunahme dieses „sicheren" Spiels die
Gewinnquote erhöht werden. Doch stellen Sie sich vor, Sie hätten alle drei
von Ihnen ausgewählten Spiele richtig getippt und zur Gewinnerhöhung
ein Spiel dazugenommen, dessen Ausgang für Sie wegen der Papierform
der beiden Mannschaften klar war. Falls es dann in diesem Spiel eine
„faustdicke" Überraschung gibt, haben Sie sich durch die Hinzunahme des
„sichern" Spiels um Ihren Gewinn gebracht.

2.3. Spielquittung

Nach dem Einlesen des Spielscheins und der Übertragung der Daten an
den Zentralcomputer erhält der Spieler eine Spielquittung. Darin sind folgende Daten aufgeführt:

— alle getippten Spiele mit den dazugehörigen Voraussagen und Quoten

— die Gesamtquote des Kombi - Tipps

— der Zeitraum der Spieltage

— der Spieleinsatz inklusiv der Bearbeitungsgebühr

— die von der Zentrale vergebene Spielquittungsnummer.

2.4. Beispiel:

Aus dem Spielplan vom 17. − 23.08.1999 entscheide sich ein Spieler für die
am Samstag, den 21.08.1999, auf dem Plan aufgeführten Spiele mit den angegebenen Quoten

Abgabeschluss	Nr.	Begegnung		1	0	2
14:30	42	Hamburger SV	VfB Stuttgart	1,65	2,90	3,35
14:30	44	Bor. Dortmund	VfL Wolfsburg	1,30	3,40	5,40
14:30	47	TB Berlin	Karlsruher SC	1,60	2,90	3,60

In allen drei Spielen ist die Heimmannschaft Favorit. Ein Spieler setze jeweils auf einen Sieg der Heimmannschaft und tippt für alle Spiele eine 1.
Dabei setzt er 10 DM ein. Auf dem Tippzettel muss er in den Spielen mit

den Nummern 42, 44 und 47 jeweils eine 1 tippen. Ferner muss der Spieleinsatz von 10 DM auf dem Spielschein gekennzeichnet werden. Der Tippzettel wird über das Online-System eingelesen und an den Zentralcomputer weitergeleitet. Nach dem Einlesen wird eine Spielquittung ausgestellt, auf dem die getippten Spielpaarungen mit den jeweiligen getippten
Quoten sowie der Spieleinsatz aufgeführt sind. Falls alle drei Spielergebnisse richtig getippt sind, wird zur Gewinnberechnung der Einsatz mit der

$$\text{Gesamtquote } 1{,}65 \cdot 1{,}30 \cdot 1{,}60 = 3{,}43 \text{ (gerundet)}$$

multipliziert. Falls alle drei Ergebnisse richtig getippt sind, wird das 3,43-
fache des Einsatzes, also $10 \cdot 3{,}43 = 34{,}30$ DM ausgezahlt. Auch die Gesamtquote ist bereits auf der Spielquittung ausgedruckt.

2.5. Höchstgewinn

Die maximale Gesamtquote eines Kombi-Tipps ist auf 1 000 festgelegt.
Falls durch die getippten Quoten die Gesamtquote größer als 1 000 ist,
wird der Tipp durch das Lesegerät nicht angenommen. Der Tipp ist dann
nicht zulässig. Wenn jemand vier Spiele auswählt mit der jeweiligen Quote
6, so ist die Gesamtquote $6 \cdot 6 \cdot 6 \cdot 6 = 1\,296$ bereits größer als 1 000. Ein solcher Tipp ist nicht zulässig. Die Annahme wird durch das Lesegerät verwei-
gert.
Der maximal erzielbare und auszuzahlende Gewinn für einen Kombi-Tipp
sowie für einen Spielschein beträgt 100 000 DM. Tipps, bei denen diese
Grenze überschritten würde, werden vom Lesegerät nicht angenommen.

Falls Sie mit Ihrem Tipp den zulässigen Höchstgewinn überschreiten würden, müssen Sie einen neuen Tipp zusammenstellen.

2.6. Wertung der Spiele

Maßgebend für die Wertung eines Spieles ist das am Ende der regulären
Spielzeit vorliegende Ergebnis. Eine Verlängerung der Spielzeit oder andere
Verfahren zur Entscheidungsfindung werden bei der Wertung nicht berück-
sichtigt, wie z. B. ein eventuelles Elfmeterschießen beim Fußball. Wird ein
Spiel wiederholt oder wird das Ergebnis nachträglich durch eine Sportbe-
hörde geändert, so wird das erste Spiel (Ergebnis) gewertet.

Für Spiele, die nicht stattfinden, abgebrochen, ausgelost, in eine andere
Wettrunde verlegt werden, oder für die am folgenden Tag bis 8 Uhr Vor-
mittag nach der Wettrunde noch kein Ergebnis vorliegt, werden alle
Quoten generell auf 1,00 gesetzt. Mit dieser Quote wird die Wertung so
vorgenommen, dass in allen Tippreihen unabhängig vom getippten Ergebnis das Ergebnis richtig vorausgesagt ist. Praktisch bedeutet das die An-
nulierung des Spiels. Die Gewinne werden also so berechnet, als ob dieses

Spiel gar nicht getippt worden wäre. Falls ein Kombi - Tipp dadurch weniger als zwei Spiele enthält, deren Quoten nicht auf 1,00 gesetzt wurden, wird der auf diesen Kombi - Tipp eingesetzte Spieleinsatz zurückgezahlt. Der Grund dafür ist die Tatsache, dass Einzelwetten nicht möglich sind.

2.7. Festsetzung (Berechnung) der 3 Quoten eines Spiels

Bei allen angegebenen Quoten kann man feststellten, dass die Summe der reziproken Werte, also die Summe der drei Brüche $\frac{1}{\text{Quote}}$ ungefähr gleich 1,25 ist. Als Beispiel nehmen wir die in Abschnitt 2.4 aufgeführte Begegnung Hamburger SV gegen den VfB Stuttgart. Hier erhält man die Summe

$$\frac{1}{1,65} + \frac{1}{2,90} + \frac{1}{3,35} = 1,2494.$$

Aus den nachfolgenden Überlegungen kann geschlossen werden, dass diese Summe eigentlich immer 1,25 sein sollte. Die Abweichungen kommen dadurch zustande, dass die berechneten Quoten eines jeden Spiels auf ganze 5 Pfennige gerundet werden. Zur Berechnung der Quoten benutzt man die Wahrscheinlichkeitsrechnung bzw. Statistik.

Ich bin fast sicher, herausgefunden zu haben wie die Quoten bestimmt werden: Für jede einzelne Spielpaarung werden aufgrund von Leistungen aus der unmittelbaren Vergangenheit der am Spiel beteiligten Mannschaften (Personen) Wahrscheinlichkeiten dafür angegeben, dass die Wertung des Spiels eine 1 (Sieg der Heimmannschaft), eine 0 (unentschieden) oder eine 2 (Sieg der Gastmannschaft) wird. Diese drei Wahrscheinlichkeiten addieren sich zu Eins. Solche Wahrscheinlichkeiten werden bei den Spielen der 11 er Wette und der Auswahlwette 6 aus 45 durch die angegebene Tendenz bereits benutzt. Allerdings sind in der Tendenz nur ganzzahlige Werte angegeben. Für das Spiel Hamburger SV gegen den VfB Stuttgart findet man im Spielplan die Tendenz 4 3 3. Die Chancen für die Spielausgänge 1, 0, 2 werden dort mit 4 : 3 : 3 angegeben. Division der drei angegebenen Zahlen durch 10 ergibt die Wahrscheinlichkeiten 0,4 ; 0,3 und 0,3. Aus der Tendenz erhält man allgemein nach Division der einzelnen Werte durch die Zahl 10 die Wahrscheinlichkeiten, bei denen nach dem Komma nur eine einzige Stelle auftritt. Falls das Spiel ausfällt oder abgebrochen wird, wird mit diesen Wahrscheinlichkeiten für die 11er Wette und für die Auswahlwette 6 aus 45 eine Ersatzwertung ausgelost. Wir werden bald feststellen, dass bei der ODDSET - Kombiwette diese Wahrscheinlichkeiten genauer angegeben werden. Denn diese Wahrscheinlichkeiten bestimmen letztendlich die Ausschüttungsquote (Anteil der Ausschüttung vom gesamten Spieleinsatz).

Wir nehmen allgemein an, in einer Spielpaarung sei p_1 die Wahrscheinlichkeit für das Ergebnis 1 (Heimsieg), p_0 die Wahrscheinlichkeit für das Ergebnis 0 (unentschieden) und p_2 die Wahrscheinlichkeit für das Ergebnis 2 (Auswärtssieg). Diese Wahrscheinlichkeiten sind aus früheren Leistungen der beteiligten Mannschaften bestimmt worden. Es handelt sich um drei Zahlen, die alle größer als 0 sind mit der Summe $p_1 + p_0 + p_2 = 1$. Die einzelnen Quoten bezeichnen wir der Reihe nach mit q_1 für eine 1, q_0 für eine 0 und q_2 für eine 2. Je kleiner eine Wahrscheinlichkeit ist, umso größer muss wohl die festgelegte Quote sein. Wir gehen davon aus, dass jeder Spieler bei einem Einzelspiel immer eine Einheit 1 E setzt, z. B. 1 E = 10 DM. Falls ein Spieler bei einem Einzelspiel eine 1 tippt, erhält er im Gewinnfall q_1 Einheiten ausgezahlt. Die Wahrscheinlichkeit für den Gewinn ist p_1. Dann beträgt die Gewinnerwartung für den Spieler $q_1 \cdot p_1$ Einheiten. Falls er eine Einheit auf 0 setzt, lautet die Gewinnerwartung (mittlerer Gewinn) $q_0 \cdot p_0$, bei einem Einsatz auf 2 lautet die Gewinnerwartung $q \cdot p_2$. Wir können wohl davon ausgehen, dass die Quoten so festgelegt werden, dass alle drei Gewinnerwartungen gleich groß sind. Da uns der genaue Wert noch nicht bekannt ist, setzen wir für die Gewinnerwartung eine Konstante an, die wir einfach c nennen. Natürlich muss c kleiner als 1 sein, denn sonst wäre die Gewinnerwartung für den Spieler ja größer als der Einsatz. Der Zusammenhang zwischen den Quoten und Wahrscheinlichkeiten sind also gegeben durch

$$q_1 \cdot p_1 = c; \quad q_0 \cdot p_0 = c; \quad q_2 \cdot p_2 = c. \tag{$*$}$$

Die drei Quoten und Wahrscheinlichkeiten sind jeweils zueinander umgekehrt proportional. Falls einer der beiden Werte (Faktoren) vergrößert wird, so wird der andere kleiner und umgekehrt. Division durch die einzelnen (zunächst noch unbekannten) Quoten ergibt

$$p_1 = \frac{c}{q_1}; \quad p_0 = \frac{c}{q_0}; \quad p_2 = \frac{c}{q_2}.$$

Da die Summe aller drei Wahrscheinlichkeiten gleich Eins sein muss, erhält man hieraus

$$1 = p_1 + p_0 + p_2 = \frac{c}{q_1} + \frac{c}{q_0} + \frac{c}{q_2} = c \cdot \left(\frac{1}{q_1} + \frac{1}{q_0} + \frac{1}{q_2} \right).$$

Wir haben aber bereits entdeckt, dass $\frac{1}{q_1} + \frac{1}{q_0} + \frac{1}{q_2} = 1{,}25$ ist. Setzt man diesen Wert in die obige Gleichung ein, so erhält man die Gleichung

$$1 = c \cdot 1{,}25 \quad \text{und hieraus} \quad c = \frac{1}{1{,}25} = 0{,}8.$$

Mit diesem Wert c = 0,8 erhalten wir aus $(*)$ nach der Division durch die Wahrscheinlichkeiten schließlich die Quoten:

> Quote für 1: $q_1 = \dfrac{0,8}{p_1}$; Quote für 0: $q_0 = \dfrac{0,8}{p_0}$; Quote für 2: $q_2 = \dfrac{0,8}{p_2}$.
>
> Dabei werden die berechneten Quoten auf ganze 5 Pfennige gerundet.
>
> p_1, p_0, p_2 sind die Wahrscheinlichkeiten mit der Summe 1.

Aus den oben angegebenen Quoten beim Spiel Hamburger SV gegen den VfB Stuttgart können die benutzten Wahrscheinlichkeiten für einen Heimsieg, für ein Unentschieden oder für einen Auswärtssieg näherungsweise bestimmt werden. Eine genaue Bestimmung ist nicht möglich, weil die berechneten Quoten auf ganze 5 Pfennige gerundet wurden. Man ehält die Werte

$$p_1 = \frac{0,8}{1,65} = 0,4848\,; \quad p_0 = \frac{0,8}{2,90} = 0,2759\,; \quad p_2 = \frac{0,8}{3,35} = 0,2388\,.$$

Die Summe dieser Werte beträgt 0,9995, also fast 1. Diese Wahrscheinlichkeiten unterscheiden sich von denen in der Tendenz 4 : 3 : 3 beim Fußball-Toto angegebenen. Bei der Sportwette ist es für die Lotto-Toto-Gesellschaft sehr wichtig, Wahrscheinlichkeiten anzugeben, die realistisch sind. Große Fehler in den Wahrscheinlichkeiten können sich stark auf die Quoten auswirken. Dagegen ist die Angabe einer unrealistischen Tendenz bei der 11er Wette oder bei der Auswahlwette 6 aus 45 für die Gesellschaft mit keinem Risiko verbunden, da dort ja unabhängig von der Auslosung immer die Hälfte der Spielsumme ausgeschüttet wird.

2.8. Berechnung der Ausschüttungsquoten

Bei einer Einzelwette, also bei der Auswahl eines Einzelspiels, beträgt nach Abschnitt 2.7 die Gewinnerwartung eines Spieles ungefähr 80 Prozent des Einsatzes. Daher müsste bei solchen allerdings nicht zugelassenen Einzeleinsätzen die Gesellschaft auf Dauer ungefähr 80 % der Spielsumme ausschütten.

Wir wollen nun die mittlere Auszahlungsquote bei denjenigen Tipps berechnen, bei denen genau 3 Spiele ausgewählt werden und von den 3 Spielen auch alle in die Wertung kommen, also keines ausfällt oder vorzeitig abgebrochen wird. Ein Spieler wähle 3 Spiele aus und setze eine Geldeinheit 1 E ein. Im ersten Spiel entscheide er sich für die Quote r_1, im zweiten für die Quote r_2 und im dritten für die Quote r_3. Für die Quoten kann jeweils eine der drei vorgegebenen Quoten des Spiels ausgewählt werden. Im Falle eine Gewinns erhält er $r_1 \cdot r_2 \cdot r_3$ Geldeinheiten ausgezahlt. Die einzelnen Wahrscheinlichkeiten, mit denen das jeweilige Spielergebnis richtig getippt wird, lauten nach Abschnitt 2.7 der Reihe nach $\dfrac{0,8}{r_1}; \dfrac{0,8}{r_2}; \dfrac{0,8}{r_3}$.

Da die einzelnen Spiele voneinander unabhängig sind, kann gezeigt werden, dass dann mit der Wahrscheinlichkeit

$$\frac{0,8}{r_1} \cdot \frac{0,8}{r_2} \cdot \frac{0,8}{r_3} = (0,8)^3 \cdot \frac{1}{r_1} \cdot \frac{1}{r_2} \cdot \frac{1}{r_3} = 0,512 \cdot \frac{1}{r_1} \cdot \frac{1}{r_2} \cdot \frac{1}{r_3}$$

alle drei Spiele richtig getippt sind. Dann lautet die Gewinnerwartung

$$r_1 \cdot r_2 \cdot r_3 \cdot 0,512 \cdot \frac{1}{r_1} \cdot \frac{1}{r_2} \cdot \frac{1}{r_3} = 0,512 \cdot \frac{r_1 \cdot r_2 \cdot r_3}{r_1 \cdot r_2 \cdot r_3} = 0,512 \,.$$

Diese Rechnung soll an einem Beispiel verdeutlicht werden. Der Spieler tippe in den im Abschnitt 2.4. angegebenen drei Spielpaarungen im ersten Spiel eine 1, im zweiten Spiel eine 0 und im dritten Spiel auch eine 0. Dann lautet sein Gewinnfaktor $1,65 \cdot 3,40 \cdot 3,90$. Die Wahrscheinlichkeit, dass er alle 3 Spiele richtig vorhersagt beträgt dann $\frac{0,8}{1,65} \cdot \frac{0,8}{3,4} \cdot \frac{0,8}{2,9}$. Dann lautet die Gewinnerwartung

$$1,65 \cdot 3,40 \cdot 3,90 \cdot \frac{0,8}{1,65} \cdot \frac{0,8}{3,4} \cdot \frac{0,8}{2,9} = (0,8)^3 = 0,512 \,.$$

Bei der Auswahl von 3 Spielen wird die Gesellschaft auf Dauer im Mittel ungefähr 51,2 % des Einsatzes ausschütten. Falls 4 Spiele ausgewählt werden, beträgt die Gewinnerwartung für den Kombi - Tipp ungefähr

$$(0,8)^4 = 0,4096 \text{ Einheiten,}$$

also 40,96 % des Einsatzes. Damit haben wir eine sehr einfache Formel gefunden: Für jedes zum Tipp ausgewählte Spiel kommt zur Berechnung der Gewinnerwartung ein weiterer Faktor 0,8 hinzu. Falls sich jemand für k Spiele entscheidet, beträgt die Gewinnerwartung das $(0,8)^k$ - fache des Einsatzes. Für derartige Einsätze muss die Gesellschaft dann ungefähr

$$100 \cdot (0,8)^k$$

Prozent des Spieleinsatzes ausschütten für $k = 3, 4, \ldots, 10$. Bei der Auswahl eines einzigen Spiels wäre die Ausschüttungsquote 80 %, bei 2 Spielen noch 64 %. Diese hohen Quoten sind wohl der Grund dafür, dass die Auswahl von einem und von zwei Spielen nicht zulässig ist. Zwei Spiele können Sie nur dann auswählen, wenn Ihnen bekannt ist, dass ein auf dem Spielplan aufgeführtes Spiel ausfällt. Dann können Sie dieses Spiel zusätzlich aufnehmen. Nach den obigen Ausführungen ist es dann immer richtig getippt, unabhängig davon, welcher Tipp für dieses Spiel abgegeben wird. Die Quote des ausgefallenen Spiels wird nachträglich auf 1 gesetzt. Durch diesen Trick kann man praktisch nur zwei Spiele auswählen und eine Quotenerwartung von 64 % erreichen.

In der nachfolgenden Tabelle sind die Ausschüttungsquoten in Prozent vom Einsatz in Abhängigkeit von der Anzahl der ausgewählten Spiele zusammengestellt.

Anzahl der Spiele	Ausschüttungsquote in %	Anmerkung
1	80,0000	nicht zugelassen
2	64,0000	nicht zugelassen
3	51,2000	zugelassen
4	40,9600	zugelassen
5	32,7680	zugelassen
6	26,2144	zugelassen
7	20,9715	zugelassen
8	16,7772	zugelassen
9	13,4218	zugelassen
10	10,7374	zugelassen

2.9. Berechnung der Gewinnchance eines Kombi-Tipps

Im vorhergehenden Abschnitt wurde festgestellt, dass jede einzelne Quote w für jedes Spiel aus der von einem Expertenteam vorgegebenen Wahrscheinlichkeit p für diesen Ausgang berechnet wird durch $w = \frac{0,8}{p}$. In dem obigen Beispiel der 3 Begegnungen Hamburger SV − VfB Stuttgart, Bor. Dortmund − VfL Wolfsburg und TB Berlin − Karlsruher SC werde jeweils eine 2 (Sieg der Gastmannschaft) getippt. Dann lautet die Gesamtquote

$$q = 3,35 \cdot 5,40 \cdot 3,60 = 65,12 \text{ (gerundet).}$$

Aufgrund dieser sehr hohen Gesamtquote kann man schon ahnen, dass die Gewinnwahrscheinlichkeit für diesen Kombi-Tipp nicht groß ist. Sie lautet

$$\frac{0,8}{5,40} \cdot \frac{0,8}{3,60} \cdot \frac{0,8}{3,36} = \frac{(0,8)^3}{65,13} = 0,007862 .$$

Diesem Gesamtausgang der 3 Spiele wird also nur eine Chance von 0,7862 Prozent eingeräumt. Dies ist der Grund für die hohe Gesamtquote dieses Kombi-Tipps.

Allgemein kann die Wahrscheinlichkeit dafür, dass eine einzige Kombi-Tippreihe gewinnt, folgendermaßen berechnet werden. Es sei q die Gesamtquote, also das Produkt aller Einzelquoten. Falls der Kombi-Tipp aus genau k Spielen besteht, erhält man die Wahrscheinlichkeit p dafür, dass in diesem Kombi-Tipp alle prognostizierten Ergebnisse richtig sind

$$p = \frac{(0,8)^k}{c} .$$

Multiplikation mit 100 ergibt die prozentuale Wahrscheinlichkeit.

3. Systemwetten (Vollsysteme)

Bei einer Systemwette werden mehr als drei Spiele als Systemspiele getippt. Aus diesen Systemspielen werden dann alle möglichen Kombi-Tippreihen mit der gleichen Anzahl von Spielen gebildet. Zugelassen sind folgende Systemwetten:

3 aus 4: 4 Systemspiele;   4 Kombi-Tippreihen mit 3 kombinierten Spielen

3 aus 5: 5 Systemspiele; 10 Kombi-Tippreihen mit 3 kombinierten Spielen

3 aus 6: 6 Systemspiele; 20 Kombi-Tippreihen mit 3 kombinierten Spielen

4 aus 5: 5 Systemspiele;   5 Kombi-Tippreihen mit 4 kombinierten Spielen

4 aus 6: 6 Systemspiele; 15 Kombi-Tippreihen mit 4 kombinierten Spielen

5 aus 6: 6 Systemspiele;   6 Kombi-Tippreihen mit 5 kombinierten Spielen

5 aus 7: 7 Systemspiele; 21 Kombi-Tippreihen mit 5 kombinierten Spielen

6 aus 7: 7 Systemspiele;   7 Kombi-Tippreihen mit 6 kombinierten Spielen.

Die 8 zugelassenen Systemwetten sollen nun näher untersucht werden. Wer sich genauer dafür interessiert, kann die Systembeschreibungen nachlesen in den

System-Infos ODDSET-Die Sportwette - Merkblatt für Systeme.

Dieses Merkblatt gibt es kostenlos in jeder Toto-Lotto-Annahmestelle.

3.1. Systemwette 3 aus 4
Bei der 3 aus 4 Systemwette müssen Sie aus dem Spielplan 4 Spielpaarungen auswählen und Ihre prognostizierten Ergebnisse auf dem ODDSET-Tippzettel ankreuzen. Das System ist so angelegt, dass bei einem einzigen Prognosefehler noch ein Gewinn erzielt wird. Aus diesen 4 Systemspielen werden alle möglichen Kombinationen von jeweils 3 Spielen ausgewählt. Dafür gibt es $\binom{4}{3} = \binom{4}{1} = 4$ Auswahlmöglichkeiten. Dann besteht das System aus diesen 4 Kombi-Tippreihen, die automatisch als getippt gelten. Zusätzlich zu den prognostizierten Ergebnissen muss auf der rechten Seite des Spielscheins unter „System" das Kästchen 3 aus 4 angekreuzt werden. Auf dem Tippzettel muss der Grundeinsatz im entsprechenden Kästchen „Einsatz pro Kombi-Tipp" angekreuzt werden. Hier handelt es sich um den Einsatz für jede der 4 Kombi-Tippreihen. Multiplikation des Grundeinsatzes mit 4 ergibt den Gesamteinsatz für alle 4 Tippreihen des Systems. Hinzu kommt noch eine Bearbeitungsgebühr von 1 DM.

In dem nachfolgenden Tippzettel sind die Spiele mit den Nummern 3, 10, 12 und 20 mit 1, 1, 0 und 2 getippt. Als Einsatz pro Kombi - Tipp wird 10 DM gewählt. Damit beträgt der Spieleinsatz 40 DM. Hinzu kommt noch eine Bearbeitungsgebühr von 1 DM.

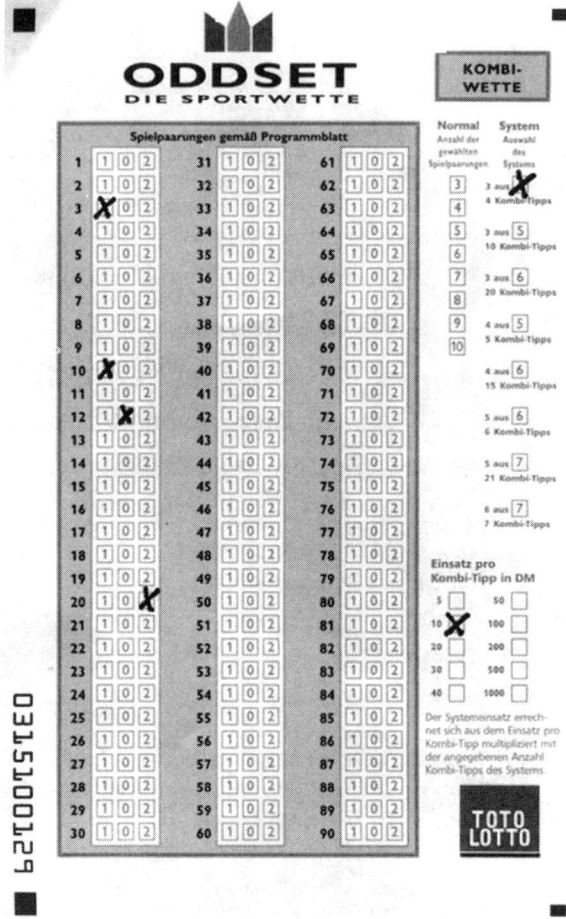

In der Spielquittung werden folgende Daten ausgedruckt:

— alle vier getippten Spiele mit den Voraussagen und Quoten

— System 3 aus 4

— alle 4 Kombi - Tippreihen des Systems mit den zugehörigen Quoten (hier handelt es sich um die Gesamtquoten der einzelnen Spiele)

— der Zeitraum der Spieltage

- Spieleinsatz als Produkt des Grundeinsatzes mit der Zahl 4

- Spieleinsatz einschließlich der Bearbeitungsgebühr

- Datum und Uhrzeit der Wettabgabe

- Spielquittungsnummer.

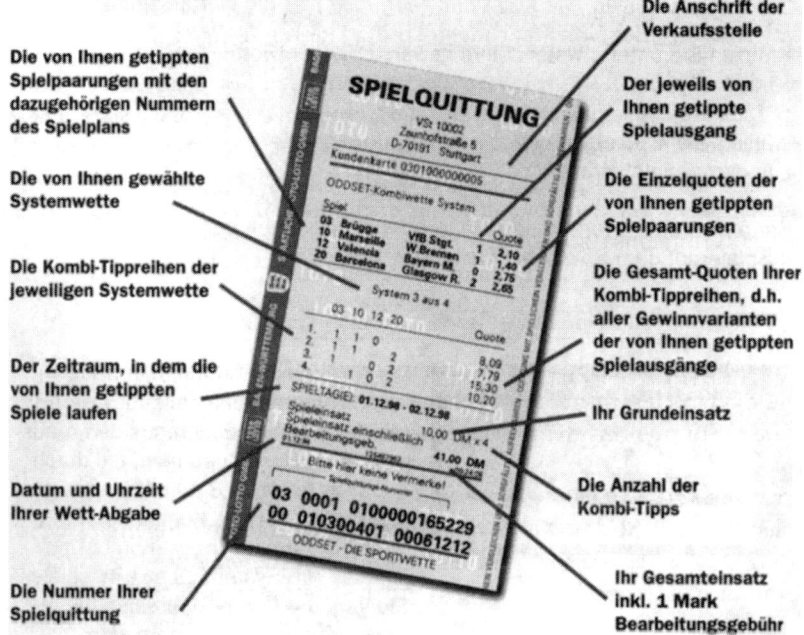

In dem nachfolgenden Schema sind alle vier Kombi-Tippreihen des Systems schematisch dargestellt. Falls in den vier Zeilen unter dem Spiel ein × steht, ist dieses Spiel in dem entsprechenden Kombi-Tipp aufgenommen. Das restliche Spiel fehlt jeweils in der Tippreihe.

	1. Spiel	2. Spiel	3. Spiel	4. Spiel	Gesamtquote
1. Kombi-Tipp	×	×	×		****
2. Kombi-Tipp	×	×		×	****
3. Kombi-Tipp	×		×	×	****
4. Kombi-Tipp		×	×	×	****

Gewinnmöglichkleiten

Im Gegensatz zu den Vollsystemen beim Zahlenlotto oder Toto ist die Gewinnberechnung bei der Kombiwette etwas komplizierter. Der Grund liegt darin, dass es in den einzelnen Gewinnreihen verschiedene Gewinne gibt. Es genügt also nicht nur festzustellen, wie viele der Kombi-Reihen gewonnen haben. Da die Quoten in den einzelnen Reihen verschieden sind, muss man schon feststellen, welche der Kombi-Reihen gewonnen haben.

1. Fall weniger als drei der vier Spielpaarungen sind richtig getippt:

In diesem Fall erzielt man mit dem System keinen Gewinn.

2. Fall von den vier Spielpaarungen sind 3 richtig getippt:

Unter den 4 Kombi-Tippreihen des Systems gibt es genau eine Gewinnreihe. Um welche es sich dabei handelt, müssen Sie selbst feststellen. Zur Gewinnberechnung wird die Gesamtquote dieser Tippreihe benutzt. Man kann die Gesamtquote als Produkt der drei einzelnen Quoten selbst berechnen oder direkt auf der Spielquittung nachlesen. Mit dieser (Gesamt)Quote wird der Grundeinsatz, also der Einsatz für jede einzelne Tippreihe, multipliziert. Diesen Betrag erhält man als Auszahlung.

3. Fall von den vier Spielpaarungen sind alle 4 richtig getippt:

Jede der 4 Kombi-Tipps des Systems gewinnt. Zur Gewinnberechnung können alle vier Gesamtquoten für die vier einzelnen Kombi-Tipps addiert und diese Summe mit dem Grundeinsatz multipliziert werden.

3.2. Systemwette 3 aus 5

Bei der 3 aus 5 Systemwette müssen aus dem gültigen Spielplan 5 Spielpaarungen bzw. Sportereignisse ausgewählt und deren Ausgang durch Eintragung in den Tippschein getippt werden. Die weiteren Eintragungen müssen wie bei der 3 aus 4 Systemwette vorgenommen werden. Aus diesen 5 Spielen werden jeweils 3 für einen Kombi-Tipp des Systems ausgewählt werden. Dafür gibt es $\binom{5}{3} = \binom{5}{2} = \frac{5 \cdot 4}{1 \cdot 2} = 10$ Auswahlmöglichkeiten. Das System besteht also aus 10 Kombi-Tippreihen für jeweils 3 der 5 Spiele.

Neben den 5 ausgewählten Spielen mit den prognostizierten Ergebnissen muss das entsprechende System angekreuzt werden. Ferner muss der Grundeinsatz als Einsatz für jede der 10 Kombi-Reihen gekennzeichnet werden. Dieser Grundeinsatz wird mit 10 multipliziert. Dadurch erhält man den Gesamteinsatz. Zu diesem Gesamteinsatz kommt noch eine Bearbeitungsgebühr von 1 DM. In der Spielquittung sind wie beim 3 aus 4 System alle 10 Kombi-Tipps mit den jeweiligen zugehörigen (Gesamt) Quoten aufgeführt.

In dem nachfolgenden Schema sind alle 10 Kombi-Tippreihen des Systems schematisch dargestellt. In jeder Kombi-Tippreihe fehlen jeweils zwei verschiedene Systemspiele.

	1. Spiel	2. Spiel	3. Spiel	4. Spiel	5. Spiel	(Gesamt)Quote
1. Kombi - Tipp	✗	✗	✗			****
2. Kombi - Tipp	✗	✗		✗		****
3. Kombi - Tipp	✗	✗			✗	****
4. Kombi - Tipp	✗		✗	✗		****
5. Kombi - Tipp	✗		✗		✗	****
6. Kombi - Tipp	✗			✗	✗	****
7. Kombi - Tipp		✗	✗	✗		****
8. Kombi - Tipp		✗	✗		✗	****
9. Kombi - Tipp		✗		✗	✗	****
10. Kombi - Tipp			✗	✗	✗	****

Die Anzahl der Gewinnreihen lauten:

1. Fall weniger als 3 Spielausgänge richtig: keine Gewinnreihe;

2. Fall 3 Spielausgänge richtig: 1 Gewinnreihe;

3. Fall 4 Spielausgänge richtig: 4 Gewinnreihen;

4. Fall alle 5 Spielausgänge richtig: Alle 10 Reihen sind Gewinnreihen.

3.3. Systemwette 3 aus 6

Bei der Systemwette 3 aus 6 werden 6 Spielausgänge getippt. Daraus werden alle Dreierkombinationen als Kombi-Tipps abgegeben. Aus den 6 Spielen können jeweils 3 Spiele auf $\binom{6}{3} = \frac{6 \cdot 5 \cdot 4}{1 \cdot 2 \cdot 3} = 20$ Arten ausgewählt werden. Das System besteht also aus 20 Kombi-Tippreihen mit jeweils 3 aus den 6 Systemspielen. In dem untenstehenden Schema sind alle 20 Kombi-Tipps des Systems schematisch dargestellt. In jedem Kombi-Tipp sind 3 der 6 Systemspiele aufgenommen, die restlichen 3 fehlen.

Der Gesamteinsatz beträgt das Zwanzigfache des Grundeinsatzes zusätzlich 1 DM Bearbeitungsgebühr. Die Anzahl der Gewinnreihen lauten:

1. Fall weniger als 3 Spielausgänge richtig: keine Gewinnreihe;

2. Fall 3 Spielausgänge richtig: 1 Gewinnreihe;

3. Fall 4 Spielausgänge richtig: 4 Gewinnreihen;

4. Fall 5 Spielausgänge richtig: 10 Gewinnreihen;

5. Fall alle 6 Spielausgänge richtig: Alle 20 Reihen sind Gewinnreihen.

	1. Spiel	2. Spiel	3. Spiel	4. Spiel	5. Spiel	6. Spiel
1. Kombi-Tipp	×	×	×			
2. Kombi-Tipp	×	×		×		
3. Kombi-Tipp	×	×			×	
4. Kombi-Tipp	×	×				×
5. Kombi-Tipp	×		×	×		
6. Kombi-Tipp	×		×		×	
7. Kombi-Tipp	×		×			×
8. Kombi-Tipp	×			×	×	
9. Kombi-Tipp	×			×		×
10. Kombi-Tipp	×				×	×
11. Kombi-Tipp		×	×	×		
12. Kombi-Tipp		×	×		×	
13. Kombi-Tipp		×	×			×
14. Kombi-Tipp		×		×	×	
15. Kombi-Tipp		×		×		×
16. Kombi-Tipp		×			×	×
17. Kombi-Tipp			×	×	×	
18. Kombi-Tipp			×	×		×
19. Kombi-Tipp			×		×	×
20. Kombi-Tipp				×	×	×

3.4. Systemwette 4 aus 5

Hier werden aus dem gültigen Spielplan 5 Spielpaarungen ausgewählt. Aus den 5 Systemspielen werden alle Kombi-Tippreihem mit jeweils 4 Spielen getippt. Dafür es $\binom{5}{4} = \binom{5}{1} = 5$ Auswahlmöglichkeiten.

In jeder der 5 Kombi-Tippreihen fehlt jeweils eines der 5 Systemspiele.

	1. Spiel	2. Spiel	3. Spiel	4. Spiel	5. Spiel	(Gesamt)Quote
1. Kombi-Tipp	×	×	×	×		****
2. Kombi-Tipp	×	×	×		×	****
3. Kombi-Tipp	×	×		×	×	****
4. Kombi-Tipp	×		×	×	×	****
5. Kombi-Tipp		×	×	×	×	****

Der Gesamteinsatz beträgt das Fünffache des Grundeinsatzes zusätzlich 1 DM Bearbeitungsgebühr. Die Anzahl der Gewinnreihen lauten:

1. Fall weniger als 4 Spielausgänge richtig: keine Gewinnreihe;

2. Fall 4 Spielausgänge richtig: 1 Gewinnreihe;

3. Fall alle 5 Spielausgänge richtig: alle 5 Reihen sind Gewinnreihen.

3.5. Systemwette 4 aus 6

Hier werden 6 Spielausgänge getippt. Daraus werden alle Viererkombinationen als Tippreihen abgegeben. Aus den sechs Spielen können jeweils 4 Spiele auf $\binom{6}{4} = \binom{6}{2} = \frac{6 \cdot 5}{1 \cdot 2} = 15$ Arten ausgewählt werden. Das System besteht also aus 15 Kombi-Tippreihen für jeweils vier der sechs Systemspiele. In dem nachfolgenden Schema sind alle 15 Kombi-Tippreihen des Systems schematisch dargestellt.

	1. Spiel	2. Spiel	3. Spiel	4. Spiel	5. Spiel	6. Spiel
1. Kombi-Tipp	×	×	×	×		
2. Kombi-Tipp	×	×	×		×	
3. Kombi-Tipp	×	×	×			×
4. Kombi-Tipp	×	×		×	×	
5. Kombi-Tipp	×	×		×		×
6. Kombi-Tipp	×	×			×	×
7. Kombi-Tipp	×		×	×	×	
8. Kombi-Tipp	×		×	×		×
9. Kombi-Tipp	×		×		×	×
10. Kombi-Tipp	×			×	×	×
11. Kombi-Tipp		×	×	×	×	
12. Kombi-Tipp		×	×	×		×
13. Kombi-Tipp		×	×		×	×
14. Kombi-Tipp		×		×	×	×
15. Kombi-Tipp			×	×	×	×

Bei jeder der 15 Kombi-Tippreihen fehlen immer zwei der 6 Systemspiele. Der Gesamteinsatz beträgt das Fünfzehnfache des Grundeinsatzes zusätzlich 1 DM Bearbeitungsgebühr. Die Anzahl der Gewinnreihen lauten:

1. Fall weniger als 4 Spielausgänge richtig: keine Gewinnreihe;

2. Fall 4 Spielausgänge richtig: 4 Gewinnreihen;

3. Fall 5 Spielausgänge richtig: 10 Gewinnreihen;

4. Fall alle 6 Spielausgänge richtig: Alle 15 Reihen sind Gewinnreihen.

3.6. Systemwette 5 aus 6

Hier werden 6 Spielausgänge getippt. Daraus werden alle Reihen mit 5 Spielen aus den Systemspielen, also alle Fünfer - Kombinationen als Tipps abgegeben. Aus den sechs Spielen können 5 Spiele auf $\binom{6}{5} = \binom{6}{1} = 6$ Arten ausgewählt werden. Das System besteht also aus 6 Kombi - Tippreihen mit jeweils fünf der sechs Systemspiele.

Bei jeder der Kombi - Tippreihe fehlt also jeweils eines der 6 Systemspiele.

	1. Spiel	2. Spiel	3. Spiel	4. Spiel	5. Spiel	6. Spiel
1. Kombi-Tipp	×	×	×	×	×	
2. Kombi-Tipp	×	×	×	×		×
3. Kombi-Tipp	×	×	×		×	×
4. Kombi-Tipp	×	×		×	×	×
5. Kombi-Tipp	×		×	×	×	×
6. Kombi-Tipp		×	×	×	×	×

Der Gesamteinsatz beträgt das Sechsfache des Grundeinsatzes zusätzlich 1 DM Bearbeitungsgebühr. Die Anzahl der Gewinnreihen lauten:

1. Fall weniger als 5 Spielausgänge richtig: keine Gewinnreihe;

2. Fall 5 Spielausgänge richtig: 1 Gewinnreihe;

3. Fall alle 6 Spielausgänge richtig: Alle 6 Reihen sind Gewinnreihen.

3.7. Systemwette 5 aus 7

Hier werden 7 Spielausgänge als Systemspiele getippt. Aus den 7 System-spielen werden alle Reihen mit 5 Spielen, also alle Fünfer - Kombinationen als Kombi - Tipps abgegeben. Es gibt $\binom{7}{5} = \binom{7}{2} = \frac{7 \cdot 6}{1 \cdot 2} = 21$ verschiedene Kombi - Tippreihen.

Bei jeder der 21 Kombi - Tippreihen fehlen jeweils 2 der 7 Systemspiele.

Der Gesamteinsatz beträgt das Einundzwanzigfache des Grundeinsatzes zusätzlich 1 DM Bearbeitungsgebühr. Die Anzahl der Gewinnreihen lauten:

1. Fall weniger als 5 Spielausgänge richtig: keine Gewinnreihe;

2. Fall 5 Spielausgänge richtig: 1 Gewinnreihe;

3. Fall 6 Spielausgänge richtig: 6 Gewinnreihen;

4. Fall alle 7 Spielausgänge richtig: Alle 21 Reihen sind Gewinnreihen.

	1. Spiel	2. Spiel	3. Spiel	4. Spiel	5. Spiel	6. Spiel	7. Spiel
1. Kombi-Tipp	X	X	X	X	X		
2. Kombi-Tipp	X	X	X	X		X	
3. Kombi-Tipp	X	X	X	X			X
4. Kombi-Tipp	X	X	X		X	X	
5. Kombi-Tipp	X	X	X		X		X
6. Kombi-Tipp	X	X	X			X	X
7. Kombi-Tipp	X	X		X	X	X	
8. Kombi-Tipp	X	X		X	X		X
9. Kombi-Tipp	X	X		X		X	X
10. Kombi-Tipp	X	X			X	X	X
11. Kombi-Tipp	X		X	X	X	X	
12. Kombi-Tipp	X		X	X	X		X
13. Kombi-Tipp	X		X	X		X	X
14. Kombi-Tipp	X		X		X	X	X
15. Kombi-Tipp	X			X	X	X	X
16. Kombi-Tipp		X	X	X	X	X	
17. Kombi-Tipp		X	X	X	X		X
18. Kombi-Tipp		X	X	X		X	X
19. Kombi-Tipp		X	X		X	X	X
20. Kombi-Tipp		X		X	X	X	X
21. Kombi-Tipp			X	X	X	X	X

3.8. Systemwette 6 aus 7

Hier werden 7 Spielausgänge als Systemspiele getippt. Daraus werden alle Reihen mit 6 Spielen, also alle Sechser-Kombinationen als Kombi-Tipps abgegeben. Aus den 7 Spielen können 6 Spiele auf $\binom{7}{6} = \binom{7}{1} = 7$ Arten ausgewählt werden. Das System besteht also aus 7 Kombi-Tippreihen mit jeweils 6 der 7 Systemspiele.

Bei jeder der 7 Kombi-Tippreihen fehlt jeweils ein Systemspiel.

	1. Spiel	2. Spiel	3. Spiel	4. Spiel	5. Spiel	6. Spiel	7. Spiel
1. Kombi-Tipp	X	X	X	X	X	X	
2. Kombi-Tipp	X	X	X	X	X		X
3. Kombi-Tipp	X	X	X	X		X	X
4. Kombi-Tipp	X	X	X		X	X	X
5. Kombi-Tipp	X	X		X	X	X	X
6. Kombi-Tipp	X		X	X	X	X	X
7. Kombi-Tipp		X	X	X	X	X	X

Der Gesamteinsatz beträgt das Siebenfache des Grundeinsatzes zusätzlich 1 DM Bearbeitungsgebühr. Die Anzahlen der Gewinnreihen lauten:

1. Fall weniger als 6 Spielausgänge richtig: keine Gewinnreihe;

2. Fall 6 Spielausgänge richtig: 1 Gewinnreihe;

3. Fall alle 7 Spielausgänge richtig: Alle 21 Reihen sind Gewinnreihen.

3.9. Bemerkungen zu den zugelassenen Systemen

Der Nachteil dieser Systeme liegt im Gegensatz zu den Systemen beim Toto darin, dass bei jedem Systemspiel der Tipp für den Spielausgang eindeutig festgelegt werden muss. Es gibt praktisch nur Banken und keine Zwei- bzw. Dreiwege. Falls Sie bei einem Spiel gerne zwei Spielausgänge zulassen würden, gibt es dafür z. Zt. kein System. In diesem Fall müssten Sie alle Kombi - Tippreihen selbst bestimmen und für jeden Kombi - Tipp extra einen Spielschein abgeben. Dies wäre mit hohen Bearbeitungsgebühren verbunden. Bei einem Zweiweg wäre mindestens einer der beiden Tipps falsch - wenn nicht gar beide. Man müsste sehr viele Reihen abgeben, um vielleicht mit wenigen zu gewinnen. Dadurch besteht die Gefahr, dass man auch im Gewinnfall den Einsatz gar nicht mehr voll zurückerhält.

Kapitel 5
Lotterien Spiel 77 und Super 6

1. Teilnahmebedingungen

Die Teilnahme an den Lotterien Spiel 77 und Super 6 ist freiwillig und erfolgt nur in Verbindung mit der Teilnahme an den von der Toto-Lotto-Gesellschaft durchgeführten Lotterien und Wetten unter Verwendung der für die Spielteilnahme zugelassenen Spielscheine und Losscheine bzw. mittels Quicktipp. Für beide Spiele gibt es jeweils am Mittwoch und Samstag zwei getrennte, voneinander unabhängige Ziehungen. Auf dem Spiel- oder Losschein befindet sich eine siebenstellige Losnummer zwischen 0 000 000 und 9 999 999. Falls Sie am Spiel 77 oder an der Super 6 teilnehmen möchten, müssen Sie das jeweilige „Ja"-Feld auf dem Spielschein ankreuzen, andernfalls das „Nein"-Feld. Für das Spiel 77 beträgt der Einsatz pro Veranstaltung 2,50 DM, für Super 6 jeweils 2 DM pro Spiel. Eine besondere Gebühr wird für beide Spiele nicht erhoben. Sie ist in der Gebühr für die andere Wettart enthalten, bei der zusätzlich an einem dieser beiden Spiele teilgenommen wird, also in den zusätzlichen Gebühren für Lotto, Toto, der Auswahlwette 6 aus 45 oder der GlücksSpirale.

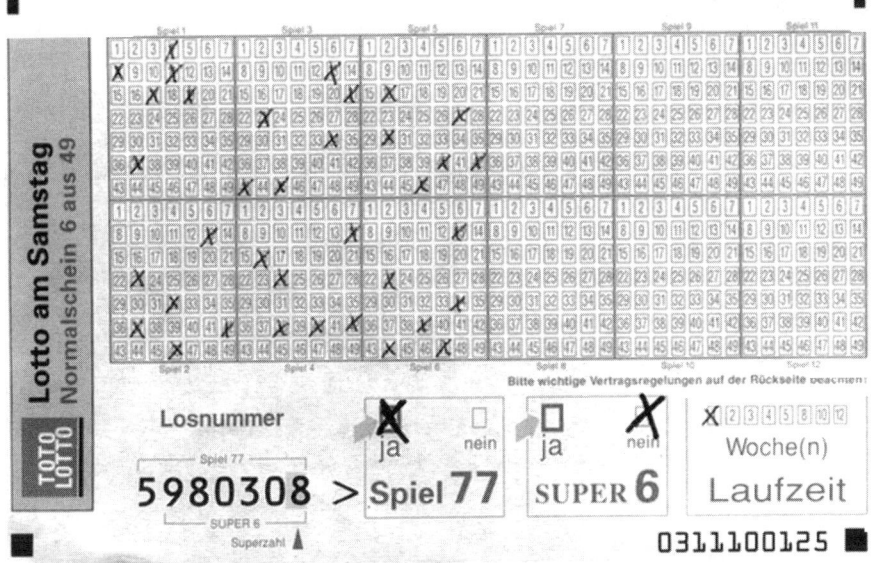

2. Spiel 77

Für jede Mittwochs- bzw. Samstagsveranstaltung der Lotterie Spiel 77 wird eine siebenstellige Gewinnzahl zwischen 0 000 000 und 9 999 999 gezogen. Insgesamt gibt es $10^7 = 10$ Millionen Möglichkeiten für die Gewinnzahl. In Abhängigkeit von der Gewinnzahl gibt es folgende Gewinnklassen:

Gewinnklasse 1:
Hier gewinnen die teilnehmenden Spielverträge, deren Losnummer mit der gezogenen Gewinnzahl völlig übereinstimmt. Für diese Klasse werden 7,11 Prozent der gesamten Einzahlungssumme für die jeweilige Veranstaltung als Gewinnsumme bereitgestellt. Hinzu kommt noch der Jackpot aus der vorangegangenen Ziehung. Dieser zur Verfügung stehende Ausschüttungsbetrag wird zunächst durch die Anzahl der Gewinne in dieser Klasse geteilt. Die so erhaltene Zahl wird derart abgerundet, dass eine Zahl entsteht, deren letzten fünf Ziffern alle gleich 7 sind. Falls diese Zahl kleiner als 377 777 ist, wird als Mindestgewinn DM 377 777 ausgezahlt. Andernfalls wird die so berechnete Zahl als Quote festgelegt.

Beispiel: Der Durchschnittswert 982 345 wird abgerundet auf 877 777.

Als Quoten sind damit die Zahlen 377 777, 477 777, 577 777, 677 777 usw. (jeweils 100 000 mehr) möglich. Der Restbetrag oder der gesamte Betrag, falls in einer Ziehung niemand die Gewinnzahl richtig hat, wird als Jackpot der Gewinnsumme der Gewinnklasse 1 in der nächstfolgenden Mittwochs- bzw. Samstagsziehung zugeschlagen.

Gewinnklasse 2:
Für jeden teilnehmenden Spielvertrag, dessen Losnummer in den 6 Endziffern mit den 6 Endziffern der gezogenen Gewinnzahl in der richtigen Reihenfolge übereinstimmt, wird der feste Betrag 77 777 DM ausgezahlt.

Gewinnklasse 3:
Falls in einem teilnehmenden Spielvertrag die Losnummer in den 5 Endziffern mit den 5 Endziffern der gezogenen Gewinnzahl in der richtigen Reihenfolge übereinstimmt, gibt es einen Gewinn von 7 777 DM.

Gewinnklasse 4:
Wenn in einem teilnehmenden Spielvertrag die Losnummer in den 4 Endziffern mit den 4 Endziffern der gezogenen Gewinnzahl in der richtigen Reihenfolge übereinstimmt, wird der Betrag 777 DM ausgezahlt.

Gewinnklasse 5:
Für jede Losnummer, deren 3 Endziffern in richtiger Reihenfolge mit den 3 Endziffern der gezogenen Gewinnzahl übereinstimmen, gibt es 77 DM.

Gewinnklasse 6:
Jede Losnummer, deren 2 Endziffern in richtiger Reihenfolge mit den 2 Endziffern der gezogenen Gewinnzahl übereinstimmen, gewinnt 17 DM.

Gewinnklasse 7:
Für jede Losnummer, deren Endziffer mit der Endziffer der gezogenen Gewinnzahl übereinstimmt, gibt es 5 DM.

Mit Ausnahme der Gewinnklasse 1 gibt es in allen anderen Gewinnklassen feste Quoten.

Nach den allgemeinen Spielbestimmungen schließt jeder Gewinn in einer Gewinnklasse weitere Gewinne in Gewinnklassen mit niedrigeren Gewinnen aus. Wer z. B. in der Gewinnklasse 4 (4 richtige Endziffern) gewinnt, hat zwar auch die letzten drei und die letzten beiden sowie die letzte Endziffer richtig, doch dafür gibt es keine zusätzlichen Gewinne.

Zunächst soll die theoretische Quote für die Gewinnklasse 1 berechnet werden. Dazu gehen wir davon aus, dass alle $10^7 = 10$ Millionen möglichen Lose jeweils genau einmal abgegeben werden. Dann gibt es einen Gewinn in der Klasse 1. Die Gesamteinnahmen betragen 25 Millionen DM. 7,11 % davon, also 1 777 500 DM, sind als Ausschüttung für Gewinnklasse 1 vorgesehen. Die theoretische Quote in der 1. Gewinnklasse beträgt 1 777 500 DM. Da man davon ausgehen kann, dass aus der Vorwoche mindestens 277 DM im Jackpot sind, ergibt das eine Auszahlung von 1 777 777 DM. Für jede weitere 100 000 DM erhöht sich die Auszahlung um diesen Betrag. Der nicht ausgeschüttete Betrag kommt in den Jackpot für die nächste Ausspielung. Die Chance auf einen mittleren Gewinn von 1 777 500 bzw. 1 777 777 ist eins zu 10 Millionen, also um einiges größer als die Chance mit einer einzigen Tippreihe im Lotto einen Sechser zu erzielen. Dafür ist aber beim Spiel 77 der Einsatz größer als beim Lotto. Falls aus der Vorwoche ein Jackpot mit einem hohen Betrag vorhanden ist, dürften die Quoten für die Gewinnklasse 1 im Durchschnitt wesentlich höher sein.

Von allen möglichen 10 Millionen Losen gewinnt genau eines in Klasse 1. Wer in Klasse 1 gewinnt, hat zwar auch die letzten 6 Ziffern richtig, doch dafür gibt es nach den Spielbestimmungen keinen weiteren Gewinn. Es gibt zwar 10 Losnummern, deren 6 Endziffern mit denen der gezogenen Gewinnzahl übereinstimmen, doch darunter befindet sich auch die siebenstellige Gewinnzahl, für die es keinen Gewinn mehr gibt. Daher gewinnen nur 9 der 10 Millionen Lose in der Klasse 2. Insgesamt gibt es 100 Losnummern, deren 5 Endziffern mit denen der Gewinnzahl übereinstimmen. Darunter befinden sich aber die 9 Gewinnzahlen aus Klasse 2 und die eine aus Klasse 1, die keinen weiteren Gewinn erhalten. Damit bleiben für die

Gewinnklasse 3 nur noch 90 Losnummern übrig. So fortfahrend kann die jeweilige Anzahl der Losnummern bestimmt werden, die in der jeweiligen Klasse gewinnen. Sie sind in der nachfolgenden Tabelle zusammengestellt. Division der Gesamtzahl 10 000 000 durch die jeweilige Anzahl ergibt die jeweilige Gewinnchance.

Gewinn-klasse	richtige Endziffern	Anzahl der Losnummern	Chance	Quote in DM
1	7	1	1 : 10 000 000	theoretisch 1 777 500 mindestens 377 777
2	6	9	1 : 1 111 111	77 777
3	5	90	1 : 111 111	7 777
4	4	900	1 : 11 111	777
5	3	9 000	1 : 1 111	77
6	2	90 000	1 : 111	17
7	1	900 000	1 : 11	5
Summe		1 000 000	1 : 10	

Falls alle 10 Millionen Losnummern in der gleichen Anzahl abgegeben werden, erhöht sich jeweils die Anzahl der Losnummern um den gleichen Faktor. Wenn alle 10 Millionen Lose fünfmal abgegeben würden, müssten die in der obigen Tabelle angegebenen Anzahlen der Losnummern jeweils mit 5 multipliziert werden. Die Chancen für einen Gewinn in der jeweiligen Gewinnklasse bleiben jedoch erhalten.

Insgesamt gewinnen 1 Million Losnummern. Daher hat jedes einzelne Los eine Gewinnchance von 1 : 10. Dies ist die Chance, mit einem Los überhaupt zu gewinnen. Diese Gewinnchance kann sehr einfach berechnet werden. Es handelt sich um die Chance dafür, dass die Endziffer einer Losnummer mit der Endziffer der Gewinnzahl übereinstimmt. Bei 1 Million der insgesamt 10 Millionen möglichen Losnummern ist dies der Fall. Falls aber in einer Losnummer mehrere Endziffern mit denen der Gewinnzahl in der richtigen Reihenfolge übereinstimmen, gibt es bereits einen höheren Gewinn. Dann scheidet ein Gewinn der Klasse 7 aus. Daher beträgt die Chance eines Loses auf einen Gewinn in der 7. Klasse 1 : 11 und nicht 1 : 10.

Wir wollen nachrechnen, welcher Anteil von den Gesamteinnahmen ausgeschüttet wird bzw. in den Jackpot gelangt. Der Rest wird dann von der Gesellschaft vereinnahmt. Falls alle 10 Millionen möglichen Losnummern genau einmal abgegeben werden, erhält man aus der obigen Tabelle die Ausschüttungssumme (ohne Berücksichtigung eines Jackpots)

$$1 \cdot 1\,777\,500 + 9 \cdot 77\,777 + 90 \cdot 7\,777 + 900 \cdot 777 + 9\,000 \cdot 77$$
$$+ 90\,000 \cdot 17 + 900\,000 \cdot 5 = 10\,599\,723 \text{ DM}.$$

Da jedes Los 2,50 DM kostet, betragen die Gesamteinnahmen 25 Millionen DM. Davon werden ungefähr 42,40 Prozent ausgeschüttet. Der Ausschüttungsbetrag einschließlich der Einstellung in den Jackpot für die Gewinnklasse 1 liegt mit 7,11 % von der Einzahlungssumme jeweils fest. Die Höhe der gesamten Ausschüttung hängt aber von der Anzahl der Gewinne in den übrigen Klassen ab. Auf Dauer werden jedoch im Mittel 42,40 Prozent der Einzahlungssumme ausgeschüttet, wobei die prozentualen Ausschüttungsbeträge in den Ziehungen um den Wert 42,40 % schwanken.

Bei der Ziehung am 5. Juni 1999 blieb ein Jackpot in Höhe von DM 13 042,60 übrig. Am nachfolgenden Samstag, den 12. Juni 1999, betrug der Spieleinsatz 27 440 310 DM. Da ein Teilnahmeschein 2,50 DM kostet, wurden insgesamt 10 976 124 Spielscheine für das Spiel 77 abgegeben. Dabei gab es folgende Gewinne:

Klasse 1 (ganze Gewinnzahl richtig)	Jackpot	1 964 048,60 DM
Klasse 2 (6 richtige Endziffern)	7 ×	77 777, − DM
Klasse 3 (5 richtige Endziffern)	111 ×	7 777, − DM
Klasse 4 (4 richtige Endziffern)	1 000 ×	777, − DM
Klasse 5 (3 richtige Endziffern)	10 536 ×	77, − DM
Klasse 6 (2 richtige Endziffern)	105 179	× 17, − DM
Klasse 7 (1 richtige Endziffer)	1 043 560	× 5, − DM

Da sich im Jackpot aus der Vorwoche 13 042,60 DM befanden, kam vom gesamten Spieleinsatz für diesen Ziehungstag nur

$$1\,964\,048,60 - 13\,042,60 = 1\,951\,006 \text{ DM}$$

zusätzlich in den Jackpot. Das sind wie vorgesehen 7,11 Prozent des Gesamteinsatzes. Zusammen mit den anderen Gewinnen ergibt dies einen Auszahlungsbetrag von

$$1\,951\,006 + 7 \cdot 77\,777 + 111 \cdot 7\,777 + 1\,000 \cdot 777 + 10\,536 \cdot 77 + 105\,179 \cdot 17$$
$$+ 1\,043\,560 \cdot 5 = 11\,952\,807,00 \text{ DM}.$$

Insgesamt wurden also 43,56 Prozent des Gesamteinsatzes, also mehr als der Durchschnitt, ausgezahlt bzw. ein Teil davon in den Jackpot für die nachfolgende Ausspielung eingestellt. Während die Gewinnklassen 3, 5, 6 und 7 überbesetzt waren, lag die Anzahl der Gewinne in den ersten beiden Klassen unter dem Durchschnitt.

3. Super 6

Im Gegensatz zum Spiel 77 sind bei der Lotterie Super 6 für die Gewinner-
mittlung nur die sechs Endziffern der Losnummer entscheidend. Da die
erste Ziffer der Losnummer auf den Gewinn keinen Einfluss hat, gibt es unter Weglassen der ersten Ziffer insgesamt $10^6 = 1$ Million verschiedene
Möglichkeiten. Für jede Mittwochs- bzw. Samstagsveranstaltung der Lotterie Super 6 wird unabhängig von der Gewinnzahl für das Spiel 77 eine
sechsstellige Gewinnzahl zwischen 000 000 und 999 999 gezogen. Dabei gibt
es die Gewinnklassen:

Gewinnklasse 1:
Hier gewinnen die teilnehmenden Spielverträge, deren Losnummer in den 6
Endziffern mit der gezogenen Gewinnzahl in richtiger Reihenfolge überein-
stimmt. Die Quote beträgt 100 000 DM.

Gewinnklasse 2:
Für jeden teilnehmenden Spielvertrag, dessen Losnummer in den 5 Endziffern mit den 5 Endziffern der gezogenen Gewinnzahl in der richtigen Reihenfolge übereinstimmt, wird der Betrag 10 000 DM ausgezahlt.

Gewinnklasse 3:
Falls in einem teilnehmenden Spielvertrag die Losnummer in den 4 Endziffern mit den 4 Endziffern der gezogenen Gewinnzahl in der richtigen Reihenfolge übereinstimmt, wird der Betrag 1 000 DM ausgezahlt.

Gewinnklasse 4:
Wenn in einem teilnehmenden Spielvertrag die Losnummer in den 3 Endziffern mit den 3 Endziffern der gezogenen Gewinnzahl in der richtigen Reihenfolge übereinstimmt, gibt es den Auszahlungsbetrag 100 DM.

Gewinnklasse 5:
Für jede Losnummer, deren 2 Endziffern in richtiger Reihenfolge mit den 2
Endziffern der gezogenen Gewinnzahl übereinstimmen, gibt es 10 DM.

Gewinnklasse 6:
Für jede Losnummer, deren Endziffer mit der Endziffer der gezogenen Gewinnzahl übereinstimmt, gibt es 5 DM.

Ein Gewinn in einer Gewinnklasse schließt gleichzeitig einen Gewinn in
einer niedrigeren Gewinnklasse aus.

Im Gegensatz zum Spiel 77 gibt es auch in der ersten Gewinnklasse feste
Quoten. Analog zum Spiel 77 gehen wir davon aus, dass sämtliche
1 000 000 sechsstelligen Losnummern für die Super 6 genau einmal abgegeben werden. Dann sind die Anzahlen der Gewinne sowie die Chancen in

der nachfolgenden Tabelle zusammengestellt. Die Berechnung und Begründung verläuft wie beim Spiel 77.

Gewinn-klasse	richtige Endziffern	Anzahl der Losnummern	Chance	Quote in DM
1	6	1	1 : 1 000 000	100 000
2	5	9	1 : 111 111	10 000
3	4	90	1 : 11 111	1 000
4	3	900	1 : 1 111	100
5	2	9 000	1 : 111	10
6	1	90 000	1 : 11	5
Summe		100 000	1 : 10	

Von den 1 Million möglichen Losnummern (ohne Berücksichtigung der ersten Ziffer) gewinnen insgesamt 100 000 Losnummern. Die Chance, mit einem Los überhaupt zu gewinnen, ist daher 1 : 10. Wie beim Spiel 77 handelt es sich dabei um die Chance dafür, dass die Endziffer einer Losnummer mit der Endziffer der Gewinnzahl übereinstimmt. Bei 100 000 der insgesamt 1 Million möglichen Losnummern ist dies der Fall. Falls mehrere Endziffern mit denen der Gewinnzahl in der richtigen Reihenfolge übereinstimmen, gibt es bereits einen höheren Gewinn. Dann scheidet ein Gewinn der Klasse 6 aus. Daher beträgt die Chance eines Loses auf einen Gewinn in der 6. Klasse nicht 1 : 10, sondern 1 : 11.

Falls alle 1 000 000 möglichen Tipps für das Spiel Super 6 genau einmal abgegeben werden, lautet die Ausschüttungssumme

$$1 \cdot 100\,000 + 9 \cdot 10\,000 + 90 \cdot 1\,000 + 900 \cdot 100 + 9\,000 \cdot 10 + 90\,000 \cdot 5$$
$$= 910\,000 \text{ DM.}$$

Da ein Tipp 2 DM kostet, betragen die Einnahmen 2 Millionen DM. Davon werden dann 45,50 Prozent ausgeschüttet.

Am Samstag, den 12. Juni 1999, betrug der Spieleinsatz DM 18 017 640. Es wurden 9 008 820 Spielscheine abgegeben. Dabei gab es folgende Gewinne:

Klasse 1 (6 richtige Endziffern)	13 ×	100 000 DM	
Klasse 2 (5 richtige Endziffern)	90 ×	10 000 DM	
Klasse 3 (4 richtige Endziffern)	874 ×	1 000 DM	
Klasse 4 (3 richtige Endziffern)	8 354 ×	100 DM	
Klasse 5 (2 richtige Endziffern)	80 792 ×	10 DM	
Klasse 6 (1 richtige Endziffer)	789 122 ×	5 DM	

In der Klasse 1 ist die Anzahl der Gewinne wesentlich größer als die erwartete Anzahl 9. Auch in der Klasse 2 lag die Zahl 90 deutlich über der erwarteten Zahl 81. Die Auszahlungssumme von 8 662 930 beträgt hier 48,08 Prozent des Spieleinsatzes.

Kapitel 6
GlücksSpirale

1. Spielbedingungen

Für die GlücksSpirale findet jeden Samstag eine Wochenziehung und anschließend eine Prämienziehung statt. Ferner erfolgt jeden Samstag die Auslosung für die Zulassung zur Extraziehung. Die Teilnahme erfolgt über einen in den Toto-Lotto-Annahmestellen erhältlichen Losschein. Auf jedem Losschein ist bereits eine siebenstellige Losnummer zwischen 0 000 000 und 9 999 999 aufgedruckt. Jedes Los kann wahlweise als Einzellos oder als Dauerlos gespielt werden. Dazu muss die gewünschte Laufzeit angekreuzt werden. Der Einsatz beträgt 5 DM je Veranstaltung. Hinzu kommen noch Gebühren.

2. Wochenziehung

In den Wochenziehungen gibt es folgende Gewinngruppen:

Gewinngruppe 1:
Es wird eine 1-stellige Gewinnzahl gezogen. Alle Teilnehmer mit den Losnummern, deren Endziffer mit der gezogenen Zahl übereinstimmt, gewinnen jeweils 5,50 DM.

Gewinngruppe 2:
Gezogen wird eine 2-stellige Gewinnzahl. Auf jede Losnummer, deren beiden Endziffern in der richtigen Reihenfolge mit der Gewinnzahl übereinstimmen, entfällt ein Gewinn von 25 DM.

Gewinngruppe 3:
Es wird eine 3-stellige Gewinnzahl gezogen. Für jede Losnummer, deren 3 Endziffern in der richtigen Reihenfolge mit der Gewinnzahl übereinstimmen, gibt es 100 DM.

Gewinngruppe 4:
Gezogen wird eine 4-stellige Gewinnzahl. Auf jede Losnummer, deren 4 Endziffern in der richtigen Reihenfolge mit der Gewinnzahl übereinstimmen, fallen 1 000 DM.

Gewinngruppe 5:
Es wird eine 5-stellige Gewinnzahl gezogen. Für jede Losnummer, deren 5 Endziffern in der richtigen Reihenfolge mit der Gewinnzahl übereinstimmen, gibt es 10 000 DM.

Innerhalb der Wochenziehung schließt ein Gewinn in einer Gewinngruppe einen Gewinn in einer niedrigeren Gewinngruppe aus.

Im Gegensatz zu Spiel 77 bzw. Super 6 wird für jede Gewinngruppe unabhängig von den anderen Gewinnzahlen eine neue Gewinnzahl gezogen. Es ist prinzipiell möglich, dass die Gewinnzahl einer Gewinngruppe mit den entsprechenden Endziffern der Gewinnzahl einer höheren Gewinngruppe in richtiger Reihenfolge übereinstimmt. Dann entfällt auf das Los nur der höhere Gewinn. Wegen der Unabhängigkeit der Ziehungen der einzelnen Gewinnzahlen ist die Wahrscheinlichkeit für eine solche Situation jedoch äußerst klein. Die Wahrscheinlichkeiten dafür, dass ein zufällig ausgewähltes Los in einer der Gewinngruppen gewinnt, sind in der 3. Spalte der nachfolgenden Tabelle zusammengestellt. Dabei ist die Tatsache, dass ein höherer Gewinn gleichzeitig einen Gewinn in einer niedrigeren Klasse ausschließt, bereits berücksichtigt. In der vierten Spalte stehen die gerundeten Chancen, mit der ein einzelnes Los in der jeweiligen Gruppe gewinnt. Die exakten Chancen unterscheiden sich von den gerundeten Chancen fast gar nicht. Die auf ganze Zahlen gerundeten Gewinnchancen wären dann die exakten Gewinnchancen, falls das gleiche Los gleichzeitig in verschiedenen Gewinngruppen gewinnen könnte. Daher könnte man bei diesem Ausspielungsmodus zulassen, dass das gleiche Los gleichzeitig in mehreren Gruppen gewinnen darf. Die Wahrscheinlichkeit für einen mehrfachen Gewinn ist ja äußerst gering. Dies gilt nicht für Lotterien, bei denen die einzelnen Gewinne aus den Endziffern einer einzigen Gewinnzahl bestimmt werden, wie z. B. bei den Lotterien Spiel 77 oder Super 6 (s. Kap. 5). Die Chance, dass ein Einzellos in einer der 4 Gruppen gewinnt, beträgt

Gewinngruppe	Gewinn in DM	Wahrscheinlichkeit	Chance (gerundet)
5	10 000	0,000010000	1 : 100 000
4	1 000	0,000099999	1 : 10 000
3	100	0,000999890	1 : 1000
2	10	0,009988901	1 : 100
1	5,50	0,098890121	1 : 10
Gewinn in einer der 4 Gruppen		0,109988911	1 : 9

Für die Wochenziehung vom 12. 6. 1999 betrug der Spieleinsatz 7 451 220 DM. Bei einem Lospreis von 5 DM nahmen daher 1 490 244 Lose an der Ziehung teil. Die gezogenen Endziffern und Gewinne sind in der nachfolgenden Tabelle zusammengestellt.

Gewinngruppe	Gewinnhöhe in DM	Gewinnzahl	Anzahl der Gewinne
1	10 000	77 833	13
2	1 000	1 454	139
3	100	271	1 300
4	25	98	16 311
2	5,50	2	141 009

3. Prämienziehung

Bei der Prämienziehung werden zwei verschiedene 7-stellige Gewinnzahlen gezogen. Alle teilnehmenden Lose, deren Losnummer mit einer der beiden Gewinnzahlen übereinstimmt, erhalten eine monatliche Sofortrente. Dabei zahlt die Gesellschaft bei einer Lebensversicherungsgesellschaft folgende Beträge ein:

a) Für jeden Gewinner 2 000 000 DM, falls höchstens 10 Gewinne ermittelt werden.

b) Insgesamt $10 \cdot 2\,000\,000 = 20\,000\,000$ DM, falls es mehr als 10 Gewinne gibt. Dann gibt es für jeden Gewinner den gleichen Anteil.

Innerhalb von 4 Wochen nach Erhalt des Angebots der Sofortrente kann die Sofortrente ganz oder teilweise abgelöst werden. Dann erhält man den sich aus der Einzahlung ergebenden Betrag ausgezahlt. Der Fall b) wird z. Zt. kaum eintreten. Dazu müssten die Spieleinsätze wesentlich höher sein. Die Chance dafür, dass ein Los bei der Prämienziehung ausgespielt wird, beträgt 1 : 5 000 000.

In der Woche vom 12. 6. 1999 wurden die beiden Gewinnzahlen 5 460 882 und 1 219 265 gezogen. Es gab einen Gewinn von 2 000 000 DM bzw. eine Sofortrente von monatlich 10 000 DM.

4. Extraziehung

Wöchentlich werden zwei verschiedene 6 - stellige Gewinnzahlen gezogen. Alle Spielteilnehmer, deren Losnummer in den 6 Endziffern in dieser Reihenfolge mit einer der beiden Gewinnzahlen übereinstimmt, nehmen an der Extraziehung teil. Die Chance dafür, dass ein Los bei der Extraziehung ausgespielt wird, beträgt 2 : 1 000 000, also 1 : 500 000.

Jede zur Extraziehung zugelassene Person gewinnt mindestens 100 000 DM. Der Gewinn für jede teilnahmeberechtigte Person wird einzeln mit einem Glücksrad ausgelost. Dabei ist das Glücksrad so gestaltet, dass die Chancen auf die möglichen Gewinne folgendermaßen verteilt sind:

10 %	für einen Gewinn in Höhe von 1 000 000 DM
5 %	für einen Gewinn in Höhe von 500 000 DM
10 %	für einen Gewinn in Höhe von 250 000 DM
25 %	für einen Gewinn in Höhe von 200 000 DM
50 %	für einen Gewinn in Höhe von 100 000 DM.

Die Chancen auf die einzelnen Gewinne stehen also im Verhältnis 10 : 5 : 10 : 25 : 50 oder 2 : 1 : 2 : 5 : 10. Jede zur Extraziehung zugelassene Person gewinnt also mindestens 100 000 DM . Die Chancen eines Loses für die einzelnen Gewinne in der Extraziehung lauten:

Gewinn in DM	Chance
1 000 000	1 : 5 000 000
500 000	1 : 10 000 000
250 000	1 : 5 000 000
200 000	1 : 2 000 000
100 000	1 : 1 000 000

In der Woche vom 12. Juni 1999 lauteten die Gewinnzahlen für die Teilnahme an der Extraziehung 510 059 und 918 561. Es gab vier Gewinne zu je 100 000 DM.

Kapitel 7
Aktion Mensch-Lotterie
(bis März 2000: Aktion Sorgenkind-Lotterie)

1. Spielbedingungen

Die frühere Lotterie *Aktion Sorgenkind* heißt seit März 2000 *Aktion Mensch*. Sie wird von der „Deutschen Behindertenhilfe-Aktion Sorgenkind e. V." durchgeführt. Dabei handelt es sich um Spitzenverbände der Freien Wohlfahrtspflege sowie um das Zweite Deutsche Fernsehen. Zur Teilnahme benötigt man ein Los, auf dem eine zwölfstellige Losnummer aufgedruckt ist. Diese Losnummer entscheidet über den Gewinn. Lose sind bei den Sparkassen, Banken oder bei der Post erhältlich. Dort findet auch die Einzahlung statt.

Der Einsatz für ein **Monatslos** beträgt 3 DM. Es nimmt an einer monatlichen Haupt- und an vier Wochenendprämienziehungen teil. Ein **Jahreslos** für 36 DM nimmt an 12 monatlichen Hauptziehungen und 52 Wochenendprämienziehungen teil. Das **Dauerlos** für 36 DM gilt wie das Jahreslos für 12 Haupt- und 52 Wochenendprämienziehungen. Der Betrag von 36 DM wird jährlich per Dauerauftrag überwiesen oder von der Gesellschaft eingezogen, bis das Los gekündigt wird. Daneben gibt es noch ein **Superlos**. Das Superlos kostet 15 DM und nimmt an einer Hauptziehung und an allen bis zur nächsten Hauptziehung folgenden Wochenendprämienziehungen und wöchentlichen Superprämienziehungen teil. Der Betrag von 15 DM muss monatlich als Dauerauftrag überwiesen werden bzw. wird von der Gesellschaft eingezogen, bis das Los gekündigt wird. Ab dem 1.1.2002 (Euroumstellung) werden alle Daueraufträge auf Einzugsermächtigung umgestellt.

Vom monatlichen Spielkapital werden mindestens 30 % als Gewinn ausgespielt und 16 2/3 % als Lotteriesteuer an das Finanzamt abgeführt. Der Reinerlös ist im wesentlichen für Behinderte oder zur Vorsorge und Früherkennung von Behinderungen bestimmt.

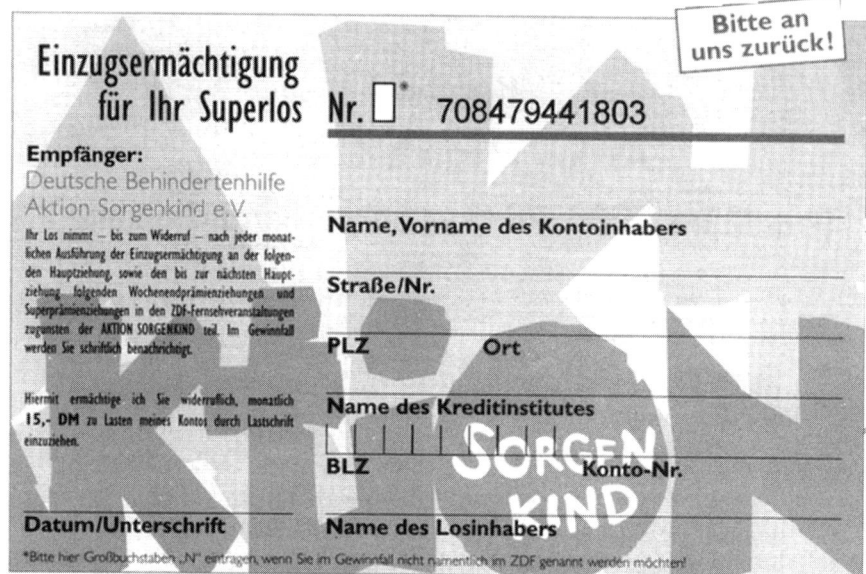

2. Monatliche Hauptziehung

Die monatlichen Hauptziehungen werden jeden Monat einmal, z. Zt. jeweils an einem Donnerstag um 20.15 Uhr, in der ZDF - Show „Das große Los" ausgestrahlt. Einzahlungsstichtag für die Teilnahme an der Hauptziehung ist jeweils der 9. Tag nach der letzten Ausspielung. An der Hauptziehung nehmen alle Lose teil, die bis zum 5. Bankgeschäftstag nach dem Einzahlungsstichtag dem Auswertungsservice auswertbar vorliegen. Später eingehende Lose nehmen erst an der darauffolgenden Hauptziehung teil. Für jede Hauptziehung wird vor der Ausstrahlung eine vierstellige Gewinnzahl ermittelt, aufgezeichnet und in der monatlichen ZDF - Show ausgestrahlt.

Gewinner im **8. Rang** ist jeder Teilnehmer, in dessen Losnummer die letzten beiden Ziffern (Endziffern) mit den letzten beiden Ziffern der Gewinnzahl in der richtigen Reihenfolge übereinstimmen. Der Gewinn beträgt jeweils 15 DM.

Im **7. Rang** gewinnen die Losnummern, deren letzten drei Ziffern mit den letzten drei Ziffern der Gewinnzahl in der richtigen Reihenfolge übereinstimmen. Der Gewinn beträgt 100 DM.

Im **6. Rang** gibt es für jede Losnummer, deren letzten vier Ziffern mit der ganzen Gewinnzahl in der richtigen Reihenfolge übereinstimmen, jeweils 1000 DM.

Bei diesen 3 Rängen schließt ein höherer Gewinn gleichzeitig einen niedrigeren aus. Wer 1000 DM gewinnt, hat zwar auch die letzten drei und die letzten beiden Endziffern richtig. Doch dafür gibt es keinen zusätzlichen Gewinn. Der Gewinn bleibt bei 1000 DM.

Die Chancen für Gewinne von 1000 DM, 100 DM und 15 DM sind unabhängig von der Anzahl der insgesamt eingezahlten Lose. Für den Gewinn eines Loses bei der monatlichen Hauptziehung sind nur die letzten vier Ziffern entscheidend. Insgesamt gibt es $10^4 = 10\,000$ verschiedene vierstellige Endzahlen zwischen $0\,000$ und $9\,999$. Im Berechnungsmodell gehen wir davon aus, dass alle $10\,000$ Losnummern mit den $10\,000$ verschiedenen Endziffern genau einmal abgegeben werden. Dann gewinnt nur eines im 6. Rang. Insgesamt gibt es 10 Losnummern mit 3 richtigen Endziffern. Bei diesen 10 Losnummern sind die viertletzten Ziffern der Reihe nach gleich $0, 1, \ldots, 9$. Bei genau einem davon stimmen alle vier Endziffern in der richtigen Reihenfolge mit der vierstelligen Gewinnzahl überein. Da dieses bereits im 6. Rang gewonnen hat, wird dafür kein Gewinn mehr ausgezahlt. Damit gewinnen 9 der Lose im 7. Rang. Mit zwei richtigen Endziffern gibt es zunächst 100 verschiedene Lose. Dabei bilden die viert- und drittletzte Endziffer dieser Gewinnlose die Zahlen zwischen $00, 01, \ldots$ und 99. Neun dieser Lose haben aber bereits im 7. Rang und eines im 6. Rang gewonnen, so dass es für diese Lose keinen Gewinn mehr gibt. Es gibt also nur 90 der $10\,000$ Lose, die im 8. Rang gewinnen. Die Anzahlen der jeweiligen Gewinne sind in der 3. Spalte der nachfolgenden Tabelle zusammengestellt. In der 4. Spalte steht die Chance, mit der ein zufällig ausgewähltes Los im jeweiligen Rang gewinnt. Dabei sind die Werte gerundet.

Rang	richtige Endziffern	Anzahl der Gewinne	Chance	Quote
6	4	1	1: 10 000	1 000 DM
7	3	9	1: 1 111	100 DM
8	2	90	1: 111	15 DM
Gewinne in Rang 6 bis 8		100	1: 100	

Die gleiche Gewinnchance erhält man mit dem Modell, in dem alle $10\,000$ Möglichkeiten gleich oft abgegeben werden. Die Chance, mit einem Einzellos in einem der Ränge 6 bis 8 zu gewinnen, beträgt 1:100. Dies ist die Chance dafür, dass die beiden Endziffern der Losnummer mit den beiden Endziffern der vierstelligen Gewinnzahl in der richtigen Reihenfolge übereinstimmen. Dabei ist zu berücksichtigen, dass die Gewinner der Ränge 6 und 7 auch die beiden Endziffern richtig haben. Wegen des Ausschlusses eines Mehrfachgewinns erhalten diese keinen zusätzlichen Gewinn.

Die Gewinne des 5., 4., 3., 2. und 1. Ranges werden aus der Menge aller
Gewinne im 6., 7. und 8. Rang einen Tag vor oder am Tag der monatlichen ZDF - Fernseh - Show manuell gezogen.

Im 1. **Rang** gibt es einen Gewinn über 1 000 000 DM, im 2. **Rang** einen Gewinn von 500 000 DM, im 3. **Rang** einen über 250 000 DM, im 4. **Rang**
mindestens 3 Gewinne von jeweils 100 000 DM und im 5. **Rang** mindestens
9 Gewinne über jeweils 10 000 DM.

Die Chancen eines Loses für diese höheren Gewinne hängen stark von der
Anzahl der kleinen Gewinne und damit von der Anzahl der abgegebenen
Lose ab. Daher können die Chancen nicht exakt berechnet werden.

Am 26.8.1999 lautete die Gewinnzahl 3570. Die Anzahl der jeweiligen Gewinne ist in der nachfolgenden Tabelle zusammengestellt.

Rang	Gewinn in DM	Endziffern	Anzahl der Gewinne
8	15	70	55 155
7	100	570	5 539
6	1 000	3570	575
5	10 000	manuelle Ziehung	43
4	100 000	manuelle Ziehung	15
3	250 000	manuelle Ziehung	1
2	500 000	manuelle Ziehung	1
1	1 000 000	manuelle Ziehung	1

3. Wöchentliche Prämienziehung

Neben der Teilnahme an der monatlichen Hauptziehung nimmt jedes Los
automatisch auch an den wöchentlichen Prämienziehungen statt. Aus sämt-
lichen vorliegenden Losen werden unabhängig von den Gewinnen der
Hauptziehung jeden Freitag unter behördlicher Aufsicht drei Gewinne über
jeweils 10 000 DM ermittelt.

4. Wöchentliche Superprämienziehung

Jedes Superlos nimmt zunächst an der monatlichen Hauptziehung und den
Wochenendprämienziehungen teil. Zusätzlich nimmt es noch an den
wöchentlichen Superprämienziehungen teil. Die Superprämiengewinnzahlen
werden z. Zt. jeden Donnerstag um 18.40 Uhr im ZDF sowie im Internet
bekanntgegeben. Für die Ränge 1 bis 4 werden voneinander unabhängige
Gewinnzahlen gezogen.
Für den 1. **Rang** wird eine siebenstellige Gewinnzahl gezogen. Falls die 7
Endziffern der Losnummer mit dieser Gewinnzahl in der richtigen Reihen-

folge übereinstimmen, ist der Gewinn ein Traumhaus mit Grundstück im
Wert von 1 Million DM. Innerhalb von vier Wochen nach Benachrichti-
gung kann anstelle des Hausgewinns eine Barwertablösung von 100 % des
Betrages gewählt werden.

Für den **2. Rang** wird unabhängig von der Gewinnzahl des ersten Ranges
eine sechsstellige Gewinnzahl ermittelt. Falls die 6 Endziffern der Losnummer in richtiger Reihenfolge mit dieser Gewinnzahl übereinstimmen, beträgt der Gewinn 100 000 DM.

Die Gewinnzahl für den **3. Rang** ist fünfstellig. Falls die 5 Endziffern der
Losnummer mit dieser Gewinnzahl in der richtigen Reihenfolge übereinstimmen, gibt es 10 000 DM.

Falls die 4 Endziffern in der richtigen Reihenfolge mit der vierstelligen Gewinnzahl des **4. Ranges** übereinstimmen, gibt es 1 000 DM.

Die Wahrscheinlichkeiten und Chancen (gerundet) eines einzigen Superloses für einen Gewinn in einer einzelnen Ziehung lauten:

Rang	Gewinn in DM	Wahrscheinlichkeit	Chance (gerundet)
1	1 000 000	0,000000100	1 : 10 000 000
2	100 000	0,000001000	1 : 1 000 000
3	10 000	0,000010000	1 : 100 000
4	1 000	0,000099999	1 : 10 000
Gewinn in einem der 4 Ränge		0,100111099	1 : 9 001

Hier handelt es sich um die gerundeten Chancen eines einzigen Superloses
bei einer Superprämienziehung. Da jedes Superlos an vier Ziehungen teilnimmt, sind die Chancen bezogen auf alle vier Ziehungen zusammen viermal größer. Die gerundeten Chancen wären exakt die Chancen eines Loses,
wenn ein Los bei einer Ziehung gleichzeitig in mehreren Rängen gewinnen
könnte. Die exakten Chancen unterscheiden sich jedoch von den gerundeten kaum. Der Grund dafür liegt in der Tatsache, dass für die einzelnen
Ränge unabhängig voneinander verschiedene Gewinnzahlen ausgespielt werden. In der letzten Spalte ist die Chance angegeben, mit der ein einzelnes
Los bei einer Ausspielung in einem der Ränge 1 bis 4 gewinnt. Diese beträgt (gerundet) 1 : 9 0001.

Am 2.9.1999 wurden folgende Gewinnzahlen gezogen:

Rang	Gewinn	Gewinnzahl
1	1 000 000 DM (Traumhaus)	3 637 837
2	100 000 DM	620 924
3	10 000 DM	04 009
4	1 000 DM	0 477

5. Aufteilung der monatlichen Gewinnsumme

Von der für einen Monat zur Verfügung stehenden Ausschüttungssumme
(30 % des Spielkapitals) werden zunächst die monatlichen Gewinne aller
teilnahmeberechtigten Monats-, Jahres-, Dauer- und Superlose in den
Rängen 8, 7, 6, 3, 2, 1 sowie die Wochenendprämiengewinne (wöchentlich
insgesamt $3 \times 10\,000$ DM) abgezogen. Danach wird aufgrund der Einzahlungen von 3 DM - einschließlich des Anteils aus den Superlosen - ermittelt,
wie hoch die Anzahl der Gewinne im vierten und fünften Rang ist. Um
diesen Betrag wird die Gewinnsumme ebenfalls gekürzt. Die verbleibende
Restgewinnsumme steht für die Ränge 1 bis 4 der Hauptziehung zur Verfügung.

Für den Monat Dezember 1998 (Hauptziehung am 17.12.) gab es folgende
Einzahlungen: 4 573 597 Monatslose zu je 3 DM und 1 424 130 Superlose zu
je 15 DM. Damit betrug das Spielkapital für diesen Monat 35 082 741 DM.
Die Gesamtausschüttung von 30 % beträgt 10 524 822,80 DM. Für die
Wochenendprämiengewinne wurden anteilig 130 000 DM berechnet. In der
Hauptziehung gab es folgende Gewinne:

8. Rang	55 286	×	15 DM
7. Rang	5 451	×	100 DM
6. Rang	591	×	1 000 DM
5. Rang	35	×	10 000 DM
4. Rang	12	×	100 000 DM
3. Rang	1	×	250 000 DM
2. Rang	1	×	500 000 DM
1. Rang	1	×	1 000 000 DM .

Die Gewinnsumme betrug 5 265 390 DM. Für die Superprämiengewinne
blieben damit noch $10\,524\,822,80 - 130\,000 - 5\,265\,390 = 5\,129\,432,80$ DM
übrig. Aus der Anzahl der Gewinne mit 15, 100 und 1 000 DM schätze ich,
dass ungefähr 6 Millionen Lose an dieser Ziehung teilnahmen.

6. Sonderverlosung

Falls während eines Jahres die garantierte Gewinnausschüttungsquote von
30 % bei den Superprämienziehungen unterschritten wird, finden im nachfolgenden Jahr Sonderverlosungen statt.

In der Sonderverlosung am 26.8.1999 wurden 9 Gewinne über jeweils
1 000 000 DM ausgelost.

Kapitel 8
ARD-Fernsehlotterie „Die Goldene 1"

1. Teilnahmebedingungen

Die ARD-Fernsehlotterie „Die Goldene 1" wird alle sechs Wochen, z. Zt. montags um 20.15 Uhr, von der ARD durchgeführt. Sie ist die älteste Fernsehlotterie der Welt. Zur Teilnahme benötigt man ein Los. Bis zur Euroumstellung kostet ein **Einzellos** 5 DM bzw. 5 EURO. Wer in Euro bezahlt, erhält auch die Gewinne in Euro ausgezahlt. Mit einem Einzellos nimmt man an einer Hauptziehung und den jeweils nachfolgenden sechs Wochenziehungen sowie an einer Sonderziehung teil, sofern eine stattfindet. Ein **Jahreslos** kostet 45 DM bzw. 45 EURO. Es nimmt an 9 Haupt- und 54 Wochenziehungen teil. Mit einem **Dauerlos** für 45 DM bzw. 45 EURO jährlich nimmt man unabhängig von den Einzahlungsstichtagen an allen Haupt- und Wochenziehungen so lange teil, bis es widerrufen wird. Die Einzahlungsscheine sind bei den Banken, Sparkassen und Postämtern erhältlich. Sie enthalten aufgedruckte zwölfstellige Losnummern.

DAUERAUFTRAG ZUR TEILNAHME AN DER ARD-FERNSEHLOTTERIE
„DIE GOLDENE 1"

Ich/Wir bitte(n) zu Lasten des untengenannten Kontos folgenden Dauerauftrag einmal jährlich auszuführen.

Empfänger

ARD-FERNSEHLOTTERIE   Jährlicher-Dauerauftrag   eurodauerlos

Konto-Nr. des Empfängers

8888

Bankleitzahl

250 500 00

Dieses Los nimmt erstmalig an der Ziehung des auf den angegebenen Erstausführungstermin folgenden Monats teil.

Erstausführungstermin (Monat/Jahr)

0 1

Betrag

EUR   45,00

Losnummer

976990600253

PLZ und Straße des Lotterieteilnehmers (max. 27 Stellen)

Kontoinhaber: Name, Vorname, Ort (max. 27 Stellen, keine Straßen- oder Postfachangaben)

Konto-Nr. des Kontoinhabers

Jährliches eurodauerlos

Der Dauerauftrag ist bis auf schriftlichen Widerruf auszuführen. Die Ausführung richtet sich nach den entsprechend... Bedingungen des kontoführenden Kreditinstituts.

Datum _____   Unterschrift _____

Nach Maßgabe der Gewinnpläne werden Gewinne im Gesamtwert von mindestens 28,5 % des Spielkapitals ausgezahlt. Der Zweckertrag der Lotterie wird von der Deutschen Fernsehlotterie GmbH voll an das Deutsche Hilfswerk, Stiftung des bürgerlichen Rechts, Hamburg, abgeführt und von diesem nach Maßgabe der Satzung vor allem für die Jugend, Alten- und Behindertenhilfe verwendet.

Voraussetzung für die Teilnahme an einer Hauptziehung ist, dass der Geldbetrag und das Los bis zu dem von der Deutschen Fernsehlotterie GmbH bekanntgegebenen Einzahlungsschlusstermin eingezahlt und überwiesen bzw. abgebucht ist. Ferner muss dieser Betrag bis zum fünften auf den Schlusstermin folgenden Bankarbeitstag bei der Gesellschaft eingegangen sein. Später eingezahlte bzw. eingegangene Beträge gelten als Einzahlung für die nachfolgende Ausspielung.

2. Hauptziehung

Die Auslosung findet alle 6 Wochen live im Ersten Deutschen Fernsehen statt. In der Hauptziehung wird jeweils eine sechsstellige Gewinnzahl gezogen.

5. Rang:
Jeder Teilnehmer, in dessen Losnummer beide Endziffern in richtiger Reihenfolge mit den letzten beiden Ziffern der Gewinnzahl übereinstimmen, gewinnt 10 DM bzw. 10 EURO.

4. Rang:
Jeder Teilnehmer, dessen drei Losnummer-Endziffern in richtiger Reihenfolge mit den drei letzten Ziffern der Gewinnzahl übereinstimmen, gewinnt 200 DM bzw. 200 EURO.

3. Rang:
Jeder Teilnehmer, dessen vier Losnummer-Endziffern in richtiger Reihenfolge mit den vier letzten Ziffern der Gewinnzahl übereinstimmen, erhält 500 DM bzw. 500 EURO.

Von dem gesamten Einzahlungskapital in DM und EURO werden die Ausschüttungen für die Ränge 5, 4 und 3 sowie die Ausschüttungen an die Wochengewinner (mindestens sechsmal 50 000 DM) abgezogen. 40 % davon wird für die Ausschüttung im Rang 2 und 60 % im Rang 1 bereitgestellt. Der entsprechende Betrag wird unter den Gewinnern des jeweiligen Ranges gleichmäßig aufgeteilt. Dabei werden die Quoten für ein Eurolos auch in EURO ausgezahlt. Der 1. Rang wird mit mindestens dem Gegenwert von 1 Million EURO ausgestattet. Der Einzelgewinn im 2. Rang ist maximal begrenzt auf 75 % eines Einzelgewinns im 1. Rang.

2. Rang:

Gewinner im 2. Rang sind die Teilnehmer, deren fünf Losnummer - Endziffern in richtiger Reihenfolge mit den fünf letzten Ziffern der Gewinnzahl übereinstimmen.

1. Rang:

Gewinner im 1. Rang sind die Teilnehmer, deren sechs Endziffern in der Losnummer in richtiger Reihenfolge mit den letzten sechs Ziffern der Gewinnzahl übereinstimmen.

Falls der 1. Rang nicht besetzt ist, wird der für diesen Rang zur Verfügug stehende Betrag zu 70 % unter den Gewinnern des 2. Ranges und zu 30 % unter denen des 3. Ranges aufgeteilt. Diese Regelung gilt entsprechend zugunsten der jeweils niedrigeren Ränge sowie im Falle der Gewinnbegrenzung für verbleibende Gewinnanteile.

Jeder Gewinn schließt einen niedrigeren Gewinn aus. Mit dem gleichen Los kann man in einer einzigen Ausspielung also höchstens einmal gewinnen.

Theoretische Quoten

Die Anzahl der verschiedenen sechsstelligen Losnummern beträgt wie bei der Lotterie Super 6 insgesamt $10^6 = 1\,000\,000$. Daher kann die jeweilige Anzahl der Gewinnlose aus der Lotterie Super 6 direkt übernommen werden (s. Kap. 5, Abschnitt 3). Zur Berechnung der theoretischen (erwarteten) Quoten nehmen wir an, sämtliche der sechsstelligen Losnummern werden jeweils dreimal abgegeben, und zwar in DM. Die Anzahl der jeweiligen Gewinne ist in der 3. Spalte der nachfolgenden Tabelle angegeben. Man erhält diese Werte durch Multiplikation der Werte aus der Super 6 mit dem Faktor 3. In der 4. Spalte sind die Chancen auf einen entsprechenden Gewinn mit einem zufällig ausgewählten Los angegeben.

Insgesamt beträgt die Spielsumme 15 Millionen DM. 28,5 % davon, also 4 275 000 DM, stehen für die Ausschüttung zur Verfügung. Für die ersten 3 Ränge werden 945 000 DM ausgeschüttet. Zusätzlich müssen noch 6 mal 50 000 DM, also 300 000 DM, für die Wochengewinner reserviert werden. Damit steht für den 1. und 2. Rang ein Betrag von 3 003 000 DM zur Verfügung. 60 % davon sind 1 818 000 DM, also weniger als der Mindestbetrag von 2 Millionen DM. Daher werden für den ersten Rang 2 Millionen DM bereitgestellt. Jeder der drei Gewinner erhält 666 666,67 DM. Der Rest von 1 003 000 DM wird unter den 27 Gewinnern aufgeteilt. Jeder erhält dann 37 148,15 DM. Falls es im ersten Rang nur zwei Gewinner gäbe, würde jeder davon 1 Million DM erhalten. Dies ist tatsächlich sehr oft der Fall. Division des für die Ausschüttung in den jeweiligen Rängen zur Verfügung stehenden Betrags durch die Anzahl der Gewinne ergibt die Quoten. In der nachfolgenden Tabelle sind diese Werte zusammengestellt.

Rang	richtige Endziffern	Anzahlder Gewinne	Chance	theoretische Quote in DM/EURO
1	6	3	1 : 1 000 000	666 666,67
2	5	27	1 : 111 111	37 148,15
3	4	270	1 : 11 111	500
4	3	2 700	1 : 1 111	200
5	2	27 000	1 : 111	10
Gewinne in Rang 1 bis 5		30 000	1 : 100	(ges. Gewinnchance)

Die Quoten werden auf ganze DM gerundet.

In der Hauptziehung vom 5.7.1999 lautete die sechsstellige Gewinnzahl 342 775. Dabei gab es folgende Gewinne:

Rang	Endziffern	Anzahl Gewinne	Gewinn in DM/EURO
1	342 775	2	1 000 000
2	42 775	34	29 963
3	2 775	280	500
4	775	2 850	200
5	75	28 431	10

In der Hauptziehung vom 16.8.1999 lautete die sechsstellige Gewinnzahl 342 775. Dabei gab es folgende Gewinne:

Rang	Endziffern	Anzahl Gewinne	Gewinn in DM/EURO
1	126 638	6	333 334
2	26 638	26	39 903
3	6 638	253	500
4	638	2 726	200
5	38	27 998	10

3. Wochenziehung

Neben der Teilnahme an der Hauptziehung nimmt jeder Einzahler an den auf diese Hauptziehung folgenden sechs Wochenziehungen teil. Jahreslose nehmen an insgesamt 54 Wochenziehungen teil. Die siebenstelligen Losnummer - Endziffern der Wochengewinner werden im Ersten Deutschen Fernsehen bekanntgegeben.

Je Wochenziehung stehen insgesamt mindestens 50 000 DM, höchstens jedoch 3 % des Spielkapitals der jeweiligen Hauptziehung unter Anrechnung von gespendeten Gewinnen oder Spendenanteilen für Sachgewinne (in der Regel je zwei PKW und zwei Reisen) bzw. Geldgewinne zur Verfügung.

Aus allen EURO-Losen werden als Wertausgleich zu den DM-Losen in jeder Wochenziehung zwei Gewinne gezogen, deren Besitzer an der nach zwei Hauptziehungen stattfindenden Quartalsauslosung teilnehmen.

In der Wochenziehung vom 29.8.1999 gab es folgende Sachgewinne:

Endziffern	Gewinn
5 363 286	CITROEN „XSARSA" Coupé, 1.8. SX
0 251 924	FORD „KA"
1 469 055	ADAC-Reise in den Osten der USA
0 886 360	ADAC-Reise nach Israel

4. Quartalsauslosung

An der Quartalsauslosung nehmen die 24 EUROLOS-Besitzer (Kandidaten) teil, die bei den 12 Wochenziehungen (jeweils 2) zusätzlich ausgelost wurden. Die Kandidaten können sich auch vertreten lassen.

Alle 24 Kandidaten nehmen an zwei bis sechs Vorrundenspielen teil, aus denen mit Glück und Wissen vier in die zweite Runde kommen. Die ausgeschiedenen Gewinner erhalten ein EURO-Wertpapier in Höhe von 500 EURO.

Aus den vier Mitspielern werden in einer Spielrunde, evtl. zwei gegen zwei, die beiden Finalisten ermittelt. Die ausgeschiedenen Spieler erhalten jeweils ein EURO-Wertpapier in Höhe von 5 000 EURO.
Die beiden Finalisten spielen in der Schlussrunde um den Sieg. Der Verlierer erhält ein EURO-Wertpapier in Höhe von 10 000 EURO, der Gewinner eines in Höhe von 50 000 EURO.

Nach der Schlussrunde wird in den Ziehungen A und B jeweils eine siebenstellige Gewinnzahl ermittelt. An der Ziehung A nehmen alle gültigen EURO-Lose der dieser Ziehung vorausgegangenen vorletzten Hauptziehung, an der Ziehung B die aus der letzten Hauptziehung teil. Alle Inhaber gültiger EURO-Lose, deren sieben Endziffern in der richtigen Reihenfolge mit der siebenstelligen Gewinnzahl übereinstimmen, erhalten ab sofort eine EURO-Rente. Diese beträgt z. Zt. monatlich 5 000 EURO für eine zwanzigjährige Person. Anstelle der Rente kann der entsprechende Barwert von 1 800 000 DM gewählt werden, der sonst vom Unternehmen in eine Rentenanstalt eingezahlt wird.

5. Sondergewinne

Nach Absprache mit den Finanzbehörden können zusätzlich Sondergewinne (Sachgewinne) ausgespielt werden, insbesondere, wenn hierfür ausreichend Spenden eingegangen sind. Dazu kann auch noch bis zu 5 % des Spielkapitals der jeweiligen Hauptziehung zur Verfügung gestellt werden, aus dem die Sondergewinne zusätzlich gekauft werden.

Kapitel 9
Klassenlotterien

1. Geschichte der Klassenlotterie

Im Jahre 1612 errichteten die Ratsherren der Hamburger Bürgerschaft ein Asyl für Obdachlose. Weil hierfür nicht genügend Geld zur Verfügung stand, führten sie eine *Lotterey* ein. Dies war die erste staatliche Lotterie in deutschen Landen. Der erste Gewinnplan enthielt 20 727 Gewinne. Sie bestanden aus Bargeld, Leib- und Erbrenten sowie aus Wertgegenständen. Neben den beiden Höchstgewinnen zu je 1 000 Mark gab es viele kleinere Bargewinne. Das System der Klassenlotterie war von Beginn an so erfolgreich, dass aus dem Erlös 70 000 Mark für die Obdachlosen zur Verfügung gestellt werden konnten. Inzwischen hat sich am Prinzip der Klassenlotterien grundsätzlich nichts geändert. Heute werden in bedeutend höherem Umfang Geld- und Sachgewinne verlost.

Bei den Klassenlotterien ist der Zeitraum eines Spiels in sechs Klassen eingeteilt. Die Ziehungen der einzelnen Klassen finden an den im amtlichen Spielplan festgelegten Tagen statt. Die Höhe und die Anzahl der Gewinne steigen von Klasse zu Klasse. In der letzten Ziehung der 6. Klasse gibt es nur Millionengewinne, und zwar relativ viele. Dies kann als Ansporn gewertet werden, an allen Ziehungen teilzunehmen. Neben den Geldpreisen werden noch Sachpreise ermittelt. Die Gewinne werden unabhängig von der Anzahl der verkauften Lose einer Auflage ermittelt. Zum Mitspielen benötigt man ein Los. Die Lose werden als ganze Lose (1/1-Lose) oder als Teillose ausgegeben. Früher gab es sowohl in der Nordwestdeutschen Klassenlotterie (NKL) als auch in der Süddeutschen Klassenlotterie (SKL) jeweils halbe Lose (1/2-Lose), Viertellose (1/4-Lose) oder Achtellose (1/8-Lose). In der SKL wurde im 106. Gewinnspiel (1.12.1999 bis 31.05. 20000) die Stückelung auf Losanteile im Wert von je 10 % eines ganzen Loses umgestellt. Der Gewinner eines ganzen Loses erhält den gesamten auf das Los anfallenden Gewinn. Die Gewinne für gestückelte Lose sind entsprechend niedriger. Der auf das ganze Los entfallende Gesamtgewinn wird anteilmäßig unter den Besitzern der Teillose aufgeteilt. Falls ein Sachgewinn auf ein Los fällt, das in Teillose aufgesplittet ist, wird zusätzlich durch Losentscheid bestimmt, welches Teillos den gesamten Sachpreis erhält.

2. Nordwestdeutsche Klassenlotterie NKL

Die Nordwestdeutsche Klassenlotterie (früher Hamburger Klassenlotterie)
wird von den Ländern Berlin, Brandenburg, Bremen, Hamburg, Mecklen-
burg - Vorpommern, Niedersachsen, Nordrhein-Westfalen, Saarland, Sachsen - Anhalt und Schleswig - Holstein als Staatslotterie veranstaltet.

Untersucht wird hier die 103. Lotterie vom 24. September 1999 bis 20.
März 2000. Insgesamt werden 1 600 000 Lose ausgegeben mit den Losnummern 0 000 001 bis 1 600 000. Neben der Losnummer ist noch ein Buchstabe
aufgeführt: beim 1/1 - Los der Buchstabe A, beim 1/2 - Los A oder B, beim
1/4 - Los A, B, C oder D, beim 1/8 - Los A, B, C, D, E, F, G oder H.

Die Klassen 1 bis 5 bestehen jeweils aus vier Ziehungen mit Geld- und
Sachgewinnen. In der 6. Klasse gibt es sieben Ziehungen. Zu Beginn jeder
Klasse sowie zum Ende der 6. Klasse gibt es Superziehungen mit insgesamt
120×1 Million DM.

Die Spielteilnahme kann nach jeder Klasse beendet werden.

Falls jemand von der ersten Klasse an dabei ist, beträgt der Spieleinsatz
für jede der sechs Klassen jeweils

200 DM	für ein ganzes Los
100 DM	für ein halbes Los
50 DM	für ein Viertellos
25 DM	für ein Achtellos.

Dies sind die Kosten für ein Los, das an der ersten Klasse teilnimmt
(Stammlos). Jedes Los gilt nur für die Klasse, für die es ausgestellt ist. Zur
Fortsetzung des Spiels wird jedem Teilnehmer der Vorklasse - unabhängig
von einem eventuellen Gewinn - ein Erneuerungslos mit derselben Nummer
und dem gleichen Buchstaben zu dem oben angegebenen Preis angeboten.
Zur Abnahme des Loses besteht keine Verpflichtung. Wegen der von Klasse zu Klasse steigenden Anzahl der Gewinne und der erhöhten Gewinnchancen ist es sinnvoll, das Erneuerungslos jeweils anzunehmen, auch wenn
man bereits gewonnen haben sollte, insbesondere im Hinblick auf die Super-
gewinne in der 6. Klasse. Dann kostet ein ganzes Los für alle 6 Klassen zusammen insgesamt 1 200 DM (Startlos und 5 Erneuerungslose).

Falls ein Spieler im Laufe der Lotterie ein von ihm bisher nicht gespieltes
Los erwerben will, so muss er auch den Lospreis für die vorangegangenen
Klassen nachbezahlen. Gewinnberechtigung besteht allerdings nur in den
noch ausstehenden Ziehungen der Klasse, in der das Los erworben wurde.

Ziehungsplan für **Geldgewinne** (Hauptziehungen):

In jeder Ziehungswoche der Klassen 1 bis 6 werden an verschiedenen Tagen folgende Gewinne ausgelost:

Freitag: die im Gewinnplan angegebenen Geldgewinne
Samstag: 1 Haus in Spanien zu 250 000 DM (Sachgewinn)
Sonntag: 1 Million DM (Sonntags - Million)
Montag: 10 Urlaubsreisen zu je 10 000 DM (Sachgewinne)
Dienstag: 10 Autos (Sachgewinne)
Mittwoch: 10 Diamanten zu je 10 000 DM (Sachgewinne)
Donnerstag: 5 Autos (Sachgewinne).

Zusätzlich gibt es folgende Gewinne in **TV - Shows**:

1. Auswahlziehung am 3. September 1999 und 2. Auswahlziehung am 8. Oktober 1999 mit jeweils 320 × 1 500 DM und der Chance, im TV bis zu 1 Million DM zu gewinnen.

1. NKL TV-Show am 26. September 1999 und 2. NKL TV-Show am 31. Oktober 1999 jeweils mit folgenden Gewinnen:
1 × 1 Million DM, 1 × 200 000 DM, 1 × 100 000 DM, 1 × 50 000 DM und 1 × 25 000 DM.

Losnummern, die in der 1. bis 5. Klasse gewinnen, bleiben im Spiel, auch wenn sie bereits gewonnen haben. Dagegen nehmen die Losnummern, die in der 6. Klasse einen Geldgewinn erhalten, nur noch an den weiteren Ziehungsvorgängen derselben Ziehung teil und scheiden danach aus dem Spiel aus. Losnummern, welche die Sonntags-Million gewonnen haben, bleiben auch in der 6. Klasse weiterhin im Spiel.

Zur Fortsetzung des Spiels wird dem ausgeschiedenen Spielteilnehmer der Erwerb eines Loses mit einer noch im Spiel befindlichen Losnummer angeboten (Anschlusslos). Der Lospreis für ein Anschlusslos setzt sich zusammen aus dem Preis für die Teilnahme an der laufenden Klasse (s. o.) und an den Vorklassen. Anschlusslose können nur für spätere Ziehungen erworben werden, da Anschlusslose erst nach dem Ausscheiden von Gewinnlosen (1. Ziehung/6. Klasse) verkauft werden.

Die Gewinnsumme einschließlich der Sachgewinne, Sonntags-Millionen, der Gewinne der Auswahlziehungen und der NKL TV-Shows beträgt insgesamt 1 000 047 000 DM, davon 969 422 000 DM auf Geldgewinne und 30 625 000 DM auf Sachgewinne. Falls sämtliche 1,6 Millionen Lose für alle sechs Klassen bezahlt und nach einem möglichen Ausscheiden in der 6. Klasse nicht mehr fortgesetzt werden, betragen die Gesamteinnahmen 1 920 000 000 DM. Davon werden 52,09 %, also mehr als die Hälfte, ausgeschüttet.

Ziehungen 6. Klasse	Anzahl der ausscheidenden Losnummern	Anzahl der im Spiel verbleibenden Losnummern
1. Ziehung	400 610	1 199 390
2. Ziehung	2 390	1 197 000
3. Ziehung	16 590	1 180 410
4. Ziehung	2 390	1 178 020
5. Ziehung	2 391	1 175 629
6. Ziehung	2 391	1 173 238
7. Ziehung	50	Lotterie beendet

Die Anzahl der in den 7 Ziehungen der 6. Klasse jeweils ausscheidenden Losnummern sowie der für die nachfolgenden Ziehungen zugelassene Restbestand ist in der obigen Tabelle zusammengestellt.

In der nachfolgenden Tabelle (erste Spalte) sind die Chancen auf Gewinne ab 100 000 DM angegeben. Dabei sind 250 000 DM jeweils Häuser in Spanien. In der zweiten Spalte steht die Anzahl dieser Großgewinne in allen sechs Klassen zusammen. In der dritten Spalte sind die Chancen angegeben, mit der mit einem jeweiligen 1/1-Los, das während aller sechs Klassen zum Gesamtpreis von 1 200 DM gespielt wird, der entsprechende Gewinn erzielt wird. In den mathematischen Berechnungen ist die Tatsache berücksichtigt, dass ein Los in der sechsten Klasse ausscheiden kann.

Großgewinne	Anzahl	Gewinnchance mit einem 1/1-Dauerlos
10 Millionen	2	1 : 800 000
2 Millionen	26	1 : 61 538
1 Million	172	1 : 9 302
250 000 (Haus)	26	1 : 61 538
100 000	56	1 : 28 571

Sämtliche Gewinnchancen erhält man auch als Verhältnis der jeweiligen Anzahl der Gewinne zur Anzahl aller 1 600 000 ganzen Lose.

Beispiel: Chance auf 1 Million DM: 172 : 1 600 000 = 1 : 9 302.

Hieraus erhält man für ein 1/1-Los folgende Gewinnchancen:

Chance auf einen Gewinn von mindestens einer Million DM: 1 : 8 000;

Chance auf einen Gewinn von mindestens 100 000 DM (einschließlich des Hauses über jeweils 250 000 DM): 1 : 5 674.

Die Wahrscheinlichkeit (Chance), dass ein bis zur 6. Klasse jeweils erneuertes Los überhaupt einen Gewinn erzielt, ist 50,2 Prozent. Gut die Hälfte aller Lose erzielen also mindestens einen Gewinn.

SuperJoker
Mit der Teilnahme am SuperJoker können alle Geldgewinne von 200 DM bis zu 2 Millionen DM verdoppelt werden. Ausgenommen sind dabei die Gewinne der Auswahlziehungen und der TV-Shows. Pro Klasse kostet die Teilnahme am SuperJoker zusätzlich

20 DM für ein 1/1-Los;   10 DM für ein 1/2-Los;
5 DM für ein 1/4-Los;   2,50 DM für ein 1/4-Los.

3. Süddeutsche Klassenlotterie SKL

Die Süddeutsche Klassenlotterie ist ein öffentlich-rechtliches Unternehmen, das von den Bundesländern Baden-Württemberg, Bayern, Hessen, Rheinland-Pfalz, Sachsen und Thüringen getragen wird.

Behandelt wird das 106. Gewinnspiel vom 1. 12. 1999 bis zum 31. 5. 2000. Aufgelegt werden insgesamt 2 Millionen Losnummern von 0 000 001 bis 2 000 000. Neben einem ganzen Los können erstmals bei diesem Gewinnspiel Teillose im Wert von 10 % (des gesamten Loses) erworben werden. Die Losanteile sind pro Losnummer fortlaufend von 1 bis 10 durchnummeriert.

Geldgewinne

1. Klasse Dezember 1999 70.000 Geldgewinne im Wert von 42.347.500 DM	SA-04.12.1999:	SA-11.12.1999:	SA-18.12.1999:	SA-25.12.1999:
	4 x 1 Million DM	2 x 1 Million DM	2 x 1 Million DM	2 x 1 Million DM
	40 x 100.000 DM	20 x 100.000 DM	20 x 100.000 DM	20 x 100.000 DM
	200 x 10.000 DM	100 x 10.000 DM	100 x 10.000 DM	100 x 10.000 DM
	40.000 x 250 DM	10.000 x 250 DM	10.000 x 250 DM	9.390 x 250 DM

2. Klasse Januar 2000 120.000 Geldgewinne im Wert von 94.695.000 DM	SA-01.01.2000:	SA-08.01.2000:	SA-15.01.2000:	SA-22.01.2000:	SA-29.01.2000:
	4 x 1 Million DM	4 x 1 Million DM	4 x 1 Million DM	4 x 1 Million DM	4 x 1 Million DM
	40 x 100.000 DM	40 x 100.000 DM	40 x 100.000 DM	40 x 100.000 DM	40 x 100.000 DM
	200 x 10.000 DM	200 x 10.000 DM	200 x 10.000 DM	200 x 10.000 DM	200 x 10.000 DM
	60.000 x 500 DM	15.000 x 250 DM	15.000 x 250 DM	15.000 x 250 DM	13.780 x 250 DM

3. Klasse Februar 2000 170.000 Geldgewinne im Wert von 157.042.500 DM	SA-05.02.2000:	SA-12.02.2000:	SA-19.02.2000:	SA-26.02.2000:
	10 x 1 Million DM	8 x 1 Million DM	6 x 1 Million DM	6 x 1 Million DM
	100 x 100.000 DM	80 x 100.000 DM	60 x 100.000 DM	60 x 100.000 DM
	500 x 10.000 DM	400 x 10.000 DM	300 x 10.000 DM	300 x 10.000 DM
	80.000 x 750 DM	30.000 x 250 DM	30.000 x 250 DM	28.170 x 250 DM

4. Klasse März 2000 220.000 Geldgewinne im Wert von 229.390.000 DM	SA-04.03.2000:	SA-11.03.2000:	SA-18.03.2000:	SA-25.03.2000:
	10 x 1 Million DM	10 x 1 Million DM	10 x 1 Million DM	10 x 1 Million DM
	100 x 100.000 DM	100 x 100.000 DM	100 x 100.000 DM	100 x 100.000 DM
	500 x 10.000 DM	500 x 10.000 DM	500 x 10.000 DM	500 x 10.000 DM
	100.000 x 1.000 DM	40.000 x 250 DM	40.000 x 250 DM	37.560 x 250 DM

5. Klasse April 2000 330.000 Geldgewinne im Wert von 406.737.500 DM	SA-01.04.2000:	SA-08.04.2000:	SA-15.04.2000:	SA-22.04.2000:	SA-29.04.2000:
	10 x 1 Million DM	10 x 1 Million DM	10 x 1 Million DM	10 x 1 Million DM	10 x 1 Million DM
	100 x 100.000 DM	100 x 100.000 DM	100 x 100.000 DM	100 x 100.000 DM	100 x 100.000 DM
	500 x 10.000 DM	500 x 10.000 DM	500 x 10.000 DM	500 x 10.000 DM	500 x 10.000 DM
	200.000 x 1.250 DM	30.000 x 250 DM	30.000 x 250 DM	30.000 x 250 DM	36.950 x 250 DM

6. Klasse Mai 2000 400.000 Geldgewinne im Wert von 497.726.300 DM	SA-06.05.2000:	SA-13.05.2000:	SA-20.05.2000:	SA-27.05.2000:
	1 x 10 Millionen DM	1 x 10 Millionen DM	1 x 10 Millionen DM	**1 x 10 Millionen Euro**
	20 x 1 Million DM	20 x 1 Million DM	20 x 1 Million DM	(das entspricht:
	200 x 100.000 DM	200 x 100.000 DM	200 x 100.000 DM	1 x 19.558.300 DM)
	1.000 x 10.000 DM	1.000 x 10.000 DM	1.000 x 10.000 DM	
	100.000 x 1.500 DM	200.000 x 500 DM	96.336 x 500 DM	

TV	In aktuellen Sonderziehungen (11.12.1999, 8.1., 12.2.2000) und 3 TV-Ziehungsshows (22.1., 4.3., 8.4.2000) werden insgesamt 636 Gewinne im Gesamtwert von 7.680.000 DM ausgespielt.	Millennium-Runde 20.11.-31.12.1999 März-Runde 01.-31.03.2000 Januar-Runde 01.-31.01.2000 April-Runde 01.-30.04.2000 Februar-Runde 01.-29.02.2000 Mai-Runde 01.-31.05.2000	**EURO JOKER** 500.000 Euro jeden Tag

In diesem Gewinnspiel wurden die Laufzeiten der einzelnen Klassen erstmals auf ganze Monate festgesetzt, und zwar

Klasse 1:	Dezember 1999	Klasse 4:	März 2000
Klasse 2:	Januar 2000	Klasse 5:	April 2000
Klasse 3:	Februar 2000	Klasse 6:	Mai 2000.

Die Ziehungen der **Geldgewinne** (Hauptziehungen) finden an jedem Samstag statt. Damit gibt es in der 2. und 4. Klasse fünf Ziehungen für Geldgewinne, bei den übrigen Klassen nur vier. In der letzten Hauptziehung der 6. Klasse gibt es nur einen Gewinn über 10 Millionen EURO, das entspricht 19 558 300 DM. Die Geldgewinne steigen von Klasse zu Klasse.

Die Ziehungen der **Sachgewinne** werden an jedem Kalendertag des Monats außer am Samstag durchgeführt. Auch hier steigt die Anzahl der jeweiligen Sachgewinne von Monat zu Monat.

Tag	Sachgewinn	DM	1.Kl	2.KL	3.KL	4.Kl	5.Kl	6.Kl	ges.
Sonntag	Porsche 911	200 000	1	1	1	1	1	1	6
	Porsche Boxstar	85 000	3	6	9	12	15	18	63
Montag	Fahrrad	2 500	38	86	134	182	230	278	948
Dienstag	Lupo - 3 Liter	26 000	10	20	30	40	50	60	210
Mittwoch	Traumreisen	14 000	20	40	60	80	100	120	420
	Traumreisen	20 000	10	20	30	40	50	60	210
	Traumreisen	25 000	2	5	8	11	14	17	57
	Olympiareisen	30 000	5	5	5				15
	Olympiareisen	34 000				5	5	5	15
Donnerstag	BMW Coupé	77 000	6	12	18	24	30	36	126
Freitag	Haus/Zuschuss	500 000	5	5	5	5	5	5	30
	Summe		100	200	300	400	500	600	2100

Lospreis:
Der Preis für ein ganzes Los beträgt bei einer Spielbeteiligung ab der 1. Klasse 250 DM pro Monat, für jeden einzelnen Losanteil (10 % des ganzen Loses) 25 DM pro Monat.
Personen, die erst zu Beginn einer nachfolgenden Klasse am Gewinnspiel teilnehmen möchten, müssen zusätzlich noch den Lospreis für die vorangegangenen Klassen nachentrichten. Wer also erstmals an der 2. Klasse teilnimmt, muss für ein ganzes Los für die 2. Klasse 250 + 250 = 500 DM bezahlen. Danach wird das Los so behandelt, als wäre es von Anfang an dabei.

Loserneuerung für nicht ausgeschiedene Losnummern

Falls ein Los in der ersten Geldgewinnziehung (erste Samstagsziehung) einer Klasse nicht gewinnt, so wird dem Inhaber ein Erneuerungslos mit der gleichen Losnummer und Stückelung zur Teilnahme an den Ziehungen der nachfolgenden Klasse zum Preis von 250 DM für ein ganzes Los bzw. 25 DM für ein Teillos angeboten. Falls ein Los in der ersten Geldziehung einer Klasse nicht gewinnt, kostet es für die Teilnahme an der nächsten Klasse genauso viel wie für die erste Ziehungsklasse.

Ausscheiden von Losnummern und Fortsetzungsangebot

Alle in der ersten Geldgewinnziehung (erste Samstagsziehung) einer Klasse ermittelten Gewinnlose scheiden mit dem Ende der Klasse von der weiteren Teilnahme am laufenden Gewinnspiel aus. Den Inhabern dieser ausgeschiedenen Lose wird ein freies, noch im Spiel befindliches Los in gleicher Stückelung als **Fortsetzungslos** für die nächste Klasse angeboten. Dabei muss allerdings noch der Lospreis für die bereits ausgespielten Klassen nachentrichtet werden, auch wenn eine Gewinnberechtigung nur für die nächste Klasse besteht. Ein Fortsetzungslos für ein ganzes Los für die 2. Klasse kostet 500 DM. Beim Ausscheiden in der 2. Klasse müssen für die Teilnahme an der 3. Klasse 750 DM, beim Ausscheiden in der 3. Klasse 1 000 DM, beim Ausscheiden in der 4. Klasse 1 250 DM und beim Ausscheiden in der 5. Klasse gar 1 500 DM gezahlt werden. Bei der Festsetzung des Preises eines Fortsetzungsloses wird also so vorgegangen, als ob es von Anfang an dabei gewesen wäre. Danach wird das Los so behandelt, als ob es schon von der 1. Klasse an dabei gewesen wäre.

In allen Hauptziehungen zusammen gibt es 1 310 000 Geldgewinne mit einer Gewinnsumme von 1 427 938 800 DM und 2 100 Sachgewinne mit einem Wert von 51 552 000 DM. Darunter befinden sich die 30 Häuser mit einem jeweiligen Wert von 500 000 DM. Hinzu kommen noch 636 Gewinne aus Sonder- und TV-Ziehungen im Gesamtwert von 7 680 000 DM. Somit beträgt die Gewinnsumme 1 487 170 800 DM.

Es wird nun davon ausgegangen, dass alle 2 000 000 Losnummern verkauft werden, und dass jedes Los bis zum Ausscheiden im Spiel bleibt. Falls in der ersten Geldgewinnziehung einer Klasse auf das Los kein Gewinn fällt, werde es für die nächste Klasse zum Preis von 250 DM erneuert. Bei einem Gewinn in der ersten Geldgewinnziehung nehme das Los ab der nächsten Klasse am Gewinnspiel nicht mehr teil. Fortsetzungslose werden also nicht berücksichtigt. Dann ist in der nachfolgenden Tabelle für jede Klasse die Anzahl der noch teilnehmenden Lose sowie die Anzahl der in dieser Klasse ausscheidenden Lose zusammengestellt. Die Anzahl der ausscheidenden Lose ist gleich der Anzahl der Gewinne in der ersten Hauptziehung der jeweiligen Klasse.

Klasse	teilnehmende Lose	in dieser Klasse ausscheidende Lose
1. Klasse	2 000 000	40 244
2. Klasse	1 959 756	60 244
3. Klasse	1 899 512	80 610
4. Klasse	1 818 902	100 610
5. Klasse	1 718 292	200 610
6. Klasse	1 517 682	0
Gesamt	10 914 144	482 318

Von den aufgelegten 2 000 000 Losen scheiden ingesamt 482 318 aus. In den 6 Klassen nehmen zusammen 10 914 144 Lose teil. Bei einem Einzelpreis von 250 DM ergibt dies Einnahmen von 2 728 536 000 DM. Daraus erhält man den durchschnittlichen Erlös pro aufgelegtem Los als 1 364,27 DM. Falls keine Lose ausscheiden würden, gäbe es in jeder Klasse 2 000 000 Lose. Dann würde jedes aufgelegte Los im Verlängerungsfall $6 \cdot 250 = 1 500$ DM bringen.

Von den Gesamteinnahmen 2 728 536 000 DM werden 1 487 170 800 DM ausgeschüttet. Damit beträgt die Ausschüttungsquote 54,504 % der Gesamteinnahmen.

In der nachfolgenden Tabelle sind die Chancen für die Großgewinne mit einem ganzen Los bestimmt. Dabei werden zu den Großgewinnen auch die Sachgewinne gezählt, deren Wert größer als 50 000 DM ist.

Großgewinn in DM bzw. Sachpreise	Anzahl	Gewinnchance mit einem ganzen Los
19 550 300	1	1 : 2 000 000
10 Millionen	3	1 : 666 667
1 Million	210	1 : 9 524
500 000 (Haus)	30	1 : 66 667
200 000 (Porsche 911 Caprio)	6	1 : 333 333
100 000	2 100	1 : 952
89 000 (Porsche Boxster)	63	1 : 31 746
77 000 (BMW Coupé)	126	1 : 15 873

Damit erhält man für ein 1/1 - Los folgende Gewinnchancen:
Chance auf einen Gewinn von mindestens einer Million DM: 1 : 9 346;
Chance auf einen Gewinn von mindestens 100 000 DM (einschließlich des Hauses und des Porsche Caprio): 1 : 851;
Chance auf einen Gewinn von mindestens 77 000 DM (einschließlich der Sachpreise in dieser Höhe): 1 : 788.

Die Wahrscheinlichkeit (Chance), dass ein bis zur 6. Klasse jeweils erneuertes Los überhaupt einen Gewinn erzielt, ist 54,49 Prozent. Damit erhalten 54,49 % der Lose mindestens einen Gewinn.

EURO-JOKER

Die Teilnahme am EURO-JOKER ist nur zusammen mit einer Beteiligung am allgemeinen Gewinnspiel der SKL möglich. Der EURO-Joker umfasst 6 Runden, deren Dauer grundsätzlich mit der Dauer der 6 Klassen des allgemeinen Gewinnspiels identisch ist. In Abweichung davon findet die erste Runde jedoch bereits vom 20.11.1999 bis zum 31.12.1999 statt. Im EURO-JOKER gibt es wie beim allgemeinen Gewinnspiel 2 000 000 Losnummern von 0 000 001 bis 2 000 000 je Runde. Dabei gibt es nur ganze Lose, also keine Losanteile. Der Preis für ein EURO-JOKER-Los beträgt 30 DM je Runde. Im Gegensatz zum allgemeinen Gewinnspiel gibt es kein Ausscheiden von Gewinnlosen. Damit kostet die Teilnahme an jeder Runde 30 DM. Falls man erstmals an einer späteren Runde teilnehmen möchte, müssen die Beträge für die vorangegangenen Runden nicht nachentrichtet werden. Jede Runde kostet also 30 DM. Dadurch ist die Teilnahme an einzelnen Runden möglich.

Im Spielzeitraum einer jeden Runde wird an jedem Kalendertag unabhängig von den allgemeinen Ziehungen des 106. Gewinnspiels für den EURO-JOKER eine Gewinnzahl aus den Losnummern 0 000 001 bis 2 000 000 gezogen. Auf das Los, dessen Nummer mit der Gewinnzahl übereinstimmt, entfällt ein Gewinn von 500 000 EURO. Falls das entsprechende Los nicht verkauft wurde, verfällt der Gewinn. Pro Ziehung bzw. pro Kalendertag gibt es also 500 000 EURO. Die Chance, mit einem EURO-JOKER-Los während einer Runde den Betrag von 500 000 EURO, also fast einer Million DM, zu gewinnen, hängt von der Anzahl der Kalendertage in der Runde ab.

Falls der Monat aus 31 Tagen besteht, lautet sie $31 : 2\,000\,000 \approx 1 : 64\,516$. Bei 30 Kalendertagen beträgt sie $30 : 2\,000\,000 \approx 1 : 66\,667$; bei 29 Tagen (Februar im Schaltjahr) lautet die Gewinnchance $29 : 2\,000\,000 \approx 1 : 68\,966$. Die erste Runde besteht aus 42 Kalendertagen. Daher ist in der ersten Runde die Gewinnchance am größten. Sie beträgt $1 : 47\,6198$.

Alle 6 Runden zusammen bestehen aus 194 Kalendertagen. Falls ein Los an allen 6 Runden teilnimmt, beträgt die Gewinnwahrscheinlichkeit insgesamt $194 : 2\,000\,000$ oder ungefähr $1 : 10\,309$.

Falls viele Besitzer von 10%-Teillosen am EURO-JOKER teilnehmen, reicht die Auflage von 2 000 000 Losen pro Runde nicht aus, weil es ja beim EURO-JOKER keine Teillose gibt. In diesem Fall behält sich die SKL vor, alle Losnummern in der gleichen Anzahl mehrfach aufzulegen. Dadurch ändert sich die Gewinnchance für ein Einzellos nicht.

Kapitel 10
Roulette

1. Spielbedingungen

Beim Roulette wird in einer Spielbank bei jedem einzelnen Spiel durch den Croupier mit Hilfe des Roulette-Tellers eine der Zahlen $0, 1, 2, \ldots, 36$ ausgespielt. Zum Mitspielen benötigt man Jetons (Spielmarken). Diese gibt es in unterschiedlichen Stückelungen: 5 DM, 10 DM, 20 DM, 50 DM, 100 DM, 500 DM, 1 000 DM. Ab 5 000 DM sind die Jetons viereckig.

2. Chancengleichheit aller Zahlen

Falls der Roulette-Teller in Ordnung ist und beim Ausspielen
keine Manipulationen vorgenommen werden, kann davon ausgegangen werden, dass bei jedem
Einzelspiel unabhängig von den
Ergebnissen der vorangegangenen Spiele jede der 37 Zahlen
die gleiche Chance hat. Sie
lautet dann $1:37$. Jede Zahl
besitzt dann die Wahrscheinlich-
keit $\frac{1}{37} \approx 0{,}02703$. Dabei kann
die angegebene Wahrscheinlich-
keit folgendermaßen interpre-
tiert werden:

Aufgrund des Gesetzes der großen Zahlen der Statistik wird auf Dauer jede
der 37 Zahlen, z. B. die 13, in ungefähr $100 \cdot 0{,}02703 = 2{,}703\ \%$ der Ausspielungen als Gewinnzahl erscheinen. Hierbei handelt es sich um einen
Durchschnittswert. Durch den Einfluss des Zufalls wird es immer kleinere
oder größere Abweichungen geben. Falls jemand sehr oft auf eine einzige
Zahl setzt, wird er in ungefähr dem 37. Teil der Spiele gewinnen. Der relative Anteil der Gewinnspiele an der Gesamtheit der Spiele liegt dann in der
Nähe von $\frac{1}{37}$, also

$$\frac{\text{Anzahl der Gewinnspiele}}{\text{Anzahl der Spiele}} \approx \frac{1}{37}.$$

Die Chancengleichheit aller 37 Zahlen wäre sicherlich verletzt, wenn am
Roulette-Teller Manipulationen vorgenommen worden wären. Dies könnte
durch Anbringen von Magneten oder dadurch geschehen, dass die Dreh-
scheibe nicht horizontal gelagert ist. Vielleicht gelingt es auch manchem
Croupier durch geschickten Start der Kugel zu erreichen, dass manche
Zahlen eine höhere Wahrscheinlichkeit besitzen. Dann hätten diese Zahlen
eine größere, andere dafür eine kleinere Chance. Doch dies dürfte von der
Spielbank relativ schnell entdeckt werden. Der Croupier würde dann vermutlich sehr schnell vom Dienst suspendiert werden. Die Ziehungsgeräte
(Roulette-Teller) werden laufend überprüft. Die Wahrscheinlichkeiten aller
Zahlen addieren sich zu Eins. Im folgenden wird immer von der Chancengleichheit aller 37 Zahlen ausgegangen. Wir nehmen also an, das Ausspie-
lungsgerät sei in Ordnung und bei den einzelnen Ausspielungen würden
keine Manipulationen vorgenommen. Auch im Falle der Chancengleichheit

aller 37 Zahlen werden die Gewinnzahlen nicht gleichmäßig verteilt auftreten. Man kann statistisch nachweisen, dass immer wieder bestimmte Be-
reiche bevorzugt ausgespielt werden. In einer Serie von 37 Ausspielungen
werden kaum alle 37 Zahlen gezogen werden. Manche Zahlen werden gar
nicht, andere dafür mehrfach ausgespielt. So wird es bei 37 Spielen oft vorkommen, dass ungefähr 12 Zahlen überhaupt nicht ausgespielt werden.
Leider kann man erst nach der Durchführung der 37 Spiele feststellen,
welche Zahlen nicht gezogen wurden. Damit kann sich ein Spieler durch
diese statistisch nachweisbare Eigenschaft kaum einen Vorteil verschaffen.

3. Einsatzmöglichkeiten

Bei jedem Spiel gibt es verschiedene Einsatzmöglichkeiten. Man kann auf
eine einzige Zahl oder auch gleichzeitig auf mehrere Zahlen setzen. Die Einsatzmöglichkeiten in der Spielbank Stuttart sind in der nachfolgenden
Tabelle zusammengestellt.

Zahlen	Bezeichnung	Bezeichnung	Beispiel
1	Plein	eine volle Nummer	1
2	Cheval	2 verbundene Nummern	$7, 8$
3	Transversale pleine	Querreihe von 3 Nummern	$13, 14, 15$
4	Carré	4 Nummern im Viereck	$16, 17, 19, 20$
4	Erste 4 Nummern		$0, 1, 2, 3$
6	Transversale simple	Querreihe von 6 Nummern	$19, 20, \ldots, 24$
12	Kolonnne	12 Nummern	$3, 6, \ldots, 33, 36$
12	Dutzend	12^P, 12^M, 12^D	1-12, 13-24, 25-36
18	Einfache Chance	gerade oder ungerade Nummern rot oder schwarz, Manque $(1-18)$ oder Passe $(19-36)$	

In der Spielbank Bad Homburg gibt es zusätzlich eine Einviertelchance,
also den Einsatz auf drei Transversalen $1-9$, $10-18$, $19-27$, $28-36$.
Diese Einsatzmöglichkeit soll zusätzlich behandelt werden.

Falls eine der Zahlen, auf die man gleichzeitig gesetzt hat, ausgespielt
wird, gewinnt man mit dem Einsatz. Falls man gleichzeitig auf k Zahlen
gesetzt hat, beträgt im Gewinnfall die Auszahlung das $\frac{36}{k}$-fache des Einsatzes. Dabei ist der eingesetzte Jeton, der stehen bleibt, bereits mitgerech-
net. Abzüglich des Einsatzes beträgt dann der Reingewinn das $(\frac{36}{k} - 1)$-
fache des Einsatzes. Die Reingewinne sind in der nachfolgenden Abbildung
aufgeführt unter „Einsatz/bet". Beim Einsatz auf eine Einviertelchance ist
im Gewinnfall der Reingewinn das Dreifache des Einsatzes.

Bei „Zero" (Null) werden alle Einsätze auf einfachen Chancen nach Wahl
des Spielers für das nächste Spiel gesperrt, oder sie verlieren die Hälfte des
Einsatzes. Man kann also den laufenden Einsatz für das nächste Spiel
stehen lassen oder sich die Hälfte davon auszahlen lassen. Bei mehr-
maligem Erscheinen von „Zero" werden die bereits gesperrten Sätze doppelt gesperrt, und die bereits doppelt gesperrten Sätze sind verloren.

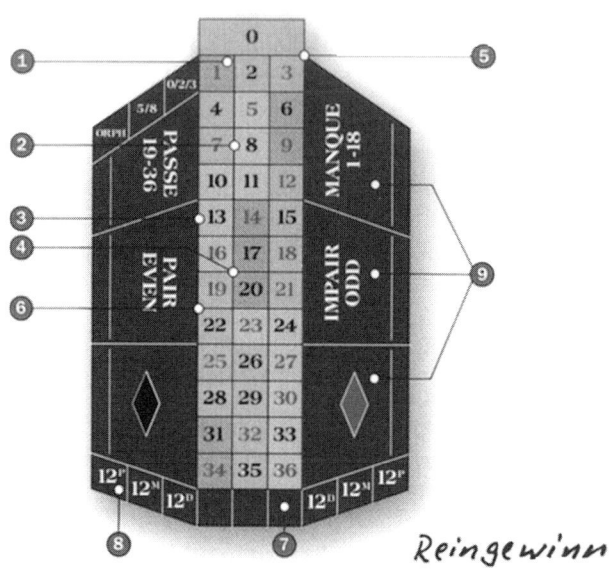

Reingewinn

Einsatz/bet

1 Plein   (eine volle Nummer)   x 35
             (one full number)

2 Cheval (2 verbundene Nummern)   x 17
             (2 connecting numbers)

3 Transversale pleine   x 11
             (Querreihe von 3 Nummern)
             (3 numbers across)

4 Carré (4 Nummern im Viereck)   x 8
             (4 numbers in a square)

5 Die ersten Vier   x 8
             (The first 4 numbers)

6 Transversale simple   x 5
             (Querreihe von 6 Nummern)
             (6 numbers across)

7 Kolonne von 12 Nummern   x 2
             (column of 12 numbers)

8 Ein Dutzend   x 2
             (a dozen)

9 Einfache Chancen

             gerade oder ungerade Nummern
             (even or uneven numbers)

             Rot oder Schwarz   } x 1
             (red or black)

             Manque (1-18)
             Passe (19-36)

Mindesteinsatz

Der Mindesteinsatz für alle Chancen beträgt in der Spielbank Stuttgart an den verschiedenen Tischen 5 DM, 10 DM oder 20 DM pro Spiel.

Höchsteinsatz

Der Höchsteinsatz pro Spiel ist davon abhängig, auf wie viele Zahlen gleichzeitig gesetzt wird. Dabei sind die Höchsteinsätze an den einzelnen Tischen verschieden. Sie lauten in der Spielbank Stuttgart:

Höchsteinsatz an verschiedenen Tischen (DM)		
Plein	200	300	500
Cheval	400	600	1 000
Transversale pleine	600	1 000	1 500
Carré	800	1 200	2 000
Erste 4 Nummern	800	1 200	2 000
Transversale simple	1 400	2 000	4 000
Kolonnne	3 500	5 000	10 000
Dutzend	3 500	5 000	10 000
Einfache Chancen	7 000	10 000	20 000

4. Gewinnerwartung bei einem Einzelspiel

In diesem Abschnitt soll der Fall untersucht werden, daß bei einem Einzelspiel jeweils eine Geldeinheit 1 E, z. B. 1 E = 10 DM, gesetzt wird.

4.1. Einsatz auf Plein (eine einzige Zahl)

Ein Spieler setzt eine Geldeinheit 1 E auf eine einzige Zahl (pleine), z. B. 1 E = 10 DM auf die Zahl 13.

0	3	6	9	12	15	18	21	24	27	30	33	36
	2	5	8	11	14	17	20	23	26	29	32	35
	1	4	7	10	13	16	19	22	25	28	31	34

Wegen der vorausgesetzten Chancengleichheit aller 37 Zahlen beträgt die Gewinnchance für den Spieler 1:37, er gewinnt also mit Wahrscheinlichkeit $\frac{1}{37}$. Mit Wahrscheinlichkeit $\frac{36}{37} = 1 - \frac{1}{37}$ ist sein Einsatz verloren. Im Falle eines Gewinns erhält der Spieler den 36 fachen Einsatz, also 36 E ausgezahlt. Abzüglich des Einsatzes von einer Einheit verbleibt ihm dann ein Reingewinn von 35 E. Falls der Spieler 1 E = 10 DM setzt, erhält er im Gewinnfall $36 \cdot 10 = 360$ DM ausgezahlt. Dann bleibt ihm ein Reingewinn von 350 DM. Wegen der vorausgesetzten Chancengleichheit hängt die Gewinnchance gar nicht von der speziellen Zahl ab, auf die der Spieler setzt. Falls er auf die Zahl 27 setzt, ist die Gewinnchance gleich groß.

Wir nehmen an, der Spieler setze sehr oft den gleichen Betrag von einer Einheit 1 E auf eine der Zahlen $1, 2, \ldots, 36$. Dabei kann er auch die Zahl, auf die er setzt, von Spiel zu Spiel wechseln. Wir nehmen an, er setze n-mal, wobei n eine sehr große Zahl ist, z.B. $n = 1\,000$. Von den n Spielen sollen n_1 gewonnen und n_2 verloren werden. Dabei gilt $n_1 + n_2 = n$. Dann beträgt der Reingewinn in diesen n Spielen zusammen

$$x = 35 \cdot n_1 - 1 \cdot n_2.$$

Division des Gesamtgewinns x durch die Anzahl n der Spiele ergibt den durchschnittlichen Gewinn pro Spiel

$$\overline{x} = \frac{x}{n} = \frac{35 \cdot n_1 - 1 \cdot n_2}{n} = 35 \cdot \frac{n_1}{n} - 1 \cdot \frac{n_2}{n}.$$

Dabei ist $\frac{n_1}{n}$ der relative Anteil der Gewinnspiele und $\frac{n_2}{n}$ der relative Anteil der Verlustspiele an allen n Spielen zusammen. Wie die Wahrscheinlichkeiten addieren sich diese beiden relativen Anteile zu Eins. Nach dem Gesetz der großen Zahlen der Statistik liegen für große n die relativen Häufigkeiten meistens in der Nähe der Wahrscheinlichkeiten. Es gelten also die Näherungen

$$\frac{n_1}{n} \approx \frac{1}{37} \quad \text{und} \quad \frac{n_2}{n} \approx \frac{36}{37}.$$

Damit gilt die Näherung

$$\overline{x} \approx 35 \cdot \frac{1}{37} - 1 \cdot \frac{36}{37} = -\frac{1}{37} \text{ E}.$$

Dieser Zahlenwert, um den der durchschnittliche Reingewinn pro Spiel schwankt, also der Zahlenwert

$$m = 35 \cdot \frac{1}{37} - 1 \cdot \frac{36}{37} = -\frac{1}{37} \text{ E (Geldeinheiten)},$$

ist die sogenannte *Gewinnerwartung*. Man nennt m auch den *mittleren* oder *zu erwartenden Gewinn* pro Spiel. Da dieser Wert negativ ist, sollte man eher sagen, der *mittlere Verlust* pro Spiel ist der 37. Teil des Einsatzes. Es handelt sich nicht um die mittlere Auszahlung, sondern um den mittleren Reingewinn, bei dem im Gewinnfall der Einsatz bereits abgezogen ist. Die Gewinnerwartung ist sehr einfach zu berechnen. Mit Wahrscheinlichkeit $\frac{1}{37}$ wird der Reingewinn 35 erzielt. Diese beiden Werte werden miteinander multipliziert. Im Falle eines Verlustes verliert der Spieler seinen Einsatz. Sein Reingewinn ist dann -1 E (negativ). Die Wahrscheinlichkeit dafür beträgt $\frac{36}{37}$. Auch diese beiden Werte werden multipliziert, wobei das Produkt negativ ist. Addition der beiden vorzeichenbehafteten Produkte ergibt die negative Gewinnerwartung oder den mittleren Gewinn pro Spiel. Bei einem Einzelspiel kann der Reingewinn nur entweder gleich $+35$ (im Gewinnfall) oder gleich -1 (im Verlustfall) sein. Die einzelnen Reingewinne weichen daher von dem mittleren Reingewinn stark ab. Falls ein Spieler sehr oft auf eine einzige Zahl setzt, wird er auf Dauer im Mittel den 37. Teil seines Gesamteinsatzes verlieren. Diese Aussage gilt allerdings nur unter der Voraussetzung, dass die Chance der Zahl, auf die gesetzt wird, tatsächlich $1:37$ ist. Bei einer Manipulation des Roulette-Tellers oder einer manipulierten Ausspielung gilt diese Aussage nicht. Wenn ein Spieler 1 000 mal jeweils 100 DM auf eine Zahl setzt, beträgt sein Gesamteinsatz 100 000 DM. Dann wird sein Gesamtverlust um den Wert

$$1\,000 \cdot \frac{100}{37} = \frac{100\,000}{37} = 2\,707,70 \text{ DM}$$

schwanken. Ich möchte ausdrücklich nochmals darauf hinweisen, dass vom Gesamteinsatz, den ein Spieler in allen seinen Spielen zusammen tätigt, im statistischen Mittel der 37. Teil verloren wird. Dabei muss jeder einzelne Einsatz berücksichtigt werden. Falls ein Spieler insgesamt 10 000 DM zur Verfügung hat und nur dieses Geld in Teilbeträgen einsetzt und die Gewinne beiseite legt, wird er im Mittel am Ende des Spiels noch über einen aus den Gewinnen bestehenden Restbetrag von 9 730 DM verfügen. Die Rechnung sieht ganz anders aus, wenn der Spieler nicht nur die 10 000 DM, sondern im Laufe der Zeit auch noch einige seiner anfallenden Gewinne einsetzt. Diese Einsätze müssen alle beim Gesamteinsatz berücksichtigt werden, von dem dann im Mittel ungefähr der 37. Teil verlorengeht. Weil das Ergebnis vom Zufall abhängt, kann und wird es immer wieder vorkommen, dass ein Spieler über einen längeren Zeitraum mehr gewinnt als er verliert. Dann hat er eben Glück gehabt. Ein anderer Spieler wird dafür mehr als den 37. Teil seines Gesamteinsatzes verlieren. Dieser hat dann Pech gehabt.

Beim Einsatz auf eine einzige Zahl steht den möglichen hohen Gewinnen das große Risiko gegenüber. Falls man sehr oft den gleichen Einsatz von einer Geldeinheit wagt, wird man am Ende folgende Bilanz ziehen können: Nur in ungefähr dem 37. Teil aller Spiele erzielt man jeweils einen Reingewinn von 35 Geldeinheiten. Bei den restlichen Spielen verliert man den Einsatz. Dafür benutzt man auch die Ausdrucksweise: Im Durchschnitt gewinnt man bei jedem 37. Spiel. Hier handelt es sich allerdings um eine Redeweise. Die Gewinnspiele werden aufgrund des Zufalls im allgemeinen nicht gleichmäßig auf die gesamte Spielserie verteilt sein.

Der Verlustfaktor $\frac{1}{37}$ kann gedeutet werden als die Wahrscheinlichkeit für
Zero (Zahl 0). Damit kann man wohl sagen, dass Zero praktisch für die
Spielbank arbeitet. Wir nehmen fiktiv einmal an, es gäbe kein Zero, so
dass nur die 36 Zahlen 1 bis 36 ausgespielt würden. Dann würde jede Zahl
mit Wahrscheinlichkeit $\frac{1}{36}$ ausgespielt. Falls dann beim Einsatz auf eine
einzige Zahl im Gewinnfall auch noch der 36 fache Einsatz ausgezahlt würde, ergäbe dies die Gewinnerwartung

$$\hat{m} = 35 \cdot \frac{1}{36} - 1 \cdot \frac{35}{36} = 0.$$

Im Mittel würde bei diesem Spiel nichts verloren, aber auch nichts gewonnen. Dann würden die Einsätze praktisch unter den Spielern umverteilt.
Solche Spiele nennt man Nullsummenspiele. Die Spielbank würde auf
Dauer nichts verdienen und könnte somit das Spiel auch gar nicht gewerblich anbieten.

4.2. Einsatz auf Cheval (2 verbundene Nummern)

Ein Spieler setzt eine Geldeinheit 1 E auf Cheval, also gleichzeitig auf zwei
Zahlen, die nebeneinander liegen, z. B. auf die 35 und 36 bzw. auf die 11
und 14. Dies geschieht dadurch, dass der Jeton auf die Begrenzungslinie
zwischen diesen beiden Zahlen gelegt wird.

	3	6	9	12	15	18	21	24	27	30	33	36
0	2	5	8	11	14	17	20	23	26	29	32	35
	1	4	7	10	13	16	19	22	25	28	31	34

Beim gleichzeitigen Einsatz auf zwei Zahlen verdoppelt sich gegenüber dem
Einsatz auf eine einzige Zahl die Gewinnwahrscheinlichkeit von $\frac{1}{37}$ auf $\frac{2}{37}$.
Der Spieler erhält im Gewinnfall den 18 fachen Einsatz ausgezahlt. Abzüg-
lich seines Einsatzes 1 E verbleibt ihm dann ein Reingewinn von 17 E. Mit
Wahrscheinlichkeit $\frac{35}{37}$ verliert er seinen Einsatz. Bei dieser Strategie lautet
die Gewinnerwartung oder der im Mittel zu erwartende Gewinn

$$m = 17 \cdot \frac{2}{37} - 1 \cdot \frac{35}{37} = -\frac{1}{37} \text{ E (Geldeinheiten)}.$$

Die Gewinnwahrscheinlichkeit ist zwar doppelt so groß wie beim Einsatz
auf eine einzige Zahl, trotzdem bleibt die Gewinnerwartung bei $-\frac{1}{37}$ E.
Beim Einsatz auf zwei Zahlen wird man auf Dauer zwar doppelt so oft gewinnen wie beim Einsatz auf eine einzige Zahl, dafür aber entsprechend
weniger. Das Verlustrisiko bei einem Einzelspiel ist zwar kleiner als beim
Einsatz auf eine einzige Zahl, trotzdem bleibt die Gewinnerwartung bei

$-\frac{1}{37}$ E. Auf Dauer wird man also auch hier den 37. Teil des Gesamteinsatzes verlieren.

4.3. Einsatz auf eine Transversale pleine (Querreihe von 3 Nummern)
Eine Geldeinheit 1 E werde gleichzeitig auf drei Zahlen einer Querreihe (Transversale pleine) gesetzt, z. B. auf die Zahlen 10, 11 und 12. Dabei muss der Jeton auf die Begrenzungslinie oberhalb oder unterhalb der drei Zahlen gelegt werden.

	3	6	9	12	15	18	21	24	27	30	33	36
0	2	5	8	11	14	17	20	23	26	29	32	35
	1	4	7	10	13	16	19	22	25	28	31	34

Die Gewinnwahrscheinlichkeit beträgt hier $\frac{3}{37} = 0,08108$, die Verlustwahrscheinlichkeit $\frac{34}{37} = 0,91892$. Im Gewinnfall erhält man den 12 fachen Einsatz ausgezahlt. Abzüglich des Einsatzes beträgt der Reingewinn dann 11 Einheiten. Die Gewinnerwartung oder der im Mittel zu erwartende Gewinn

$$m = 11 \cdot \frac{3}{37} - 1 \cdot \frac{34}{37} = -\frac{1}{37} \text{ E (Geldeinheiten)}$$

unterscheidet sich von den in den Abschnitten 4.1 und 4.2 angegebenen Gewinnerwartungen nicht. Das Risiko bei einem Einzelspiel ist zwar kleiner, auf Dauer wird man aber auch hier nichts gewinnen, es sei denn, man hat eben Glück.

4.4. Einsatz auf ein Carré (4 Nummern im Viereck)
Eine Geldeinheit 1 E werde auf ein Carré, also auf 4 Nummern in einem Viereck gesetzt, z. B. auf die Zahlen 26, 27, 29 und 30. Der Jeton muss dabei auf den Kreuzungspunkt zwischen den vier Zahlen gelegt werden.

	3	6	9	12	15	18	21	24	27	30	33	36
0	2	5	8	11	14	17	20	23	26	29	32	35
	1	4	7	10	13	16	19	22	25	28	31	34

Hier erhält man die folgenden Werte:

Gewinnwahrscheinlichkeit für ein Einzelspiel: $\frac{4}{37} = 0,10811$;

Verlustwahrscheinlichkeit für ein Einzelspiel: $\frac{33}{37} = 0,89189$;

Auszahlung im Gewinnfall: 9 E $\Rightarrow$ Reingewinn $9 - 1 = 8$ E;

Gewinnerwartung (mittlerer Gewinn pro Spiel):

$$m = 8 \cdot \frac{4}{37} - 1 \cdot \frac{33}{37} = -\frac{1}{37} \text{ E (Geldeinheiten).}$$

Gegenüber den obigen Einsatzmöglichkeiten wird man hier zwar öfter gewinnen, dafür aber entsprechend weniger.

4.5. Einsatz auf eine Transversale simple (Querreihe von 6 Nummern)

Eine Geldeinheit 1 E werde gleichzeitig auf 2 benachbarte Transversalen gesetzt, z. B. auf die Zahlen 10, 11, 12, 13, 14 und 15. Hier muss der Jeton oben oder unten auf die Begrenzungsgerade zwischen den beiden Dreierreihen gesetzt werden.

	3	6	9	12	15	18	21	24	27	30	33	36
0	2	5	8	11	14	17	20	23	26	29	32	35
	1	4	7	10	13	16	19	22	25	28	31	34

Die Werte lauten:

Gewinnwahrscheinlichkeit für ein Einzelspiel: $\frac{6}{37} = 0{,}16216$;

Verlustwahrscheinlichkeit für ein Einzelspiel: $\frac{31}{37} = 0{,}83784$;

Auszahlung im Gewinnfall: 6 E $\Rightarrow$ Reingewinn $6 - 1 = 5$ E;

Gewinnerwartung (mittlerer Gewinn pro Spiel):

$$m = 5 \cdot \frac{6}{37} - 1 \cdot \frac{31}{37} = -\frac{1}{37} \text{ E (Geldeinheiten).}$$

4.6. Einsatz auf 9 Zahlen (Einviertelchance der Spielbank Bad Homburg)

Eine Geldeinheit 1 E werde auf eine Einviertelchance, also gleichzeitig auf 9 Zahlen gesetzt. Für die jeweiligen Einsätze auf die Zahlen 1 bis 9, 10 bis 18, 19 bis 27 oder 28 bis 36 gibt es auf dem Spieltisch extra Einsatzfelder, auf welche die Jetons gelegt werden müssen.

	3	6	9	12	15	18	21	24	27	30	33	36
0	2	5	8	11	14	17	20	23	26	29	32	35
	1	4	7	10	13	16	19	22	25	28	31	34

Die Werte lauten:

Gewinnwahrscheinlichkeit für ein Einzelspiel: $\frac{9}{37} = 0{,}24324$;

Verlustwahrscheinlichkeit für ein Einzelspiel: $\frac{28}{37} = 0{,}75676$;

Auszahlung im Gewinnfall: 4 E $\Rightarrow$ Reingewinn $4 - 1 = 3$ E;

Gewinnerwartung (mittlerer Gewinn pro Spiel):

$$m = 3 \cdot \frac{9}{37} - 1 \cdot \frac{28}{37} = -\frac{1}{37} \text{ E (Geldeinheiten).}$$

4.8. Einsatz auf eine Kolonne oder ein Dutzend (zwölf Zahlen)
Eine Geldeinheit 1 E werde gleichzeitig auf zwölf Zahlen gesetzt.

	3	6	9	12	15	18	21	24	27	30	33	36
0	2	5	8	11	14	17	20	23	26	29	32	35
	1	4	7	10	13	16	19	22	25	28	31	34

Die Werte lauten:

Gewinnwahrscheinlichkeit bei einem Einzelspiel: $\frac{12}{37} = 0{,}32432$;

Verlustwahrscheinlichkeit bei einem Einzelspiel: $\frac{25}{37} = 0{,}67568$;

Auszahlung im Gewinnfall: 3 E $\Rightarrow$ Reingewinn $3 - 1 = 2$ E;

Gewinnerwartung (mittlerer zu erwartender Gewinn pro Spiel):

$$m = 2 \cdot \frac{12}{37} - 1 \cdot \frac{25}{37} = -\frac{1}{37} \text{ E (Geldeinheiten).}$$

4.8. Einsatz auf einfache Chance (18 Zahlen)
Bei einem Einsatz auf einfache Chancen wird eine Geldeinheit 1 E gleichzeitig auf 18 Zahlen gesetzt. Mit Wahrscheinlichkeit $\frac{18}{37} = 0{,}48649$ gewinnt man. Dann erhält man den doppelten Einsatz ausbezahlt, abzüglich des Einsatzes beträgt der Reingewinn 1 E. Im Verlustfall gibt es hier an den meisten Spieltischen eine Ausnahmeregelung. Falls Zero (0) ausgespielt wird, kann man den Einsatz für das nächste Spiel stehen lassen. Alternativ dazu erhält man auch den halben Einsatz ausgezahlt. Wenn jemand seinen Einsatz für das nächste Spiel stehen lässt, kann das bereits durchgeführte Spiel als Freispiel angesehen werden.

Wir gehen nun davon aus, dass bei Zero (0) der halbe Einsatz ausgezahlt wird. Der Einsatz ist verloren, falls nicht die 0, aber auch nicht eine der 18 Zahlen der einfachen Chance erscheint. Falls jemand auf rot setzt, tritt dieser Fall ein, wenn schwarz ausgespielt wird. Die Wahrscheinlichkeit dafür ist $\frac{18}{37}$. In diesem Fall lautet die Auszahlung 2 E, der Reingewinn beträgt dann 1 E. Zero besitzt die Wahrscheinlichkeit $\frac{1}{37}$. Falls Zero kommt, ist die Auszahlung $\frac{1}{2}$ E, der Reingewinn beträgt in diesem Fall $-\frac{1}{2}$ E. Mit Wahrscheinlichkeit $\frac{18}{37}$ ist der Einsatz vollständig verloren. Dann erhält man die Gewinnerwartung

$$m = 1 \cdot \frac{18}{37} - \frac{1}{2} \cdot \frac{1}{37} - 1 \cdot \frac{18}{37} = -\frac{1}{74} \text{ E (Geldeinheiten).}$$

Hier verliert man auf Dauer nur halb so viel wie bei den anderen Strategien, nämlich den 74. Teil des Gesamteinsatzes. Dabei wird man sehr oft gewinnen, auf Dauer allerdings öfter verlieren. Bei dieser Strategie besteht das geringste Verlustrisiko. Doch auch hier kann man selbst im Glücksfall keine hohen Beträge gewinnen, es sei denn, dass die Einsätze entsprechend hoch gewählt werden.

4.9. Vergleich der Strategien

Falls man auf eine einzige Zahl setzt, erhält man im Gewinnfall den 36-fachen Einsatz ausgezahlt. Auf Dauer wird man im Mittel aber nur in jedem 37. Spiel gewinnen. Die restlichen Spiele sind Verlustspiele, wobei der Einsatz dann jeweils vollständig verloren ist. Je größer die Anzahl der Zahlen ist, auf die man gleichzeitig setzt, umso öfter wird man gewinnen, allerdings entsprechend weniger. Das Verlustrisiko bei einem Einzelspiel wird mit wachsender Anzahl der Zahlen, auf die man gleichzeitig setzt, kleiner. Beim Einsatz auf einfache Chancen gewinnt man am häufigsten, dafür aber auch am wenigsten. Mit Ausnahme der Sonderregelung bei einfachen Chancen verliert man bei allen Einzelspielen auf Dauer den 37. Teil des Einsatzes, unabhängig davon auf wie viele und auf welche Zahlen man gleichzeitig setzt. Dabei kann nicht ausgeschlossen werden, dass jemand trotzdem über einen längeren Zeitraum einmal großes Glück hat und somit größere Gewinne erzielt. Doch dies ist einzig und allein auf den Zufall zurückzuführen. Vom Einsatz pro Spiel wird man also im Mittel den 37. Teil, also $\frac{1}{37}$, verlieren. Die Zahl $\frac{1}{37}$ ist gleichzeitig die Wahrscheinlichkeit, dass in einem Einzelspiel Zero erscheint. Bei Zero erhält mit Ausnahme bei einfachen Chancen kein Spieler einen Gewinn, es sei denn, er hat auf Zero gesetzt, was auch möglich ist. Falls jemand an einem Abend einen Gesamteinsatz von 370 000 DM tätigt, wird er nach dem Gesetz der großen Zahlen ungefähr den 37. Teil, also etwa 10 000 DM, verlieren. Dabei müssen zu diesem Gesamteinsatz sämtliche Gewinne hinzugerechnet werden, die im Laufe des Abends wieder eingesetzt werden. In Relation zum Gesamteinsatz sind die 10 000 DM klein. Falls der Spieler nur 20 000 DM mitbringt, aber aufgrund von Gewinnen den Gesamteinsatz von insgesamt 370 000 DM tätigen konnte, hat er im Mittel sogar die Hälfte seines eingesetzten Kapitals verloren. Im Vergleich zu den in diesem Buch behandelten anderen Glücksspielen ist die Gewinnchance beim Roulette bei einem Einzelspiel am größten. Sehr viele Spieler setzen aber ihre Gewinne sofort wieder ein, oft so lange, bis sie über kein Geld mehr verfügen. Die Nichtbeherrschung ist der Grund dafür, dass die meisten Spieler an einem Abend auch größere Beträge verlieren bzw. sich ruinieren.

Zusammenfassung:
Falls alle 37 Zahlen die gleiche Chance haben, ausgespielt zu werden, führt jeder Einsatz bei einem Einzelspiel zum gleichen Ergebnis. Auf Dauer werden die Spieler den 37. Teil des Gesamteinsatzes verlieren. Diesen Betrag gewinnt dann die Spielbank. Dabei spielt es keine Rolle, ob beim Einsatz auf eine einzige Zahl das größte Risiko eingegangen oder gleichzeitig auf 12 Zahlen gesetzt wird. Eine Ausnahme gibt es beim Einsatz auf einfache Chance. Falls Zero kommt, kann man den Einsatz für das nächste Spiel stehen lassen. Beim Einsatz auf einfache Chancen verliert man auf Dauer am wenigsten (s. Abschnitt 4.8). Viele Personen halten aber einen Einsatz auf einfache Chancen nicht für interessant. Wesentlich dabei ist immer die Höhe des Einsatzes. Falls jemand den großen Betrag von 5 000 DM auf einfache Chancen setzt, kann er damit einen Reingewinn von 5 000 DM erzielen. Die Wahrscheinlichkeit dafür beträgt $\frac{18}{37} = 0{,}4865$. Mit der gleichen Wahrscheinlichkeit verliert er den Einsatz. Zero besitzt die Wahrscheinlichkeit $\frac{1}{37} = 0{,}0270$. In diesem Fall soll wegen der Sonderregelung der laufende Einsatz für das nächste Spiel stehen bleiben.

5. Verdoppelungsstrategien ohne Höchsteinsatz

Bei den Verdoppelungsstrategien wird davon ausgegangen, dass ein Spieler nach einem oder einer bestimmten Anzahl von Verlustspielen den laufenden Spieleinsatz jeweils verdoppelt und zwar so lange, bis er erstmals gewinnt. Weil die Spielbanken einen Höchsteinsatz eingeführt haben, sind diese Strategien nicht realistisch. Sie sollen hier aber trotzdem als fiktive Modelle behandelt werden, um allgemein zu zeigen, welche Gewinne ohne Vorgabe eines Höchsteinsatzes möglich wären. Damit ein Spieler ohne Höchsteinsatz bis zum ersten Gewinn die laufenden Einsatzverdoppelungen uneingeschränkt durchführen könnte, müsste er allerdings über genügend viel Kapital verfügen, damit er nicht plötzlich mangels Kapital aufgeben müsste. Verdoppelungsstrategien, die nach einer gewissen Anzahl von Spielen mit einem Totalverlust abgebrochen werden müssen, sind in Abschnitt 6 behandelt.

5.1. Einsatz auf einfache Chancen

Ein Spieler setze immer auf einfache Chancen. Zunächst setzt er eine Geldeinheit 1 E. Mit Wahrscheinlichkeit $\frac{18}{37} = 0{,}4864865$ gewinnt er sofort, mit Wahrscheinlichkeit $\frac{19}{37} = 0{,}5135135$ ist der erste Einsatz verloren. Im Gewinnfall erzielt er nach Abschnitt 4.8 einen Reingewinn von einer Einheit, also 1 E. Nach jedem Verlustspiel werde der laufende Einsatz für das nachfolgende Spiel verdoppelt. Falls die Zero (0) kommt, lässt der Spieler seinen laufenden Einsatz für das nächste Spiel stehen. Daher können die Spiele mit Zero gestrichen werden. Sie werden bei der Berechnung der Serienlänge nicht berücksichtigt. Die Einsatzverdoppelung werde so lange fortgesetzt, bis der Spieler erstmals gewinnt. Dann kassiert er den Gewinn, und die Spielserie ist für ihn beendet. Die Anzahl der benötigten Spiele (Einsätze) ohne die Berücksichtigung der Sonderregelung bei Zero bezeichnen wir als Serienlänge. Wenn erstmals beim 6. Einsatz ein Gewinn erzielt wird, ist die Serienlänge gleich 6.

Mit Wahrscheinlichkeit $\frac{18}{37} = 0{,}4864865$ führt bereits der erste Einsatz zu einem Gewinn, mit Wahrscheinlichkeit $\frac{19}{37} \cdot \frac{18}{37} = 0{,}2498174$ erst der zweite, mit Wahrscheinlichkeit $\left(\frac{19}{37}\right)^2 \cdot \frac{18}{37} = 0{,}1282846$ der dritte usw. Allgemein muss mit Wahrscheinlichkeit $\left(\frac{19}{37}\right)^{n-1} \cdot \frac{18}{37}$, wobei $\left(\frac{19}{37}\right)^0 = 1$ ist, genau n-mal auf einfache Chancen gesetzt werden, bis sich erstmals ein Gewinn einstellt. Diese Wahrscheinlichkeiten für die entsprechenden Serienlängen müssen beginnend mit $\frac{18}{37}$ jeweils mit $\frac{19}{37}$ multipliziert werden, um die nächste Wahrscheinlichkeit zu erhalten.

In der nachfolgenden Tabelle sind folgende Größen aufgeführt:

1. Mögliche Serienlänge als Anzahl der Spiele bis zum ersten Erfolg (1. Spalte).

2. Die Wahrscheinlichkeit, mit der eine Serie diese Länge besitzt, also die Wahrscheinlichkeit dafür, dass das entsprechende Spiel erstmals zu einer Auszahlung an den Spieler führt und damit die vorangegangenen Spiele der Serie nur Verlustspiele sind (2. Spalte).

3. Einsatz für das laufende Spiel (3. Spalte).

4. Gesamteinsatz für alle bisherigen Spiele der Serie (4. Spalte).

5. Auszahlung im Gewinnfall, falls also die Serie mit diesem Spiel erstmals mit einem Gewinn abgeschlossen wird (5. Spalte).

6. Reingewinn der Serie als Differenz der Auszahlung und des bisherigen Gesamteinsatzes (6. Spalte).

Serien-länge	Wahrschein-lichkeit	Einsatz für das laufende Spiel	bisheriger Ge-samteinsatz	Auszahlung Gewinnfall	Rein-gewinn
1	0,4864865	1	1	2	1
2	0,2498174	2	3	4	1
3	0,1282846	4	7	8	1
4	0,0658759	8	15	16	1
5	0,0338282	16	31	32	1
6	0,0173712	32	63	64	1
7	0,0089204	64	127	128	1
8	0,0045807	128	255	256	1
9	0,0023523	256	511	512	1
10	0,0012079	512	1 023	1 024	1
11	0,0006203	1 024	2 047	2 048	1
12	0,0003185	2 048	4 095	4 096	1
13	0,0001636	4 096	8 191	8 192	1
14	0,0000840	8 192	16 383	16 384	1
15	0,0000431	16 384	32 767	32 768	1
16	0,0000221	32 768	65 535	35 536	1

Eine Serienlänge 10 besitzt nach der Tabelle die Wahrscheinlichkeit 0,0012079. Mit dieser Wahrscheinlichkeit sind bis zum ersten Erfolg genau 10 Einsätze nötig. Bei den ersten 9 Spielen entsteht also jeweils ein Verlust, das 10. Spiel führt erstmals zu einem Gewinn. Der laufende Einsatz für das 10. Spiel beträgt 512 E (Geldeinheiten). Einschließlich dieses Einsatzes musste der Spieler in allen bisherigen Spielen der Serie zusammen 1 023 Einheiten einsetzen. Falls das 10. Spiel gewinnt, erhält er das Doppelte des laufenden Einsatzes, also 1 024 Einheiten, ausgezahlt, so dass ihm ein Reingewinn von einer Geldeinheit verbleibt. Dann ist die Serie für ihn beendet. Falls er das 10. Spiel wiederum nicht gewinnt, hat er bisher insgesamt 1 023 Geldeinheiten eingesetzt. Dies wäre sein Verlust, falls er nach 10 Misserfolgen das Spiel abbrechen müsste, sei es aus Geldmangel oder wegen der Tatsache, dass die Spielbank schließt. Bei der Schließung der Spielbank könnte er allerdings am nächsten Tag die Serie vom 11. Spiel an fortsetzen.

Die **mittlere Serienlänge** ohne Berücksichtigung der mit Zero endenden Spiele beträgt $\frac{37}{18} = 2,0555556$. Im statistischen Mittel muss bis zum ersten Erfolg etwas mehr als zweimal gespielt werden. Hier handelt es sich um einen Mittelwert. Die einzelnen Serienlängen werden von diesem Durchschnittswert im allgemeinen mehr oder weniger stark abweichen. Mit Wahrscheinlichkeit $\left(\frac{19}{37}\right)^2 = 0,2636961$ verliert man die beiden ersten

Spiele. In mehr als einem Viertel der Serien wird dies der Fall sein. Weil das nächste Spiel von den Ausgängen der vorangegangenen Spiele unabhängig ist, gewinnt man nach zwei Verlustspielen das nächste Spiel mit Wahrscheinlichkeit $\frac{18}{37} = 0,4864865$. Es ist die Wahrscheinlichkeit, mit der das nächste Spiel gewonnen wird, falls sich bis dahin noch kein Erfolg eingestellt hat. Hier liegt die Information vor, dass bereits zwei Spiele verloren wurden. Somit handelt es sich um eine bedingte Wahrscheinlichkeit, bei der gewisse Informationen bereits vorliegen. Diese bedingte Wahrscheinlichkeit darf nicht verwechselt werden mit der Wahrscheinlichkeit dafür, dass eine beginnende Serie aus genau drei Spielen bestehen wird.

Mit Wahrscheinlichkeit $\left(\frac{19}{37}\right)^3 = 0,1354115$ ist eine Serie mit dem dritten Spiel, mit Wahrscheinlichkeit $\left(\frac{19}{37}\right)^{16} = 0,0000234$ mit dem 16. Spiel noch nicht beendet. Diese Situation tritt genau dann ein, wenn der Spieler 16 mal hintereinander verliert. Falls er 16 mal hintereinander verloren hat, gewinnt er das 17. Spiel mit Wahrscheinlichkeit $\frac{18}{37} = 0,4864865$. Die Wahrscheinlichkeit dafür, dass mindestens n Verlustspiele hintereinander auftreten, dass also eine Serie aus mehr als n Einzelspielen besteht, kann für jedes n nach der folgenden Formel berechnet werden:

$$\left(\frac{19}{37}\right)^n \text{ für jedes } n = 1, 2, \ldots .$$

In der obigen Tabelle kann man feststellen, dass jede einmal zu einem Gewinn führende, also jede mit einer Auszahlung endende Spielserie zu einen Reingewinn von einer Geldeinheit 1 E (= Einsatz) führt. Man kann zeigen, dass dies immer gilt, unabhängig von der Anzahl der benötigten Einsätze. Ob der Spieler erstmals beim 5. oder beim 20. Spiel gewinnt, es verbleibt ihm als Reingewinn immer der für das Ausgangsspiel getätigte Einsatz von einer Geldeinheit. Falls mit einem Einsatz von 10 DM gestartet und nach jedem Verlustspiel der laufende Einsatz für das nachfolgende Spiel verdoppelt wird, erhält man beim ersten Gewinnspiel 10 DM mehr ausgezahlt als bisher in der gesamten Serie eingezahlt wurde. Dieses Spiel könnte zunächst als die absolut sichere Strategie zum Geldgewinnen angesehen werden. Leider ist das nicht der Fall. Mit wachsender Anzahl der bis zum ersten Gewinn benötigten Spiele (Serienlänge) steigen die Einsätze sehr stark an. Damit Sie jede dieser Serien auch ohne Vorgabe eines Höchsteinsatzes erfolgreich zu Ende führen könnten, müssten Sie über genügend viel Geld verfügen. Stellen Sie sich vor, Sie hätten nur 10 000 DM und beginnen mit 10 DM Einsatz. Falls Sie neunmal hintereinander verlieren, beträgt Ihr bisheriger Gesamteinsatz bereits $511 \cdot 10 = 5\,110$ DM. Durch die Einsatzverdoppelung müssten Sie für das 10. Spiel aber $512 \cdot 10 = 5\,120$ DM einsetzen. Dazu reicht das Kapital nicht mehr aus. Sie müssten mit einem Gesamtverlust von 5 110 DM aufgeben. Dagegen werden Sie vermutlich einwenden, dieser Fall sei doch äußerst unwahrscheinlich und dürfte damit kaum eintreten. Dies ist jedoch richtig. Nur mit einer Wahrscheinlichkeit von $\left(\frac{19}{37}\right)^9 = 0,0024829$ gibt es 9 Verlustspiele hintereinander. Dies ist zwar unwahrscheinlich, jedoch nicht unmöglich. In ungefähr 0,25 % aller Serien wird dieser Fall eintreten. Wenn Sie mehr Geld einsetzen könnten, wäre die Ruinwahrscheinlichkeit zwar kleiner, dafür wäre aber ein eventueller Gesamtverlust noch viel größer. Nur dann könnte jede Serie mit einem Reingewinn abgeschlossen werden, wenn der Spieler über beliebig viel Kapital verfügen würde. Dass irgendwann einmal das erste Gewinnspiel eintritt, davon kann ausgegangen werden. Bei begrenztem Kapital würde man zwar sehr oft jeweils eine Einheit gewinnen, doch falls plötzlich keine weitere Einsatzverdoppelung mehr möglich wäre, müsste die Serie mit einem Verlust beendet werden, der vermutlich höher wäre als alle bisher angefallenen Gewinne zusammen. Falls ein Spieler insgesamt nur 1 270 DM einsetzen kann und mit 10 DM startet, kann er höchstens bis zum 7. Spiel den Einsatz jeweils verdoppeln. Falls er siebenmal hinter einander verliert, beträgt sein Gesamtverlust 1 270 DM. Die Wahrscheinlichkeit für diesen Verlust ist $\left(\frac{19}{37}\right)^7 = 0,0094159$. Auf Dauer wird bei ungefähr 0,94 % aller Spielserien dieser Fall eintreten. Falls ein Spieler beliebig viel Geld zur Verfügung hätte, könnte er die Verdoppelungsstrategie trotzdem nicht uneingeschränkt durchführen. Die Spielbanken haben ja einen Höchsteinsatz eingeführt. Dieser Fall wird in Abschnitt 6 behandelt. Falls die Verdoppelung zu einem Einsatz für das laufende Spiel führt, der größer ist als der von der Spielbank festgelegte Höchsteinsatz, müsste auch ein Spieler mit noch so viel Kapital die Serie mit einem großen Verlust beenden.

5.2. Einsatz auf eine Kolonne oder ein Dutzend (zwölf Zahlen)

Eine Geldeinheit 1 E, z. B. 1 E = 10 DM, werde jeweils auf eine Kolonne oder ein Dutzend gesetzt. Mit Wahrscheinlichkeit $\frac{12}{37} = 0,3243243$ gewinnt man sofort, mit Wahrscheinlichkeit $\frac{25}{37} = 0,6756757$ ist der erste Einsatz verloren. Nach jedem Verlustspiel soll wie in Abschnitt 5.1 der Einsatz für das nachfolgende Spiel verdoppelt werden, und zwar so lange, bis erstmals ein Gewinn erfolgt. Begrenztes Kapital oder ein Höchsteinsatz sollen hier nicht berücksichtigt werden (dazu Abschnitt 6).

Mit Wahrscheinlichkeit $\frac{12}{37} = 0,32432$ gewinnt man gleich beim ersten Einsatz, mit Wahrscheinlichkeit $\frac{25}{37} \cdot \frac{12}{37} = 0,21914$ benötigt man zwei Einsätze, mit Wahrscheinlichkeit $\left(\frac{25}{37}\right)^2 \cdot \frac{12}{37} = 0,14807$ sind drei Einsätze erforderlich usw. Mit Wahrscheinlichkeit $\left(\frac{25}{37}\right)^{n-1} \cdot \frac{12}{37}$, wobei $\left(\frac{25}{37}\right)^{0} = 1$ ist, muss man genau n-mal auf ein Dutzend setzen, bis man erstmals gewinnt.

Analog zu Abschnitt 5.1 erhält man folgende Tabelle:

Serien- länge	Wahrschein- lichkeit	Einsatz für das laufende Spiel	bisheriger Ge- samteinsatz	Auszahlung Gewinnfall	Rein- gewinn
1	0,3243243	1	1	3	2
2	0,2191381	2	3	6	3
3	0,1480663	4	7	12	5
4	0,1000448	8	15	24	9
5	0,0675978	16	31	48	17
6	0,0456742	32	63	96	33
7	0,0308609	64	127	192	65
8	0,0208520	128	255	384	129
9	0,0140892	256	511	768	257
10	0,0095197	512	1 023	1 536	513
11	0,0064322	1 024	2 047	3 072	1 025
12	0,0043461	2 048	4 095	6 144	2 049
13	0,0029366	4 096	8 191	12 288	4 097
14	0,0019842	8 192	16 383	24 576	8 193
15	0,0013407	16 384	32 767	49 152	16 385
16	0,0009058	32 768	65 535	98 304	32 769

Die mittlere Serienlänge beträgt hier $\frac{37}{12} = 3,0833333$. Dabei werden die auftretenden Serienlängen um diesen Mittelwert schwanken.

Mit Wahrscheinlichkeit $\left(\frac{25}{37}\right)^{3} = 0,3084714$ gehen die ersten drei Spiele verloren. Dann besteht die Serie bis zum ersten Erfolg aus mehr als drei Spielen. Die Wahrscheinlichkeit, dass bei dieser Verdoppelungsstrategie mindestens n Verlustspiele hintereinander auftreten, die Serie also aus mehr als n Einzelspielen besteht, lautet: $\left(\frac{25}{37}\right)^{n}$ für jedes $n = 1, 2, \ldots$. Nach 16 Spielen ist die Serie mit Wahrscheinlichkeit $\left(\frac{25}{37}\right)^{16} = 0,0018872$ immer noch nicht beendet.

Bei dieser Verdoppelungsstrategie wird der Reingewinn umso größer, je später man erstmals gewinnt. Daher müsste sich ein Spieler zunächst freuen, dass er noch nicht gewonnen hat. Doch im Laufe der Zeit wird das zur Verfügung stehende Kapital nicht mehr ausreichen oder der vorgegebene Höchsteinsatz eine Verdoppelung des laufenden Einsatzes nicht mehr zulassen. In einem solchen Fall erleidet der Spieler einen enormen Verlust.

Bei einem Kapital von 1 270 DM und einem Ersteinsatz von 1 E = 10 DM kann für das 8. Spiel der laufende Einsatz nicht mehr verdoppelt werden. Dann entsteht ein Gesamtverlust von 1 270 DM. Die Wahrscheinlichkeit für 7 Verlustspiele in Folge beträgt $\left(\frac{25}{37}\right)^7 = 0,0642936$. Das Ruinrisiko ist hier größer als beim Einsatz auf einfache Chancen (s. Abschnitt 5.1).

5.3. Einsatz auf 9 Zahlen (Einviertelchance)

Ein Spieler setze auf eine Einviertelchance, also gleichzeitig auf 9 Zahlen (s. Abschnitt 4.6). Ein Einzelspiel gewinnt er mit Wahrscheinlichkeit $\frac{9}{37} = 0,2432432$. Mit Wahrscheinlichkeit $\frac{28}{37} = 0,7567568$ verliert er ein Einzelspiel. Mit Wahrscheinlichkeit $\frac{9}{37} = 0,2432432$ führt bereits der erste Einsatz zu einem Gewinn, mit Wahrscheinlichkeit $\frac{28}{37} \cdot \frac{9}{37} = 0,1840760$ erst der zweite, mit Wahrscheinlichkeit $\left(\frac{28}{37}\right)^2 \cdot \frac{9}{37} = 0,1393007$ der dritte usw. Mit Wahrscheinlichkeit $\left(\frac{28}{37}\right)^{n-1} \cdot \frac{9}{37}$, wobei $\left(\frac{28}{37}\right)^0 = 1$ ist, muss genau n-mal auf eine Einviertelchance gesetzt werden, bis man erstmals gewinnt. Ausgehend von $\frac{9}{37} = 0,2432432$ erhält man die weiteren Wahrscheinlichkeiten für die Serienlängen durch jeweilige Multiplikation mit dem Faktor $\frac{28}{37}$.

5.3.1. Einsatzverdoppelung nach jedem Verlustspiel

Beginnend mit einem Einsatz von einer Geldeinheit, z. B. 1 E = 10 DM, erhält man die Tabelle bei einer Einsatzverdoppelung nach jedem einzelnen Verlustspiel:

Serien-länge	Wahrschein-lichkeit	Einsatz für das laufende Spiel	bisheriger Gesamteinsatz	Auszahlung Gewinnfall	Rein-gewinn
1	0,2432432	1	1	4	3
2	0,1840760	2	3	8	5
3	0,1393007	4	7	16	9
4	0,1054168	8	15	32	17
5	0,0797749	16	31	64	33
6	0,0603702	32	63	128	65
7	0,0456855	64	127	256	129
8	0,0345728	128	255	512	257
9	0,0261632	256	511	1 024	513
10	0,0197992	512	1 023	2 048	1 025
11	0,0149832	1 024	2 047	4 096	2 049
12	0,0113386	2 048	4 095	8 192	4 097
13	0,0085806	4 096	8 191	16 384	8 193
14	0,0064934	8 192	16 383	32 768	16 385

Die mittlere Serienlänge (Anzahl der im statistischen Mittel benötigten Spiele bis zum ersten Gewinn) lautet hier $\frac{37}{9} = 4,1111111$. Die Wahrscheinlichkeit dafür, dass bei dieser Verdoppelungsstrategie mindestens n Verlustspiele hintereinander auftreten, lautet allgemein $\left(\frac{28}{37}\right)^n$ für $n = 1, 2, \ldots$. Nach 10 Spielen ist die Serie mit Wahrscheinlichkeit $\left(\frac{28}{37}\right)^{10} = 0,0615975$ noch nicht beendet. Im statistischen Mittel bestehen etwa 6,16 % der Serien aus mehr als 10 Spielen. In einer solchen Serie verliert der Spieler zehnmal hintereinander. Wegen der Unabhängigkeit der Einzelausspielungen gewinnt er auch nach zehn Verlustspielen das elfte Spiel mit Wahrscheinlichkeit $\frac{9}{37} = 0,2432432$.

Ein zur Verfügung stehendes Kapital von 2 550 DM ist bei einem Starteinsatz von 10 DM bereits nach 8 Verlustspielen aufgebraucht. Die Wahrscheinlichkeit dafür ist immerhin noch $\left(\frac{28}{37}\right)^8 = 0,1075599$. Das Ruinrisiko ist mit etwa 10,76 % relativ groß.

5.3.2. Einsatzverdoppelung nach jeweils 2 Verlustspielen

Der Spieler verdopple seinen Einsatz nicht nach jedem einzelnen Verlustspiel, sondern erst nach jeweils 2 Verlustspielen. Bei einem Starteinsatz von einer Geldeinheit 1 E erhält man analog zu Abschnitt 5.3.1 die Tabelle bei einer Einsatzverdoppelung nach jeweils zwei Verlustspielen:

Serien-länge	Wahrschein-lichkeit	Einsatz für das laufende Spiel	bisheriger Gesamteinsatz	Auszahlung Gewinnfall	Rein-gewinn
1	0,2432432	1	1	4	3
2	0,1840760	1	2	4	2
3	0,1393007	2	4	8	4
4	0,1054168	2	6	8	2
5	0,0797749	4	10	16	6
6	0,0603702	4	14	16	2
7	0,0456855	8	22	32	10
8	0,0345728	8	30	32	2
9	0,0261632	16	46	64	18
10	0,0197992	16	62	64	2
11	0,0149832	32	94	128	34
12	0,0113386	32	126	128	2
13	0,0085806	64	190	256	66
14	0,0064934	64	254	256	2
15	0,0049139	128	382	512	130
16	0,0037181	128	510	512	2
17	0,0028141	256	766	1 024	258

18	0,0021296	256	1 022	1 024	2
19	0,0016116	512	1 534	2 048	514
20	0,0012196	512	2 046	2 048	2
21	0,0009229	1 024	3 070	4 096	1 026
22	0,0006984	1 024	4 094	4 096	2
23	0,0005285	2 048	6 142	8 192	2 050
24	0,0004000	2 048	8 190	8 192	2
25	0,0003027	4 096	12 286	16 384	4 098
26	0,0002291	4 096	16 382	16 384	2
27	0,0001733	8 192	24 574	32 768	8 194
28	0,0001312	8 192	32 766	32 768	2
29	0,0000993	16 384	49 150	65 536	16 386
30	0,0000751	16 384	65 534	65 536	2

Auch bei einer Einsatzverdoppelung nach jeweils zwei Verlustspielen führt jede Spielserie, die mit einer Auszahlung endet, zu einem Gewinnüberschuss (positiver Reingewinn). Dabei steigen die laufenden Spieleinsätze nur noch halb so stark wie bei der Einsatzverdoppelung nach jedem einzelnen Verlustspiel. Falls die Spiellänge eine gerade Zahl ist (Vielfaches von 2), beträgt der Reingewinn (Gewinnüberschuss) allerdings nur 2 Einheiten. Bei den ungeraden Spiellängen steigt der Überschuss jedoch im Laufe der Zeit stark an. Mit einem Kapital von 2 540 DM und einem Starteinsatz von 10 DM reicht der Einsatz bis zum 14. Spiel. Bei 14 Verlustspielen in Folge wäre auch bei dieser Verdoppelungsstrategie das Kapital vollständig verloren. Die Ruinwahrscheinlichkeit beträgt nur noch $\left(\frac{28}{37}\right)^{14} = 0,0202017$.

5.3.3. Einsatzverdoppelung nach jeweils 3 Verlustspielen
Falls eine Einsatzverdoppelung nach jeweils 3 Verlustspielen vorgenommen wird, erhält man die Tabelle auf Seite 166.

Hier führt nicht mehr jede mit einer Auszahlung endende Serie zu einem Gewinnüberschuss. Man muss sogar feststellten, dass bei den Serien, die mit einem Verlust abgeschlossen werden, die Verluste stark anwachsen, während ein eventueller Überschuss nur 3 Geldeinheiten beträgt.

Eine laufende Einsatzverdoppelung muss also spätestens nach jeweils 2 Verlustspielen erfolgen. Nur so ist gewährleistet, dass dann jede mit einer Auszahlung endende Spielserie auch tatsächlich zu einem Gewinnüberschuss führt. Diese kritische Zahl 2 erhält man aus $\frac{18}{9} = 2$. Im Nenner des Bruchs steht die Anzahl der Zahlen, auf die man gleichzeitig setzt.

Serien-länge	Wahrschein-lichkeit	Einsatz für das laufende Spiel	bisheriger Ge-samteinsatz	Auszahlung Gewinnfall	Rein-gewinn
1	0,2432432	1	1	4	3
2	0,1840760	1	2	4	2
3	0,1393007	1	3	4	1
4	0,1054168	2	5	8	3
5	0,0797749	2	7	8	1
6	0,0603702	2	9	8	− 1
7	0,0456855	4	13	16	3
8	0,0345728	4	17	16	− 1
9	0,0261632	4	21	16	− 5
10	0,0197992	8	29	32	3
11	0,0149832	8	37	32	− 5
12	0,0113386	8	45	32	− 13
13	0,0085806	16	61	64	3
14	0,0064934	16	77	64	− 13
15	0,0049139	16	93	64	− 29
16	0,0037181	32	125	128	3
17	0,0028141	32	157	128	− 29
18	0,0021296	32	189	128	− 61
19	0,0016116	64	253	256	3
20	0,0012196	64	317	256	− 61
21	0,0009229	64	381	256	− 125
22	0,0006984	128	509	512	3
23	0,0005285	128	637	512	− 125
24	0,0004000	128	765	512	− 253
25	0,0003027	256	1 021	1 024	3
26	0,0002291	256	1 277	1 024	− 253
27	0,0001733	256	1 533	1 024	− 509
28	0,0001312	512	2 045	2 048	3
29	0,0000993	512	2 557	2 048	− 509
30	0,0000751	512	3 069	2 048	− 1 021

5.4. Einsatz auf eine Transversale simple (2 Transversalen)

Ein Spieler setze gleichzeitig auf 6 benachbarte Zahlen, also auf 2 Transversalen. Ein Einzelspiel gewinnt er mit Wahrscheinlichkeit $\frac{6}{37} = 0,1621622$. Mit Wahrscheinlichkeit $\frac{31}{37} = 0,8378378$ verliert er ein Einzelspiel. Mit Wahrscheinlichkeit $\frac{6}{37} = 0,1621622$ führt bereits der erste Einsatz zu einem Gewinn, mit Wahrscheinlichkeit $\frac{31}{37} \cdot \frac{6}{37} = 0,1358656$ erst der zweite, mit Wahrscheinlichkeit $\left(\frac{31}{37}\right)^2 \cdot \frac{6}{37} = 0,1138333$ der dritte usw. Mit Wahrscheinlichkeit $\left(\frac{31}{37}\right)^{n-1} \cdot \frac{6}{37}$, wobei $\left(\frac{31}{37}\right)^0 = 1$ ist, muss n-mal auf 6 Zahlen gesetzt werden bis man erstmals gewinnt. Ausgehend von $\frac{6}{37} = 0,1621622$ erhält man die weiteren Wahrscheinlichkeiten für die Serienlängen durch jeweilige Multiplikation mit dem Faktor $\frac{31}{37}$.

5.4.1. Einsatzverdoppelung nach jedem Verlustspiel

Beginnend mit einem Einsatz von einer Geldeinheit 1 E, z. B. 1 E = 10 DM, erhält man die Tabelle bei der Einsatzverdoppelung nach jedem einzelnen Verlustspiel:

Serien-länge	Wahrschein-lichkeit	Einsatz für das laufende Spiel	bisheriger Ge-samteinsatz	Auszahlung Gewinnfall	Rein-gewinn
1	0,1621622	1	1	6	5
2	0,1358656	2	3	12	9
3	0,1138333	4	7	24	17
4	0,0953739	8	15	48	33
5	0,0799078	16	31	96	65
6	0,0669498	32	63	192	129
7	0,0560931	64	127	384	257
8	0,0469969	128	255	768	513
9	0,0393758	256	511	1 536	1 025
10	0,0329905	512	1 023	3 072	2 049
11	0,0276407	1 024	2 047	6 144	4 097
12	0,0231584	2 048	4 095	12 288	8 193
13	0,0194030	4 096	8 191	24 576	16 385
14	0,0162566	8 192	16 383	49 152	32 769
15	0,0136204	16 384	32 767	98 304	65 537
16	0,0114117	32 768	65 535	196 608	131 073
17	0,0095611	65 536	131 071	393 216	262 145
18	0,0080107	131 072	262 143	786 432	524 289

Die mittlere Serienlänge, also die Anzahl der im statistischen Mittel benötigten Spiele bis zum ersten Gewinn, lautet hier $\frac{37}{6} = 6,1666667$. Die Wahrscheinlichkeit dafür, dass bei dieser Verdoppelungsstrategie mindestens n Verlustspiele hintereinander auftreten, lautet allgemein $\left(\frac{31}{37}\right)^n$. Nach 6 Spielen ist die Serie mit Wahrscheinlichkeit $\left(\frac{31}{37}\right)^6 = 0,3459074$ noch nicht beendet, die Wahrscheinlichkeit für 16 Verlustspiele in Folge beträgt $\left(\frac{31}{37}\right)^{16} = 0,0589603$.

Ein zur Verfügung stehendes Kapital von 1 270 DM ist bei einem Starteinsatz von 10 DM bereits nach sieben Verlustspielen aufgebraucht. Die Wahrscheinlichkeit für sieben Verlustspiele in Folge ist $\left(\frac{31}{37}\right)^7 = 0{,}2898143$. Für diesen Spieler ist das Ruinrisiko mit etwa 28,9 % sehr groß.

5.4.2. Einsatzverdoppelung nach jeweils 2 Verlustspielen

Falls der laufende Einsatz erst nach jeweils zwei Verlustspielen verdoppelt wird, erhält man die Tabelle:

Serien- länge	Wahrschein- lichkeit	Einsatz für das laufende Spiel	bisheriger Ge- samteinsatz	Auszahlung Gewinnfall	Rein- gewinn
1	0,1621622	1	1	6	5
2	0,1358656	1	2	6	4
3	0,1138333	2	4	12	8
4	0,0953739	2	6	12	6
5	0,0799078	4	10	24	14
6	0,0669498	4	14	24	10
7	0,0560931	8	22	48	26
8	0,0469969	8	30	48	18
9	0,0393758	16	46	96	50
10	0,0329905	16	62	96	34
11	0,0276407	32	94	192	98
12	0,0231584	32	126	192	66
13	0,0194030	64	190	384	194
14	0,0162566	64	254	384	130
15	0,0136204	128	382	768	386
16	0,0114117	128	510	768	258
17	0,0095611	256	766	1 536	770
18	0,0080107	256	1 022	1 536	514
19	0,0067116	512	1 534	3 072	1 538
20	0,0056233	512	2 046	3 072	1 026
21	0,0047114	1 024	3 070	6 144	3 074
22	0,0039474	1 024	4 094	6 144	2 050
23	0,0033073	2 048	6 142	12 288	6 146
24	0,0027710	2 048	8 190	12 288	4 098
25	0,0023216	4 096	12 286	24 576	12 290
26	0,0019451	4 096	16 382	24 576	8 194
27	0,0016297	8 192	24 574	49 152	24 578
28	0,0013654	8 192	32 766	49 152	16 386
29	0,0011440	16 384	49 150	98 304	49 154
30	0,0009585	16 384	65 534	98 304	32 770

Auch bei dieser Strategie führt jede Spielserie, die mit einer Auszahlung abschließt, zu einem Gewinnüberschuss (positiver Reingewinn). Bei dieser Strategie steigen die laufenden Spieleinsätze nur noch halb so stark an wie bei der Einsatzverdoppelung nach jedem einzelnen Verlustspiel. Ein Spieler mit einem Kapital von 1 260 DM und einem Starteinsatz von 10 DM kann hier bis zum zwölften Spiel einsetzen. Erst bei 12 Verlustspielen in Folge hat er sein Kapital von 1 260 DM verloren. Die Ruinwahrscheinlichkeit beträgt hier $\left(\frac{31}{37}\right)^{12} = 0,1196519$. Sie ist wesentlich kleiner als bei einer Einsatzverdoppelung nach jedem Verlustspiel. Im Durchschnitt werden 11,97 Prozent der Serien nach 12 Spielen noch nicht beendet sein.

5.4.3. Einsatzverdoppelung nach jeweils 3 Verlustspielen
Der laufende Einsatz werde nach jeweils 3 Verlustspielen verdoppelt.

Serienlänge	Wahrscheinlichkeit	Einsatz für das laufende Spiel	bisheriger Gesamteinsatz	Auszahlung Gewinnfall	Reingewinn
1	0,1621622	1	1	6	5
2	0,1358656	1	2	6	4
3	0,1138333	1	3	6	3
4	0,0953739	2	5	12	7
5	0,0799078	2	7	12	5
6	0,0669498	2	9	12	3
7	0,0560931	4	13	24	11
8	0,0469969	4	17	24	7
9	0,0393758	4	21	24	3
10	0,0329905	8	29	48	19
11	0,0276407	8	37	48	11
12	0,0231584	8	45	48	3
13	0,0194030	16	61	96	35
14	0,0162566	16	77	96	19
15	0,0136204	16	93	96	3
16	0,0114117	32	125	192	67
17	0,0095611	32	157	192	35
18	0,0080107	32	189	192	3
19	0,0067116	64	253	384	131
20	0,0056233	64	317	384	67
21	0,0047114	64	381	384	3
22	0,0039474	128	509	768	259
23	0,0033073	128	637	768	131
24	0,0027710	128	765	768	3
25	0,0023216	256	1 021	1 536	515

26	0,0019454	256	1 277	1 536	259
27	0,0016297	256	1 533	1 536	3
28	0,0013654	512	2 045	3 072	1 027
29	0,0011440	512	2 557	3 072	515
30	0,0009585	512	3 069	3 072	3
31	0,0008031	1 024	4 093	6 144	2 051
32	0,0006728	1 024	5 117	6 144	1 027
33	0,0005637	1 024	6 141	6 144	3
34	0,0004723	2 048	8 189	12 288	4 099
35	0,0003957	2 048	10 237	12 288	2 051
36	0,0003315	2 048	12 285	12 288	3
37	0,0002778	4 096	16 381	24 576	8 195
38	0,0002327	4 096	20 477	24 576	4 099
39	0,0001950	4 096	24 573	24 576	3

Die laufenden Einsätze steigen hier noch langsamer an als bei der Einsatzverdoppelung nach jeweils zwei Verlustspielen. Auch bei dieser Strategie
führt jede Spielserie, die mit einer Auszahlung endet, zu einem Gewinnüberschuss. Bei Serien, deren Länge ein Vielfaches von 3 ist, beträgt der
Überschuss allerdings nur noch 3 Einheiten. Serien, deren Länge um Eins
größer als ein Vielfaches von 3 ist, bringen den größten Reingewinn. Innerhalb dieser Serien ist der Reingewinn stark wachsend. Ein Spieler mit
einem Kapital von 1 250 DM und einem Starteinsatz von 10 DM kann hier
bis zum 16. Spiel einsetzen. Seine Ruinwahrscheinlichkeit beträgt hier
$\left(\frac{31}{37}\right)^{16} = 0,0589603$. 5,9 % der Serien führen zu einem solchen Ruin.

5.4.3. Einsatzverdoppelung nach jeweils 4 Verlustspielen
Bei einer Einsatzverdoppelung nach jeweils 4 Verlustspielen erhält man die
Tabelle auf der nächsten Seite.

Auch im Gewinnfall können bei dieser Strategie Verluste entstehen (nega-
tiver Reingewinn). Dabei muss man sogar feststellen, dass bei großen Spiellängen die möglichen Verluste wesentlich größer sind als die möglichen Gewinne. Daher ist eine Verdoppelung nach jeweils vier Verlustspielen nicht
zu empfehlen. Eine Einsatzverdoppelung sollte also nach jeweils einem
bzw. zwei bzw. drei Verlustspielen vorgenommen werden. Um im Gewinnfall immer einen Gewinnüberschuss zu erzielen, erhält man die maximale
Anzahl von Verlustspielen, nach denen jeweils eine Einsatzverdoppelung
vorgenommen werden muss, in der Form $\frac{18}{6} = 3$. Im Nenner dieses Bruchs
steht die Anzahl der Zahlen auf die gleichzeitig gesetzt wird.

Serien-länge	Wahrschein-lichkeit	Einsatz für das laufende Spiel	bisheriger Ge-samteinsatz	Auszahlung Gewinnfall	Rein-gewinn
1	0,1621622	1	1	6	5
2	0,1358656	1	2	6	4
3	0,1138333	1	3	6	3
4	0,0953739	1	4	6	2
5	0,0799078	2	6	12	6
6	0,0669498	2	8	12	4
7	0,0560931	2	10	12	2
8	0,0469969	2	12	12	0
9	0,0393758	4	16	24	8
10	0,0329905	4	20	24	4
11	0,0276407	4	24	24	0
12	0,0231584	4	28	24	− 4
13	0,0194030	8	36	48	12
14	0,0162566	8	44	48	4
15	0,0136204	8	52	48	− 4
16	0,0114117	8	60	48	− 12
17	0,0095611	16	76	96	20
18	0,0080107	16	92	96	4
19	0,0067116	16	108	96	− 12
20	0,0056233	16	124	96	− 28
21	0,0047114	32	156	192	36
22	0,0039474	32	188	192	4
23	0,0033073	32	220	192	− 28
24	0,0027710	32	252	192	− 60
25	0,0023216	64	316	384	68
26	0,0019454	64	380	384	4
27	0,0016297	64	444	384	− 60
28	0,0013654	64	508	384	− 124
29	0,0011440	128	636	768	132
30	0,0009585	128	764	768	4
31	0,0008031	128	892	768	− 124
32	0,0006728	128	1 020	768	− 252
33	0,0005637	256	1 276	1 536	260
34	0,0004723	256	1 532	1 536	4
35	0,0003957	256	1 788	1 536	− 252
36	0,0003315	256	2 044	1 536	− 508
37	0,0002778	512	2 556	3 072	516
38	0,0002327	512	3 068	3 072	4
39	0,0001950	512	3 580	3 072	− 508
40	0,0001634	512	4 092	3 072	− 1020

5.5. Einsatz auf ein Carré (4 Nummern im Viereck)

Ein Spieler setze jeweils auf ein Carré, also gleichzeitig auf 4 Zahlen eines Vierecks. Hier erhält man folgende Größen:

Wahrscheinlichkeit für den Gewinn eines Einzelspiels: $\frac{4}{37} = 0,1081081$;

Wahrscheinlichkeit für den Verlust eines Einzelspiels: $\frac{33}{37} = 0,8918919$;

Wahrscheinlichkeit, dass eine Serie nach genau n Spielen erstmals zu einer Auszahlung führt:

$$\left(\frac{33}{37}\right)^{n-1} \cdot \frac{4}{37} \quad \text{für } n = 1, 2, \ldots \text{ mit } \left(\frac{33}{37}\right)^{0} = 1.$$

Mittlere Serienlänge bis zum ersten Gewinn: $\frac{37}{4} = 9,25$.

Wahrscheinlichkeit für mindestens n aufeinanderfolgende Verlustspiele:

$$\left(\frac{33}{37}\right)^{n} \quad \text{für } n = 1, 2, \ldots .$$

Eine Verdoppelung des laufenden Einsatzes muss spätestens nach 4 Verlustspielen vorgenommen werden. Nur dann bringt jede mit einer Auszahlung endende Spielserie einen Gewinnüberschuss. Diese maximale Zahl 4 erhält man als ganzzahligen Anteil des Dezimalbruches $\frac{18}{4} = 4,5$. Es soll nur die Tabelle bei einer Einsatzverdoppelung nach jeweils 4 Verlustspielen angegeben werden.

Serien-länge	Wahrschein-lichkeit	Einsatz für das laufende Spiel	bisheriger Ge-samteinsatz	Auszahlung Gewinnfall	Rein-gewinn
1	0,1081081	1	1	9	8
2	0,0964207	1	2	9	7
3	0,0859969	1	3	9	6
4	0,0766999	1	4	9	5
5	0,0684080	2	6	18	12
6	0,0610126	2	8	18	10
7	0,0544166	2	10	18	8
8	0,0485337	2	12	18	6
9	0,0432869	4	16	36	20
10	0,0386072	4	20	36	16
11	0,0344334	4	24	36	12
12	0,0307109	4	28	36	8
13	0,0273908	8	36	72	36
14	0,0244296	8	44	72	28
15	0,0217886	8	52	72	20
16	0,0194331	8	60	72	12
17	0,0173322	16	76	144	68

18	0,0154584	16	92	144	52
19	0,0137873	16	108	144	36
20	0,0122968	16	124	144	20
21	0,0109674	32	156	288	132
22	0,0097817	32	188	288	100
23	0,0087242	32	220	288	68
24	0,0077811	32	252	288	36
25	0,0069399	64	316	576	260
26	0,0061896	64	380	576	196
27	0,0055205	64	444	576	132
28	0,0049237	64	508	576	68
29	0,0043914	128	636	1 152	516
30	0,0039166	128	764	1 152	388
31	0,0034932	128	892	1 152	260
32	0,0031156	128	1 020	1 152	132
33	0,0027787	256	1 276	2 304	1 028
34	0,0024783	256	1 532	2 304	772
35	0,0022104	256	1 788	2 304	516
36	0,0019715	256	2 044	2 304	260
37	0,0017583	512	2 556	4 608	2 052
38	0,0015682	512	3 068	4 608	1 540
39	0,0013987	512	3 580	4 608	1 028
40	0,0012475	512	4 092	4 608	516
41	0,0011126	1 024	5 116	9 216	4 100
42	0,0009923	1 024	6 140	9 216	3 076
43	0,0008851	1 024	7 164	9 216	2 052
44	0,0007894	1 024	8 188	9 216	1 028
45	0,0007040	2 048	10 236	18 432	8 196
46	0,0006279	2 048	12 284	18 432	6 148
47	0,0005600	2 048	14 332	18 432	4 100
48	0,0004995	2 048	16 380	18 432	2 052

Die Wahrscheinlichkeit dafür, dass 48 Spiele hintereinander verloren gehen, beträgt

$$\left(\frac{33}{37}\right)^{48} = 0,0041208.$$

Bei einem Höchsteinsatz von 10 240 DM und einem Mindesteinsatz von 5 DM muss die Serie bei einem Starteinsatz von 1 E = 5 DM spätestens nach 48 Verlustspielen abgebrochen werden. Dann beträgt der Gesamtverlust 16 380 · 5 = 81 900 DM. Dieser Verlust wird nur in etwa 0,412 % aller Serien eintreten. Dies ist zwar unwahrscheinlich, aber nicht unmöglich. Sie können sich selbst davon überzeugen, dass eine Einsatzverdoppelung nach jeweils 5 Verlustspielen nicht ausreicht. Dann gibt es mit einer Auszahlung endende Serien, die mit einem Verlust abschließen. Dabei kann der Verlust sogar sehr groß werden.

5.6. Einsatz auf eine Transversale pleine (Querreihe von 3 Nummern)

Beim Einsatz auf eine Transversale pleine, also gleichzeitig auf 3 Zahlen, erhält man folgende Werte:

Wahrscheinlichkeit für den Gewinn eines Einzelspiels: $\frac{3}{37} = 0,0810811$;

Wahrscheinlichkeit für den Verlust eines Einzelspiels: $\frac{34}{37} = 0,9189189$;

Wahrscheinlichkeit für (mindestens) n aufeinanderfolgende einzelne Verlustspiele: $\left(\frac{34}{37}\right)^n$ für n = 1, 2, ...

Wahrscheinlichkeit, dass eine Serie nach genau n Spielen erstmals zu einer Auszahlung führt:

$$\left(\frac{34}{37}\right)^{n-1} \cdot \frac{3}{37} \quad \text{für n = 1, 2, ... mit} \quad \left(\frac{34}{37}\right)^0 = 1.$$

Mittlere Serienlänge bis zum ersten Gewinn: $\frac{37}{3} = 12,333333$.

Hier muss spätestens nach $\frac{18}{3} = 6$ Verlustspielen eine laufende Einsatzverdoppelung vorgenommen werden, damit im Auszahlungsfall immer ein positiver Überschuss bleibt.

Für eine Einsatzverdoppelung nach jeweils 6 Verlustspielen soll die Tabelle angegeben werden.

Serienlänge	Wahrscheinlichkeit	Einsatz für das laufende Spiel	bisheriger Gesamteinsatz	Auszahlung Gewinnfall	Reingewinn
1	0,0810811	1	1	12	11
2	0,0745069	1	2	12	10
3	0,0684658	1	3	12	9
4	0,0629146	1	4	12	8
5	0,0578134	1	5	12	7
6	0,0531258	1	6	12	6
7	0,0488183	2	8	24	16
8	0,0448601	2	10	24	14
9	0,0412228	2	12	24	12
10	0,0378804	2	14	24	10
11	0,0348090	2	16	24	8
12	0,0319866	2	18	24	6

13	0,0293931	4	22	48	26
14	0,0270099	4	26	48	22
15	0,0248199	4	30	48	18
16	0,0228075	4	34	48	14
17	0,0209582	4	38	48	10
18	0,0192589		42	48	6
19	0,0176974	8	50	96	46
20	0,0162625	8	58	96	38
21	0,0149439	8	66	96	30
22	0,0137322	8	74	96	22
23	0,0126188	8	82	96	14
24	0,0115956	8	90	96	6
25	0,0106555	16	106	192	86
26	0,0097915	16	122	192	70
27	0,0089976	16	138	192	54
28	0,0082681	16	154	192	38
29	0,0075977	16	170	192	22
30	0,0069817	16	186	192	6
31	0,0064156	32	218	384	166
32	0,0058954	32	250	384	134
33	0,0054174	32	282	384	102
34	0,0049781	32	314	384	70
35	0,0045745	32	346	384	38
36	0,0042036	32	378	384	6
37	0,0038628	64	442	768	326
38	0,0035496	64	506	768	262
39	0,0032618	64	570	768	198
40	0,0029973	64	634	768	134
41	0,0027543	64	698	768	70
42	0,0025310	64	762	768	6
43	0,0023257	128	890	1 536	646
44	0,0021372	128	1 018	1 536	518
45	0,0019639	128	1 146	1 536	390
46	0,0018047	128	1 274	1 536	262
47	0,0016583	128	1 402	1 536	134
48	0,0015239	128	1 530	1 536	6
49	0,0014003	256	1 786	3 072	1 286
50	0,0012868	256	2 042	3 072	1 030
51	0,0011824	256	2 298	3 072	774
52	0,0010866	256	2 554	3 072	518
53	0,0009985	256	2 810	3 072	262
54	0,0009175	256	3 066	3 072	6

Beim 54. Spiel beträgt der laufende Spieleinsatz 256 Einheiten. Die Wahrscheinlichkeit, dass jemand 54 Spiele hintereinander nicht gewinnt, beträgt

$$\left(\tfrac{34}{37}\right)^{54} = 0,0103984.$$

Falls jemand nur über 3 066 Geldeinheiten verfügt, verliert er diesen Betrag mit dieser Wahrscheinlichkeit. Dieser Fall wird allerdings in nur ungefähr 1 % aller Serien eintreten.

5.7. Einsatz auf Cheval (2 verbundene Nummern)

Beim gleichzeitigen Einsatz auf zwei benachbarte Zahlen erhält man folgende Werte:

Wahrscheinlichkeit für den Gewinn eines Einzelspiels: $\tfrac{2}{37} = 0,0540541$;

Wahrscheinlichkeit für den Verlust eines Einzelspiels: $\tfrac{35}{37} = 0,9459459$;

Wahrscheinlichkeit für (mindestens) n aufeinanderfolgende einzelne Verlustspiele: $\left(\tfrac{35}{37}\right)^n$ für $n = 1, 2, \ldots$.

Wahrscheinlichkeit, dass eine Serie nach genau n Spielen erstmals zum Erfolg mit positivem Reingewinn führt:

$$\left(\tfrac{35}{37}\right)^{n-1} \cdot \tfrac{2}{37} \quad \text{für } n = 1, 2, \ldots \quad \text{mit} \quad \left(\tfrac{35}{37}\right)^0 = 1.$$

Mittlere Serienlänge bis zum ersten Gewinn: $\tfrac{37}{2} = 18,5$.

Damit jede mit einer Auszahlung endende Serie auch tatsächlich einen Reingewinn (Überschuss) ergibt, muss spätestens nach $\tfrac{18}{2} = 9$ Verlustspielen eine Einsatzverdoppelung vorgenommen werden.

Jemand beginne mit einem Einsatz von $1\,\text{E} = 5$ DM. Die Einsatzverdoppelung werde nach jeweils 9 Verlustspielen vorgenommen. Bei einem Höchsteinsatz von 10 240 DM kann insgesamt 11 mal verdoppelt werden. Dann beträgt der laufende Einsatz $5 \cdot 2^{11} = 10\,240$ DM. Damit kann der Spieler 108 mal setzen, ohne den Höchsteinsatz zu überschreiten. Erst danach wäre keine Einsatzverdoppelung mehr möglich. Die Wahrscheinlichkeit, dass 108 Spiele hintereinander verloren gehen, beträgt

$$\left(\tfrac{35}{37}\right)^{108} = 0,0024749,$$

also ungefähr 0,25 %. Der Gesamteinsatz während der 108 Spiele beträgt

$$9 \cdot 5 \cdot (1 + 2 + 2^2 + 2^3 + \ldots + 2^{11}) = 45 \cdot (2^{12} - 1) = 184\,275 \text{ DM}.$$

In ungefähr 0,25 % aller Serien wäre dieser Betrag verloren.

5.8. Einsatz auf Plein (eine Zahl)

Beim Einsatz auf eine einzige Zahl (Plein) erhält man folgende Werte:

Wahrscheinlichkeit für den Gewinn eines Einzelspiels: $\frac{1}{37} = 0,0270270$;

Wahrscheinlichkeit für den Verlust eines Einzelspiels: $\frac{36}{37} = 0,9729730$;

Wahrscheinlichkeit für (mindestens) n aufeinanderfolgende einzelne Verlustspiele: $\left(\frac{36}{37}\right)^n$ für $n = 1, 2, \ldots$;

Wahrscheinlichkeit, dass eine Serie nach genau n Spielen erstmals zum Erfolg mit positivem Reingewinn führt:

$$\left(\frac{36}{37}\right)^{n-1} \cdot \frac{1}{37} \quad \text{für } n = 1, 2, \ldots \text{ mit } \left(\frac{36}{37}\right)^0 = 1.$$

Mittlere Serienlänge bis zum ersten Gewinn: $\frac{37}{1} = 37$.

Spätestens nach $\frac{18}{1} = 18$ Verlustspielen muss eine Einsatzverdoppelung vorgenommen werden, damit in jeder Serie, die mit einer Auszahlung endet, ein positiver Überschuss übrig bleibt.

Bei einem Starteinsatz von $1\,\text{E} = 5$ DM und einem Höchsteinsatz von 10 240 DM kann insgesamt 11 mal verdoppelt werden. Bei einer Einsatzverdoppelung nach jeweils 18 Verlustspielen wird während der ersten 216 Spielen der Höchsteinsatz nicht überschritten. Erst danach wäre keine Einsatzverdoppelung mehr möglich. Die Wahrscheinlichkeit, dass 216 Spiele hintereinander verloren gehen, beträgt

$$\left(\frac{36}{37}\right)^{216} = 0,0026901,$$

also ungefähr 0,27 %. Der Gesamteinsatz bei 216 Verlustspielen in Serie beträgt

$$18 \cdot 5 \cdot (1 + 2 + 2^2 + 2^3 + \ldots + 2^{11}) = 90 \cdot (2^{12} - 1) = 368\,550 \text{ DM}.$$

5.9. Allgemeine Bemerkungen zu Verdoppelungsstrategien

Die bisher behandelten Verdoppelungsstrategien waren so bestimmt, dass bei Spielserien, die mit einer Auszahlung (Gewinn) enden, der Auszahlungsbetrag höher ist als der bisherige Gesamteinsatz in der Serie. Dann bleibt garantiert ein Überschuss (Reingewinn) übrig. Falls ein Spieler über beliebig viel Geld verfügen sollte, würde jede Serie ohne Vorgabe eines Höchsteinsatzes zu einem Gewinn führen. Beim Einsatz auf einfache Chancen bliebe allerdings als Überschuss nur der Betrag übrig, der für den ersten Einsatz getätigt wird. Mit sinkender Anzahl der Zahlen, auf die man gleichzeitig setzt, werden auch die Gewinne größer. Sie werden am größten beim Einsatz auf eine einzige Zahl (Plein) und einer Einsatzverdoppelung nach jedem einzelnen Verlustspiel. Mit beliebig viel Geld und ohne Höchsteinsatz wäre mit dieser Verdoppelungsstrategie jede Spielbank in relativ kurzer Zeit zu sprengen. Falls ein Spieler nur ein begrenztes Kapital zur Verfügung hat, kann er schon deswegen nicht unbegrenzt seinen Einsatz verdoppeln. Mit jeder Verdoppelungsstrategie würde er auf Dauer keinen Gewinn erzielen. Dabei ist der Einsatz auf eine einzige Zahl mit dem größten Risiko verbunden, ein Einsatz auf einfache Chancen bringt das kleinste Risiko.

6. Verdoppelungsstrategien mit Höchsteinsatz

Vermutlich um sich selbst und vielleicht auch die Spieler vor dem Ruin zu schützen, haben die Spielbanken einen Höchsteinsatz pro Spiel eingeführt. An verschiedenen Spieltischen kann es auch verschiedene Höchsteinsätze geben. In den nachfolgenden Untersuchungen wird bei den Verdoppelungsstrategien jeweils von einem Anfangseinsatz in Höhe von 10 DM ausgegangen, also 1 E = 10 DM. Nach neunmaliger Verdoppelung beträgt der laufende Einsatz dann 5 120 DM. Eine weitere Verdoppelung auf 10 240 DM sei nicht mehr möglich. Damit wird ein von der Spielbank vorgegebener Höchsteinsatz von 10 000 DM eingehalten. Falls nach jedem Verlustspiel verdoppelt wird, kann der Spieler insgesamt nur zehnmal setzen. Falls er zehnmal hintereinander verliert, beträgt der Gesamtverlust nach den in Abschnitt 5 angegebenen Tabellen $1\,023 \cdot 10 = 10\,230$ DM. Wenn eine Einsatzverdoppelung nach jedem zweiten Verlustspiel stattfindet, erfolgt der endgültige Verlust erst nach 20 Verlustspielen. Dabei würden insgesamt $2 \cdot 10\,230 = 20\,460$ DM verloren. Bei einer Einsatzverdoppelung nach jeweils 9 Verlustspielen kann der Spieler bei 90 Spielen setzen, ohne den Höchsteinsatz zu überschreiten. Wenn er dabei nie gewinnt, verliert er $9 \cdot 10\,230 = 92\,070$ DM. Beim Setzen auf eine Zahl (Plein) und einer Einsatzverdoppelung nach jeweils 18 Verlustspielen kann der Spieler insgesamt 180 mal setzen ohne den Höchsteinsatz zu überschreiten. Wenn er 180 mal nicht gewinnt, verliert er insgesamt $10\,230 \cdot 18 = 184\,140$ DM.

In der nachfolgenden Tabelle sind folgende Größen zusammengestellt:

Anzahl der Zahlen, auf die gleichzeitig gesetzt wird (1. Spalte);

Anzahl der Spiele, nach denen jeweils der laufende Spieleinsatz verdoppelt wird (2. Spalte);

maximale Anzahl von Spielen, bei denen der Höchsteinsatz nicht überschritten wird (3. Spalte);

maximaler Verlust, falls bei allen Spielen verloren wird (4. Spalte);

Wahrscheinlichkeit dafür, dass eine Spielserie aus lauter Verlustspielen besteht (4. Spalte).

Beim Einsatz auf einfache Chancen wird die Sondersitutation bei Zero, nach der man in diesem Fall den halben Einsatz ausgezahlt bekommt bzw. den ganzen Einsatz für das nächste Spiel stetenlassen kann (s. Abschnitt 4.8), nicht berücksichtigt. Diese Spiele werden einfach nicht mitgezählt. Ausgegangen wird immer von einem Starteinsatz von 10 DM und einem Höchsteinsatz von 5 120 DM.

Einsatz auf	jeweilige Verdoppelung nach	maximale Anzahl von Spielen	maximaler Verlust	Verlustwahrscheinlichkeit
18 Zahlen	1 Verlustspiel	10	10 230	0,00127503
12 Zahlen	1 Verlustspiel	10	10 230	0,01983275
9 Zahlen	1 Verlustspiel	10	10 230	0,06159750
9 Zahlen	2 Verlustspiele	20	20 460	0,00379425
6 Zahlen	1 Verlustspiel	10	10 230	0,17045106
6 Zahlen	2 Verlustspiele	20	20 460	0,02905356
6 Zahlen	3 Verlustspiele	30	30 690	0,00495221
4 Zahlen	1 Verlustspiel	10	10 230	0,31850933
4 Zahlen	2 Verlustspiele	20	20 460	0,10144819
4 Zahlen	3 Verlustspiele	30	30 690	0,03231220
4 Zahlen	4 Verlustspiele	40	40 920	0,01029174
3 Zahlen	1 Verlustspiel	10	10 230	0,42931091
3 Zahlen	2 Verlustspiele	20	20 460	0,18430786
3 Zahlen	3 Verlustspiele	30	30 690	0,07912538
3 Zahlen	4 Verlustspiele	40	40 920	0,03396939
3 Zahlen	5 Verlustspiele	50	51 150	0,01458343
3 Zahlen	6 Verlustspiele	60	61 380	0,00626083
2 Zahlen	1 Verlustspiel	10	10 230	0,57367141
2 Zahlen	2 Verlustspiele	20	20 460	0,32909888
2 Zahlen	3 Verlustspiele	30	30 690	0,18879462
2 Zahlen	4 Verlustspiele	40	40 920	0,10830607
2 Zahlen	5 Verlustspiele	50	51 150	0,06213210
2 Zahlen	6 Verlustspiele	60	61 380	0,03564341
2 Zahlen	7 Verlustspiele	70	71 610	0,02044760
2 Zahlen	8 Verlustspiele	80	81 840	0,01173021
2 Zahlen	9 Verlustspiele	90	92 070	0,00672928
1 Zahl	1 Verlustspiel	10	10 230	0,76033987
1 Zahl	2 Verlustspiele	20	20 460	0,57811673
1 Zahl	3 Verlustspiele	30	30 690	0,43956520
1 Zahl	4 Verlustspiele	40	40 920	0,33421895

1 Zahl	5 Verlustspiele	50	51 150	0,25411999
1 Zahl	6 Verlustspiele	60	61 380	0,19321756
1 Zahl	7 Verlustspiele	70	71 610	0,14691102
1 Zahl	8 Verlustspiele	80	81 840	0,11170231
1 Zahl	9 Verlustspiele	90	92 070	0,08493172
1 Zahl	10 Verlustspiele	100	102 300	0,06457697
1 Zahl	11 Verlustspiele	110	112 530	0,04910045
1 Zahl	12 Verlustspiele	120	122 760	0,03733303
1 Zahl	13 Verlustspiele	130	132 990	0,02838579
1 Zahl	14 Verlustspiele	140	143 220	0,02158285
1 Zahl	15 Verlustspiele	150	153 450	0,01641030
1 Zahl	16 Verlustspiele	160	163 680	0,01247741
1 Zahl	17 Verlustspiele	170	173 910	0,00948707
1 Zahl	18 Verlustspiele	180	184 140	0,00721340

Lassen Sie sich bitte durch die in der Tabelle angegebenen Verlustwahr-
scheinlichkeiten nicht blenden! Bei einem Einsatz auf eine Kolonne oder
ein Dutzend (12 Zahlen) beträgt die Wahrscheinlichkeit, dass man in einer
Serie 10 230 DM verliert (Verlustwahrscheinlichkeit), 0,01983275. Auf
Dauer werden also nur ungefähr 1,983 % der Serien zu einem Verlust führen, während bei den restlichen 98,017 % der Serien ein Gewinn erzielt
wird. Sie können zwar hoffen, dass Sie während einer gewissen Zeit von solchen Verlustserien verschont bleiben. Doch darauf verlassen sollten Sie sich
keineswegs. Auch Sie werden einmal in eine solche Verlustserie geraten.
Dann dürfte Ihr Verlust wesentlich größer sein als die Gewinne, die Sie bisher mit dieser Verdoppelungsstrategie realisiert haben. Beim Einsatz auf
eine Zahl (Plein) und einer Verdoppelung nach jeweils 18 Verlustspielen
sind nur ungefähr 0,72 % der Serien Verlustserien. Bei den restlichen 99,28
Prozent der Spielserien wird man gewinnen. Doch der Verlust von 184 140
DM, der tatsächlich entstehen kann, sollte Sie von einem solchen Risiko-
Spiel abhalten, auch wenn solche Verlustserien nur äußerst selten vorkommen werden.

Zusammenfassung

Bei den allgemeinen Verdoppelungsstrategien enden die meisten der Spielserien mit einem Gewinn. Serien, die zu einem Gewinn führen, können aus
verschieden vielen Einzelspielen bestehen. Falls in einer solchen Serie
wegen des vorgegebenen Höchsteinsatzes eine Einsatzverdoppelung nicht
mehr möglich ist, endet die Serie mit einem Verlust, der im Vergleich zu
den Gewinnen sehr groß ist. Allgemein kann bewiesen werden, dass die
Gewinnerwartung (mittlerer Gewinn) für die Spielserien immer negativ ist.
Auf Dauer wird man mit diesen Verdoppelungsstrategien keinen Gewinn

erzielen. Dies gilt allerdings nur unter der Voraussetzung, dass bei jeder Einzelausspielung alle 37 Zahlen die gleiche Chance haben, als Gewinnzahl ausgespielt zu werden.

Verdoppelungsstrategien würden nur dann zu einem sicheren Gewinn führen, wenn es keinen Höchsteinsatz geben würde und der Spieler über beliebig viel Kapital verfügen würde. Dann könnte durch Benutzung der Verdoppelungsstrategien jede Spielbank gesprengt werden.

7. Allgemeine Roulette-Strategien

Bei den bisher behandelten Verdoppelungsstrategien erfolgte immer nach der gleichen Anzahl von Verlustspielen jeweils eine Einsatzverdoppelung und zwar so lange, bis erstmals gewonnen wird bzw. bis wegen des Höchsteinsatzes die Serie mit einem Verlust abgebrochen werden muss.

Allgemein setzt ein Spieler immer auf die gleiche Anzahl von Zahlen, bis er zum ersten Mal gewinnt. Gleichzeitig gibt er sich die maximale Anzahl von Spielen vor, bei der er die Serie abbricht, falls er bis zu diesem Zeitpunkt nicht gewonnen hat. In einem solchen Fall besteht die Serie nur aus Verlustspielen. Die Einsätze für die einzelnen Spiele können beliebig sein. Sie dürfen von Spiel zu Spiel variieren. Falls ein Spieler in einem bestimmten Spiel der Serie aussetzen möchte, wird der Einsatz für dieses Spiel gleich Null gesetzt. Für solche allgemeine Serienstrategien wurde vom Autor dieses Buches in einer wissenschaftlichen Publikation in der Zeitschrift Praxis der Mathematik 3/98 Jg. 1996 nachgewiesen, dass die Gewinnerwartung pro Spielserie (mittlerer Gewinn pro Serie) negativ ist, falls auch nur in einem einzigen Spiel tatsächlich ein Einsatz getätigt wird. Die wesentliche Voraussetzung für diese Aussage ist die vorgenommene Begrenzung der Anzahl der Spiele, aus der eine solche Serie höchstens bestehen darf. Egal ob man die maximale Serienlänge auf 10, 100 oder 1000 Spiele festlegt, die Gewinnerwartung ist immer negativ.

Ohne Begrenzung der Serienlänge gilt diese Aussage nicht. Beispiele dafür sind die in Abschnitt 5 behandelten Verdoppelungsstrategien ohne Höchsteinsatz mit unbeschränktem Kapital.

8. Allgemeine Bemerkungen zum Roulette

8.1. Es gibt kein Spiel gegen den Zufall

Falls aufgrund des Roulette-Tellers und der Art und Weise, wie der Croupier die Kugel rollen lässt, davon ausgegangen werden kann, dass alle 37 Zahlen die gleiche Chance $1:37$, also die gleiche Wahrscheinlichkeit $\frac{1}{37}$ besitzen, ist kein Spiel gegen den Zufall möglich. Wegen der Vorgabe des

Höchsteinsatzes ist die Gewinnerwartung immer negativ. Auf Dauer verliert man ungefähr den 37. Teil des Gesamteinsatzes. Es wird allerdings immer wieder Spieler geben, welche innerhalb eines bestimmten Zeitraumes, z. B. an einem Abend, auch größere Gewinne erzielen. In einer Spielbank kann man immer wieder Personen beobachten, die an verschiedenen Spieltischen alle ausgespielten Zahlen aufschreiben, in der Hoffnung, darin eine bestimmte Gesetzmäßigkeit zu entdecken. Doch bedenken Sie, jede Zahlenreihe enthält schließlich eine besondere Gesetzmäßigkeit. Im Glauben, dass sich diese Gesetzmäßigkeit dann fortsetzt, werden die Einsätze entsprechend getätigt. Meistens führt diese Strategie jedoch auch nicht zum Erfolg. Falls jemand mit diesem Vorgehen gewinnen sollte, ist das nicht auf das System, sondern einzig und allein auf den Zufall zurückzuführen. Aus den bereits ausgespielten Zahlen könnte man nur dann einen Vorteil erzielen, wenn bei der Ausspielung - aus welchen Gründen auch immer - nicht alle Zahlen die gleiche Chance besitzen würden. Ähnlich wie beim Lotto sind viele Personen der Meinung, dass Zahlen, die in den vorangegangenen Spielen sehr selten, also wesentlich unter dem Durchschnitt, ausgespielt wurden, bei den nächsten Ausspielungen einen Nachholbedarf haben und damit eine größere Chance haben müssten. Doch wie soll das funktionieren. Jede einzelne Ausspielung erfolgt doch unabhängig von den Ergebnissen vergangener Ausspielungen. Wie sollte auch ein Gedächtnis in den Ausspielungsmodus eingehen? Vom statistischen Standpunkt aus müsste man sogar den Verdacht schöpfen, dass diese Zahlen aus irgend einem Grund eine kleinere Chance hätten. Dann müssten sie sogar gemieden werden. Unter der Voraussetzung der Chancengleichheit aller 37 Zahlen gibt es keine Möglichkeit gegen den Zufall zu spielen.

8.2. Es gibt kein Spiel gegen die Mitspieler oder gegen die Bank

Beim Lotto wird in den einzelnen Gewinnklassen die zur Verfügung stehende Ausschüttungssumme unter allen Gewinnern in dieser Klasse gleichmäßig aufgeteilt. Daher ist es beim Lotto sinnvoll, sehr beliebte Tippreihen zu meiden, also gegen die Mitspieler zu spielen. Beim Roulette gibt es jedoch feste Quoten, unabhängig von der Anzahl der Gewinner. Falls man eine Einheit 1 E gleichzeitig auf k Zahlen setzt, beträgt im Gewinnfall die Auszahlung nach Abschnitt 2. jeweils 36/k Einheiten. Beispiele dafür sind

$k = 1$:   Einsatz auf eine Zahl (pleine);   Auszahlung $\frac{36}{1} = 36$ E ;

$k = 2$:   Einsatz auf zwei Zahlen;   Auszahlung $\frac{36}{2} = 18$ E ;

$k = 3$:   Einsatz auf drei Zahlen;   Auszahlung $\frac{36}{3} = 12$ E ;

$k = 4$:   Einsatz auf vier Zahlen;   Auszahlung $\frac{36}{4} = 9$ E ;

k = 6:   Einsatz auf sechs Zahlen;   Auszahlung $\frac{36}{6}$ = 6 E;

k = 12: Einsatz auf zwölf Zahlen;   Auszahlung $\frac{36}{12}$ = 3 E;

k = 18: Einsatz auf 18 Zahlen;   Auszahlung $\frac{36}{18}$ = 2 E.

Ein Spiel gegen die Mitspieler gibt es nicht. Es gibt auch kein sicheres
Spiel gegen die Bank. Falls Sie den Eindruck gewinnen, dass ein bestimm-
ter Spieler - aus welchen Gründen auch immer - sehr erfolgreich spielt, können Sie ja immer den gleichen Einsatz wie dieser Spieler tätigen. Dann ist
Ihr Schicksal an das des anderen Spielers gekoppelt.

8.3. Möglicher Vorteil im Fall der Chancenungleichheit aller Zahlen

Falls es an einem bestimmten Roulette - Tisch Zahlen geben sollte, die tatsächlich eine größere Chance als die übrigen haben, und Ihnen diese Situation bekannt wäre, sollten Sie auf diese Zahlen setzen. Stellen Sie sich vor,
eine einzelne Zahl, auf die Sie setzen, besitzt eine Wahrscheinlichkeit x, die
größer als die entsprechende Wahrscheinlichkeit $\frac{1}{37}$ bei der Chancengleichheit aller Zahlen ist. Dann wird diese Zahl auf Dauer öfter Gewinnzahl
sein als die übrigen Zahlen. Bei einem Einsatz von einer Einheit 1 E auf
diese Zahl, erzielen Sie nach Abschnitt 4.1 mit Wahrscheinlichkeit x einen
Reingewinn von 35 Einheiten. Mit Wahrscheinlichkeit $1 - x$ ist der Einsatz
verloren. Die Gewinnerwartung (zu erwartender Gewinn) pro Spiel würde
vom Zahlenwert x abhängen:

$$m = 35 \cdot x - 1 \cdot (1 - x) = 35\,x - 1 + x = 36\,x - 1.$$

Falls x größer als $\frac{1}{36}$ = 0,0277778 ist, erhält man eine positive Gewinnerwartung. Auf Dauer würde man mit dem Einsatz auf diese Zahl gewinnen.
Die Wahrscheinlichkeit $\frac{1}{36}$ = 0,0277778 ist um 2,77778 % größer als die entsprechende Wahrscheinlichkeit $\frac{1}{37}$ = 0,0270270 bei der Chancengleicheit
aller 37 Zahlen.
$\frac{1}{36}$ wäre die Wahrscheinlichkeit für jede Zahl, falls es kein Zero geben
würde und alle 36 Zahlen die gleiche Chance hätten. Dann wäre die Gewinnerwartung gleich Null. Es würde sich um ein sogenanntes Nullsummen-
spiel handeln, bei dem die einen Spieler das gewinnen, was die anderen verlieren. Das Geld würde praktisch unter den Spielern umverteilt. Doch die
Spielbank möchte schließlich auch etwas verdienen.

In den Spielbanken werden laufend statistische Tests auf Chancengleichheit aller 37 Zahlen durchgeführt. Falls ein solcher Test zum Ergebnis der
Chancenungleichheit kommen sollte, werden sofort besondere Vor-
kehrungen getroffen. Bevor ein Statistiker mit Hilfe statistischer Tests
nachweisen kann, dass an einem Spieltisch manche Zahlen eine größere

Chance haben, dürfte dies die Spielbank bereits gemerkt haben. Dann ist der Vorteil für den Statistiker nicht mehr gegeben. Ferner wechseln die Croupiers allgemein in sehr kurzen Zeitabständen.

Kapitel 11
Steuerliche Behandlung von Spielgewinnen

Gewinne aus Glücksspielen sind steuerfrei!

Immer wieder hört man das Gerücht, hohe Lotto-Gewinne seien nur im ersten Jahr steuerfrei. Der im zweiten Jahr verbleibende Restbetrag müsse dann voll als Einkommen versteuert werden. Dies ist schlicht falsch, denn Gewinne aus Glücksspielen können in der Bundesrepublik Deutschland steuerfrei vereinnahmt werden. Sie werden prinzipiell steuerfrei ausgezahlt und müssen auch bei der Einkommensteuerveranlagung nicht als Einkünfte versteuert werden. Falls dies nämlich der Fall wäre, müssten im Gegenzug Verluste aus Glücksspielen steuerlich absetzbar sein. Weil es aber mehr Verluste als Gewinne gibt, wäre das für den Staat ein schlechtes Geschäft. Die Gewinne sind zwar steuerfrei. Falls der Betrag angelegt wird, müssen selbstverständlich die daraus erzielten späteren Einkünfte voll versteuert werden. Der Hauptgrund für das Gerücht war wohl die in der Vergangenheit erhobene Vermögenssteuer. Da der Stichtag für die Steuerfestsetzung der 1. Januar war, musste im Gewinnjahr keine Vermögenssteuer gezahlt werden. Der am 1. Januar des darauffolgenden Jahres noch vorhandene Restgewinn ging dann allerdings in die Vermögensteuerberechnung ein.